特色小镇招商论

THE THEORY OF PROMOTION INDUSTRY IN CHARACTIRESTIC TOWN

TPICT

张鸿儒 著

图书在版编目（CIP）数据

特色小镇招商论/张鸿儒著. —北京：经济管理出版社，2018.12
ISBN 978-7-5096-6097-3

Ⅰ.①特… Ⅱ.①张… Ⅲ.①小城镇—城市建设—研究—中国 Ⅳ.①F299.21

中国版本图书馆 CIP 数据核字（2018）第 240702 号

组稿编辑：杨国强
责任编辑：杨国强　张瑞军
责任印制：黄章平
责任校对：张晓燕

出版发行：经济管理出版社
（北京市海淀区北蜂窝 8 号中雅大厦 A 座 11 层　100038）
网　　址：www. E-mp. com. cn
电　　话：(010) 51915602
印　　刷：北京晨旭印刷厂
经　　销：新华书店
开　　本：787mm×1092mm/16
印　　张：22.25
字　　数：435 千字
版　　次：2019 年 1 月第 1 版　　2019 年 1 月第 1 次印刷
书　　号：ISBN 978-7-5096-6097-3
定　　价：88.00 元

序　言

一、要点

（1）产业（Industry），本书所指为制造业内部生产类同产品、工艺接近的一定企业的总和，而不是国民经济领域中的第一、第二、第三产业。

（2）特色产业（Characteristic Industry），指特色小镇最大限度利用当地资源禀赋，充分发挥比较优势而形成的规模产业。在此，特色产业近似于规模产业，因为其不是真正的特色产业，不能实现产业集聚。

（3）产业建镇（Industrial Construction Town），主要依靠发展产业的方法建设特色小镇。发展产业的方法基本是产业招商引资的方法。因此，产业建镇近似于招商引资建镇。

（4）产业经济学（Industrial Economics），经济学的二级学科，属于中观经济研究。以产业为研究对象，主要研究产业组织、产业结构、产业关联、产业转移、产业政策等，是特色小镇建设的主要指导理论。

（5）区域经济学（Regional Economics），经济学的二级学科，包括空间经济学、城市经济学、区位理论，是研究区域经济发展与区域关系协调的科学，是特色小镇建设的理论依据。

二、思考题

（1）怎样简单而准确地理解产业的含义？

（2）为何讲特色产业就是规模产业？

（3）能否简单概括“产业建镇就是招商引资建镇”？

（4）如何认识产业经济学对特色小镇产业发展的理论指导作用？

（5）如何认识区域经济学对创建特色小镇的理论指导作用？

（6）怎样克服创建特色小镇实践工作中产业人才不足的问题？

（7）如何弥补区域经济学理论不足影响特色小镇实践问题？

（8）创建特色小镇需要哪些理论指导？

（9）特色小镇创建工作的理论与实践是何种关系？

创建特色小镇工作错综复杂，千头万绪，最难的是产业建设和发展。2016 年 10 月 3 日，中央财经领导小组办公室、国家发改委、住建部联合召开特色小镇经验交流会，会议强调：坚持产业建镇。2017 年国家发改委等四部委又确定这一内容为建设特色小镇的原则。什么是产业？产业建镇的含义是什么？为何讲产业建镇？这三个问题是创建特色小镇最重要、最关键的问题。

特色小镇创建工作领域的相关定义如下：

（1）产业是指产品相似、工艺接近的一定规模的企业总和。在英文中，产业与工业是同一词 Industry，这里讲的产业不是国民经济领域中的第一、第二、第三产业。工艺（Craft）是指生产产品的原辅配料、件与必要设备工具和工作的顺序、方法。

（2）产业建镇，近似于产业招商引资建镇。因为建设一个特色小镇需 3000 多亩地，近 100 亿元投资，任何政府、公司都不会有这么多资金。

（3）产业建镇是 3 万~4 万人因为工作岗位而聚集，靠这个产业生存。

建设一个特色小镇涉及经济和社会生活的各个方面，据参与创建的人员调查，80% 的人认为最难的工作是产业招商所代表的产业建设。本书是第一本研究特色小镇产业理论与实践问题的论著，重点是产业招商及招商引资。希望在一定程度上服务于特色小镇产业建设，特别是服务产业招商方面的工作。本书以实用为主，兼顾学术新成果。避开繁杂、缜密、大量的推理，特别是舍弃用数理推断的模型，直接介绍结论和应用中注意的问题。全书以建立特色小镇的产业为目标，以指导特色小镇的产业招商为重点，以促进特色小镇产业发展为内容，比较系统地涉猎了产业经济学、区域经济学的主要内容，大量案例直接源于笔者实践，在帮助读者理解原理、规律、知识的同时，可以学到许多有效的具体方法。

产业建镇的首要条件是具有一定数量的产业人才。但现实差距很大，据笔者粗算，全国 3000 多个特色小镇，20000 多个产业园，6000 多个开发区，县级以上政府的商务合作局（招商局）以及企业的招商、合作、产业促进部门 30 多万的专职人员专门从事产业招商引资工作。他们在认识上没有问题，了解并熟知领导在政府工作报告和其他会议上讲的“1 号工程”“重中之重”“压倒一切”“大力开展”“加大力度”“着重推进”，不一而足。关键是在工作的技术方法上存在诸多问题，如在招商引资主要环节，包括：招商引资的性质；基本的条件；必要的前提；所需的环境；决定的因素；发展的渊源；方向的确定；准备的内容；资源禀赋情况；比较优势分析；机构人员建设；体制机制设立；客户的寻找；项目的判断、项目的调查、项目的推进、项目的落地、项目的签约、项目的评价与招商挖掘等问题。

在上述招商引资方向的确定环节，又细分为：产业技术水平；产业资源情况；本地内聚力优势；产业转出地；产业人才来源；产品市场位置与规模；最终消费者所在及偏好；所在地的产业布局；产业发展情况（规律、特点）；产业链长；产业发展规划；优惠的用地条件；优惠的资源价格；配套的资金、基金；市场服务、推介、奖励、购买、资金奖励等。

在上述招商引资准备的内容环节，又细分为：小镇园区展厅的招商使用；小镇园区网站的招商要求；招商推介会开法；招商项目推介材料的制作；潜在投资者的脸像勾画；潜在投资者的联系与拜访；项目招商方案的制定；项目对价；洽谈提纲等。

此外，有关产业转移的原理与趋势、跨境投资、境外建镇的理论与实践等也有涉及。

产业经济学在我国迅猛发展，在1996年前后，一些高校开招该专业研究生，2000年前后，该专业研究生陆续走向工作岗位。暂且不谈该专业研究生的水准，单从数量上讲是杯水车薪。在30多万招商引资人员中，产业经济学专业的几乎为零，即便有选修、进修该专业背景的人员，也寥寥无几。本书将产业经济学的基本原理与创建小镇的产业实践紧密结合，以服务实践为目标，希望在理论和实践两个领域为读者提供指导。

区域是指有明确范围的空间。本书的特色小镇指需要和承载产业的最小的特定空间。区域经济学与产业经济学作为经济学的二级实用学科，其发展和社会需要基本是相同的。在创建特色小镇的相关人员中，区域经济学的理论和知识也是相当匮乏。鉴于本书的主题是特色小镇产业招商，因此，区域经济学是本书的重点指导理论之一。

理论和知识是工具。专业知识是专门的工具，具备但不一定能用好。不具备专门工具而能做好专业工作或者很难，或者成本很高。本书介绍了创建特色小镇中的产业经济学和区域经济学用到的相关专业知识。

芮明杰的《产业经济学》和魏后凯的《现代区域经济学》是本书编写过程中参考的代表作。闫雨的《中国管理C模式》和《禅与现代管理》从管理哲学高度为本书提供了指导。近两年出版的一系列讲解特色小镇原理、政策、申报、融资、评价及中外实例的书籍，为本书提供了重要参考。本书尊重先贤的理论和观点，对经济学及其重要事件、理论均附有注释，其中部分在国内首次使用。

本书可为创建特色小镇的策划、研究、决策人员和产业招商人员，以及产业经济学、区域经济学、发展经济学、投资学等专业的研究生提供参考。笔者30多年来始终在产业招商领域工作，并不断学习、研究有关问题，著有《招商选资的经营管理》《产业园区的经营管理》《招商引资实训手册》等，发表了大量有关论文。本书结合特色小镇的实践，终于又“其次有立言了”。

目 录

第一章　特色小镇与产业

一、要点

（1）习近平讲："抓特色小镇、小城镇建设大有可为，对经济转型升级、新型城镇化建设，都具有重要意义"，这是特色小镇建设的重要指针。

（2）特色小镇是指经济发展的特定空间，非园区、开发区（及社区），非建制镇（无人大、无政府）创新发展平台。

（3）一般的特色小镇3平方千米规模，2000亩产业用地，300亩住宅用地，200亩商业用地。居住人口15000~20000人，就业人口20000人，流动人口10000人，年旅游人数30万~40万。集聚企业100家，产业集中度65%；总投资100亿元；投资强度300万元/亩。

（4）产业决定特色小镇：①产业决定了几万人为何而聚？干什么？生存靠什么？②产业吸引了100多亿元投资，才使特色小镇得以建设。③产业的规模、水平、速度、特点决定了特色小镇的有关情况。

（5）特色小镇"人、产、城、文、旅"五个核心因素中，产业是基础（原理来自经济是基础）。

二、思考题

（1）为何出现特色小镇含义不一的情况？

（2）特色小镇的产业特质是什么？

（3）为什么说特色小镇的发展主要由产业决定？

（4）怎样理解几万人为何而聚？干什么？生存靠什么？

（5）特色小镇与产业园区在内涵上的区别是什么？

（6）从行政建制镇到特色小城镇，转换的最佳途径是什么？

（7）美国等发达国家的公司镇对我国的特色小镇建设有何启示？

第一节　需要和承载产业的特色小镇

一、特色小镇的出现

2015年6月，浙江公布了37个第一批省级特色小镇创建名单，2017年8月浙江上城玉皇山南基金小镇和余杭梦想小镇被首批命名为省级特色小镇。2016年7月，国家住建部、发改委和财政部三大部委联合发布了《关于开展特色小镇培育工作的通知》，该通知指出，到2020年，我国将培育1000个左右特色小镇。2015年底，习近平总书记在中央财办《浙江特色小镇调研报告》上做出重要批示，强调“抓特色小镇、小城镇建设大有可为，对经济转型升级、新型城镇化建设，都具有重要意义”。[①] 李克强总理在2018年政府工作报告中指出，国家支持小城镇建设。住建部2016年10月和2017年7月两次公布了403个国家级特色小镇名单。国家住建部、发改委、财政部、体育总局、中国农业发展银行、国家开发银行、光大银行等有关部委和银行以及北京等19个省市（区）发布文件确定支持政策。多数省区列出了创建、培育、试点的特色小镇名单，从10多个到300多个不等。两年来，特色小镇热潮灼人。

二、特色小镇的概念

需要注意的是，不同的政策文件、学术文献对特色小镇的内涵外延描述并不相同。

（1）国家住建部、发改委、财政部和3家银行（中国农业发展银行、国家开发银行、光大银行）及辽宁、西藏对特色小镇的界定为小城镇暨建制镇。住建部两次公布的国家级特色小镇名单，原则上是建制镇（县城关镇除外）。《中华人民共和国国民经济和社会发展第十三个五年规划纲要》中提的是特色镇、小城镇。

（2）浙江、福建、山东、河北、天津、重庆等地和国家体育总局对特色小镇的界定为非建制镇的发展创新平台，是“非镇、非园区、非产业新城”的空间。特色小镇有政府区别于建制镇，有社区居民区别于产业园，社区居民与产业协同发展统一自治管理区别于产业新城。

（3）江西省对特色小镇的界定为上述“两种形态”。

① 岳冲：《发掘优秀文化资源　创建现代特色小镇》，中国经济网，2017年12月22日。

三、镇的本源含义与发展概念

有必要辨析清楚镇的本源含义。镇最初是指“一方之首山”，至魏时成为军队建制单位，[①] 取镇与压同意，构成合成词。清朝末期现代行政学意义上的基层行政建制单元形成，镇逐渐发展成为一定人口聚集的社区。1908 年清政府制定《城镇乡自治章程》中规定 5 万人以上者设为镇（10 万人以上为区）。1954 年《宪法》中，首次明确了“县以下设乡、民族乡、镇”。镇的地位，在中国成为基层政权。2014 年，我国设有 20117 个镇。

日本、韩国、美国的镇也是最小的自治区域。美国现有 16822 个乡镇，法国现有 36413 个市镇。

四、本书特色小镇的定义和要旨

本书特色小镇的含义：一定常住人口；具有明确产业定位；现代社区功能；文化旅游内容具体明确且有特点；创新发展平台空间（即选用浙江省的概念）。这一概念的核心要素是：“人——以人为本、产——以产为基、城——以城为型、文——以文为魂，创新发展空间”。美国的花生小镇、葡萄酒小镇、巧克力小镇、硅谷，日本的汤布院，法国的依云小镇等强调的主要是产业或文化主题，而不是建制镇。

五、特色小镇的作用和意义

（1）招商引资的大平台。

（2）产业培育的聚集地。

（3）实现就业的主渠道。

（4）全面脱贫的大抓手。

（5）转型升级的主阵地。

（6）经济发展的增长极。

（7）经济社会发展的大舞台。

（8）实现党的十九大提出的乡村振兴战略的具体措施。

六、本书讨论的特色小镇抽象标准模型

（1）占地：4500 亩（300 万平方米）左右。

（2）核心区占地：2000 亩（133 万平方米）左右。

---

① 吴翔：《镇的起源与流变》，《学术论坛》2015 年第 11 期。

（3）常住人口5万左右，其中就业人口4万。

（4）户籍人口3万左右。

（5）年流动人口30万左右。

（6）建筑总面积为300万平方米左右。

（7）用地和建筑结构。如表1-1所示。

表1-1 用地和建筑结构

	产业用	商业用	学校、水电管理等服务用	住宅用	其他使用	合计
用地（亩）	2000	500	200	1100	600	4500
建筑（万平方米）	140	10	50	150	60	410
容积率	0.7	3	3.5	2	1.5	—

资料来源：笔者统计。

（8）一级土地开发，20万元/亩（收储与开发各10万元/亩），总计90亿元（从出让金中收回土地收储成本和开发费用）。

（9）二级开发建筑总投资为270亿元（每平方米设备6514元，建安费每平方米4000元，土地楼面价每平方米2000元，其余为设计、管理等费用）。

（10）总投资400亿元（270亿元+130亿元设备等）。

（11）建设期10年。

（12）企业集群数量100家。

（13）产业聚集度65%。

（14）年GDP100亿元。

（15）综合税收10亿元。

（16）特色小镇管委会是县市政府的派出机构，行使行政权力。

（17）特色小镇运行（公司与政府合作）：负责协助完成策划、规划、申报；负责一级、二级投资开发；负责产业策划、规划和建设实施；协助推动PPP或发债等。

本书所讲特色小镇均以上述定义和模型为标准，特别情况时会有专门解释，举例时也会采用住建部等使用的建制镇含义。

第二节 特色小镇要有产业

坚持产业建镇，足以说明产业建设和发展在创建特色小镇工作中的重要性。浙江省特色小镇评价标准中产业比为55%，从定量角度明确了产业在特色小镇中的重要性。特色小镇需要产业建设的原因主要表现在以下方面：

首先，经济发展是各项事业发展的集中代表和首位要求。特色小镇的创建是各方面工作的集合，也会推动社会全面进步，但各项工作绝不是并重的。在以经济建设为中心的战略下，特色小镇的经济建设在一定程度上可代表其他建设，应该排在其他建设首位。在一个标准、具体的特色小镇中，3万人为何而聚？3万什么样的人相聚？3万人何时相聚？3万人的岗位收入怎样？3万人的衣食住行怎样？在以人为本的今天，能回答上述问题，也就回答了该特色小镇的主要问题。深圳市初建期，打工者给亲友的一则短信传遍全国："这里钱多、人傻，快来"，就是最好的评价。

其次，在特色小镇中，产业代表经济的一般内容。搞经济而不聚焦产业是难以成功的。不同的产业，要求的资源环境、配套条件、市场情况等完全不同。重庆市以市长为代表的领导集体明确了汽车、笔记本电脑、手机产业的发展方向，10年时间形成了世界生产基地，而有些原本比重庆条件好的城市被落在了后边，原因就是产业不聚焦。产业聚焦是产业集聚的前提。

再次，特色小镇是块状经济的载体。块状经济原本是由于经济的根本属性、要素与市场形成的，如果小镇创建者能够发挥、扩大某些客观条件的作用，通过创建特色小镇工作，可以使原本低、小、散的区块经济提升为高、精、尖的产业集群。具体如：通过招商引资加快加大产业集聚；通过产业服务扩大产业要素的根植性；通过协会、行会、市场服务提升和改变企业集中的自发性；通过产业链服务让企业关联性更加合理；通过人才服务、技术指导提升企业的专业性；以产业经济指导企业彰显产品差异；通过基金、扶植等解决企业阶段性问题。

最后，注意避免有镇、有文化、有社区而无业的教训。笔者对近百个特色小镇项目进行的调查表明，在各项工作中，最难的是产业建设。有人讲土地难以落实，但绝大多数县市领导都表示：只要规划好政府一定搞。没有哪一个县市没土地，只是担心房地产圈地建住宅，没产业。有人讲融资难，但几乎每本介绍特色小镇的书中都讲了7~8种融资模式。从资本的本质考虑，有高回报率的项目，怎会没有投资？问题是土地与资本配置给的项目怎样、具体讲就是产业怎样。前几年，在两个发达省的新型城镇化建设中，结合新农村改造，拆了农民住房，请农民上楼。农民住进楼房，挪了"穷窝"，但没改"穷业"。农民改善了居住条件，但仍操旧业，带农具上楼，远离耕地，不能养鸡、养猪，没了零花钱，过去由村委会统交各种能源费用，上楼后一户一表要自己交。形成了有城市社区的生活、有宽带网络的文化条件，唯独没有就业岗位，导致农民提出搬回原住房的要求。这是经济基础暨产业基础的决定作用。人的衣食住行是由人的收入决定的，而收入是岗位条件、工作劳动换来的。

创建小镇的最重要条件就是为3万~4万名人员创造就业岗位。党的十九大代表、云南省文山壮族苗族自治州委书记童志云说，积极培育产业“改穷业”“拔穷根”“挪穷窝”“换穷貌”。通过特色小镇建设，实现边穷地区“改穷业”，让农民从农业转向新的产业，是重要的经济变化，是局部社会革命性变革。

第三节　特色小镇的产业“特质”

特色是显著区别于其他事物的风格和形式，是由事物赖以产生和发展的特定的具体的环境因素所决定的，是其所属事物独有的属性。特色或特性是事物存在的前提，特色越大，事物的影响力越大，正方向特色越大，生命力越强。特色产业并不是产业自身具有特殊性，而是指在特色小镇空间里，发展产业过程中表现出来的一些特点。国家要求“加快发展特色优势产业，促进城镇经济转型升级，防止千镇一面”。特色优势产业主要体现在以下方面：

（1）产业方向具体。应该讲，越具体越好。如机械 < 装备制造 < 高端装备制造 < 智能化高端装备制造 < 智能化液压机 < 智能化小型液压机。

（2）产业技术明确。同样，高级 < 先进 < 智能化 < 领域（环节）智能化。

（3）产业规模合理。一样的逻辑，产值、企业数量、就业人数与投资、用地、市场容量、产业转出地情况相匹配。

（4）产业链长适合。不一定囊括全部产业链，而选择最适合的关键链。

（5）产业发展可控。一定是可控、可实现的计划。严防空洞无物、不着边际的产业规划和计划。

特色小镇的产业特质，最重要的标准是适合载体空间即自身的情况。某一特色小镇的时空是特定的，条件情况是特定的，因此它的产业一定要特定，只有特定才能成功。这种产业特质最终由特色小镇的内聚力，即资源禀赋和比较优势决定，当然要经过特色小镇创建领导的理解和认识后转变为政策规定。

特色小镇的产业特质绝不是凭空想象的。笔者与10多位县市主要领导就“思路决定出路”的广告用语交流过，对于什么决定思路这样不复杂的哲学问题，回答并不理想。而讨教决定产业的条件，他们干脆回答“不知道”。东部某省县级市的市长升任书记后，雄心勃勃，要建设9个产业园，每个园均划出200~300亩用地，各成立一个筹备组（3~5人不等），每个组拨给200万元启动经费。9个产业分别是：云计算、互联网、高端装备制造、无人机、机器人、中药、生物制药、纳米技术和盐化工。除最后的盐化工产业园，当地打出一眼储藏量较大且品位较高的卤水井外，其他园区均无产业资源，也无承接产业转移的优势。笔者在询问决定的原因后告知书记，在决定产业方向前，应做必要的研究，并留下了产业研究简表。

明确特色小镇的特质是避免产业雷同问题的有效措施，也是保证特色小镇创建成功的法宝。我国县级开发区建设存在的主要问题之一就是产业雷同化。我国几千个开发区重点产业千篇一律，基本聚焦在几个相同产业，因此成功的是极少数。

第四节　特色小镇产业的基础作用

特色小镇的产业是创建工作的核心要素，起到基础性、决定性作用。主要表现在以下几方面：

（1）产业是创建特色小镇的前提条件。几万人在特定空间内干什么？生存靠什么？这是首要问题，这个问题不解决，其他问题无从谈起。

（2）产业方向决定特色小镇性质。以浙江省两个省级特色小镇为例，上城玉皇山南基金小镇和余杭梦想小镇，前者是金融性小镇，后者是云计算、互联网等信息技术性质小镇。显然，特色小镇是由特色产业决定的。

（3）产业规模决定小镇规模。浙江省上城玉皇山南基金小镇欲招千家私募商，引进万亿元资产，但占地仅为 2.5 平方千米（25 万平方米），每家企业仅为 250 平方米用地（平均 300 平方米用房），还没考虑其他服务类企业和必要行政管理用房。

（4）产业性质决定小镇主要人员层次。几万人员到创建的特色小镇创业，他们选择的是自己的专业。所以吸引人才的首先是产业，在产业之后才是酬金、岗位、住房、环境等条件。

（5）产业特点决定小镇建筑风格。特色小镇在外部形象上，一定要有特色风格，而最好的特色风格是联系并反映产业特点的形象表现。像小镇标识物、小镇客厅[①]、标志性建筑、主要道路标识、广场、路灯造型、街道休闲椅等最好直接或间接反映产业特点。

（6）产业发展速度决定小镇创建速度。就基本情况而言，特色小镇的成败和创建快慢是由产业发展水平决定的，但在发展节奏和建筑时序上可能会出现快于产业的情况，这是比较正常的，但建设速度快于产业发展速度是有限的。

---

① 参见浙江省特色小镇评定规范。

（7）产业情况决定融资与否。产业有无、产业水准高低、产业实现把握、产业回报高低、产业市场、资源、核心竞争力等决定了产业资本、金融资本和社会资本投入的态度。金融业界人士常讲的一句话是：有钱投，没有好项目。

（8）产业性质决定小镇文化特点。特色小镇创建十分重视文化旅游特色。笔者认为，这两个特色绝不应该是并列的。在个别的旅游特色小镇，可以说旅游就是产业，这超出了本书在序言中对产业的定义“制造业内部的各工业部门同类企业的总和”，而取用了产业广义的概念。

创建中的近百家体育小镇以及浙江省天台的和合小镇等都属于这种情况。要注意的是，我国有很多小镇，很有文化特色，但欠缺产业，贵州省瓮安县猴场镇是国家级特色小镇，以红色旅游建镇，有猴场镇会议旧址、毛泽东旧居等，但除5座煤矿外，无任何产业。去这个镇（建制镇不是本书讲的创建的特色小镇）从贵阳坐大巴来回130元，90分钟，游看观赏60分钟，门票20元，年游客10多万元。这样的特色小镇急需要发展产业。这样的特殊性与我们要创建的特色小镇不是一类。比较理想的方式是，产业为基础，一定文化旅游反映该产业。如笔者推动的某小镇，有较好的铝土资源，又有一定的氧化铝、电解铝基础，在明确铝材铝制品、铝电子产业为重点的同时，有机结合了该地发展的情况，在创意策划中确定为“铝旅小镇”，重点勾画铝的科幻，进而带出一般“科幻”。虽没找到产业和文化旅游间的因果关系，但基本找到了联系。

第五节 特色小镇的产业因素与其他核心因素的关系

大量关于特色小镇的政策文件和不多的特色小镇理论文献，一般都确定人、产、城、文四个因素是创建特色小镇的核心因素。这四个因素各具特色。

一、以人为本

以人为本是创建特色小镇的核心因素。人的因素主要表现在以下三个方面：

首先是特色小镇的创建者。几十个勇于创新的建设者，大胆提出方案、深入研究，反复论证，积极争取，最终将想法变成创意，再变成策划方案，最后变成规划和决策文件，形成一张发展蓝图。用8年左右时间，实现这一伟大的梦想。

其次是特色小镇的建设者。成千上万名来自不同地区、单位的建设者，正是他们的努力，将建设蓝图梦变为现实。

最后是特色小镇享用者。特色小镇创建者和建设者本人及他们的家人，最终享受特色小镇的建设成果。享受自己的劳动成果，是上帝赋予的神圣权利。几万人口，正是通过对特色小镇的成果分享，来间接享受社会进步成果的。因此，必须在创建特色小镇的每一方面，充分体现人性化的要求。在每个细节、每个环节、每一与人的接口和给人的感受上，要始终坚持“以人为本”。

二、产业为基

产业是创建特色小镇的基础性、决定性因素，也是前提因素。人在特色小镇中干什么？挣（吃）什么？挣多少？享受的幸福，大多是产业决定的。产业就像万丈高楼的地基，是基础，它支撑着大厦；是前提，它要先建设。

三、社区为型

一定的常住人口，一般为 3 万左右；一定的户籍人口，约为常住人口的 50%~60%；一定的流动人口，一般为 2 万左右，以及工作者家属。抽象的标准模式是人口 5 万，构成一种全新的社会类型。经济越发达地区，非户籍人口的比例越高。中山市两个国家级特色小镇，中山市古镇户籍人口 7.3 万，常住人口 15 万。中山市大涌镇户籍人口 2.93 万，常住人口 7.45 万。

特色小镇有一定居住人口的要求，有三个明显的作用：一是可以改变开发区、产业园晚上无人，被称为“鬼城”情况；二是让工作者的居住地与工作地点接近，有效降低社会客运成本和工作人员的交通成本；三是特色小镇统筹开发住宅用地、产业用地、商业用地以及教育用地、其他用地，可以综合考虑土地成本，有利于一、二级投资开发者综合考虑投资方案。

在没有政府和行政部门管理情况下，一是通过管委会协调有关行政部门，二是充分发挥各行政部门派出机构的作用。根据浦东新区、滨海新区和部分县级开发区的发展轨迹，有理由预计特色小镇的发展前景是部分改为行政区，少数发展特别好的直接建市，大部分仍回归为建制镇。

四、文化为魂

文化是相对于政治、经济而言的全部精神活动及其活动产品。特色小镇的文化是指通过特色小镇的一定建筑、设备设施、产业发展、推介活动和工作特色而形成的精神活动及活动产品。天津市开发区原主任、天津市原副市长在总结天津滨海新区经验时，曾经不止一次讲过，开发区保税区创建初期，我们强调了经济，特别是招商引资的作用，我们认为投资者是帝王，为投资者建设了星级宾馆、高尔夫球场、运动健身馆、体育场、高级医院、图书馆，这些都是对的。但我们忽略了文化的作用，忽略了打工是海洋的作用。我们在努力补课，建造滨海新区打工者适合的文化设施。像群众文化馆者、艺术馆、职业学校、业余学校等。

特色小镇的文化，要为小镇发展服务，也要为镇内人口服务。文化的特色：一要深挖所在地的资源和优势；二要结合产业发展需要；三要考虑小镇的承载力和可能；四要当作项目研究投入产出，基本 3 年达到持平水平。绝不能没有灵魂，没有灵魂的特色小镇，绝不是现代的创新发展平台空间。

五、旅游为表

广东省《特色小镇创建方案参考大纲》第五条明确提出了在人、产、城、文四要素之外的第五个要素“旅”，而且规定，要按照旅游 AAAA 级景区的标准建设。

特色小镇的人、产、城、文四个基本要素的关系图及广东增加旅游基本因素的关系如图 1–1、图 1–2 所示。

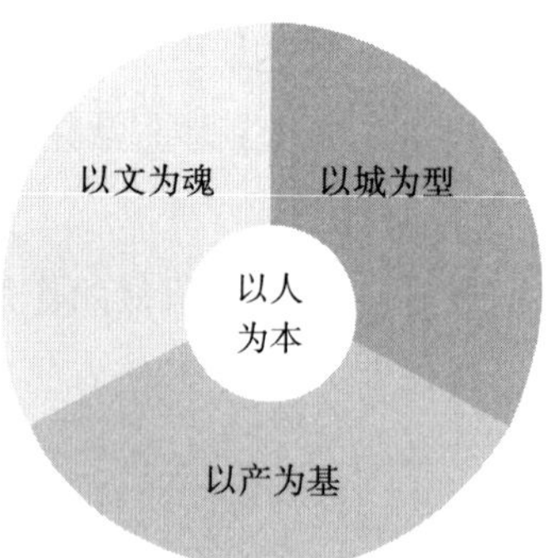

图 1–1　特色小镇四核心要素

资料来源：笔者自制。

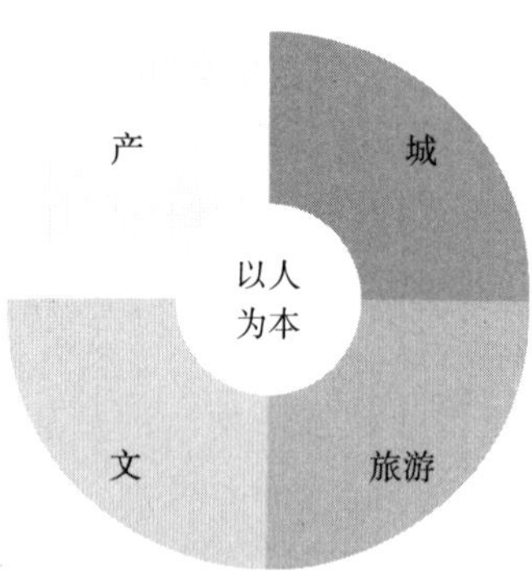

图 1–2　特色小镇五核心要素

资料来源：笔者自制。

第二章　特色小镇的产业经济学原理

一、要点

(1) 产业 (Industry)，本书所指为制造业内部生产类同产品、工艺接近的一定企业的总和，而不是国民经济领域中的第一、第二、第三产业。

(2) 特色产业 (Characteristic Industry)，指特色小镇最大限度利用当地资源禀赋，充分发挥比较优势而形成的规模产业。在此，特色产业类似于规模产业，因为其不是真正的特色产业，不能实现产业集聚。

(3) 产业建镇 (Industrial Construction Town)，主要依靠发展产业的方法建设特色小镇。发展产业的方法基本是产业招商引资的方法。因此，产业建镇近似于招商引资建镇。

(4) 产业经济学 (Industrial Economics)，经济学的二级学科，属于中观经济研究，以产业为研究对象，主要研究产业组织、产业结构、产业关联、产业转移、产业政策等，是特色小镇建设的主要指导理论。

(5) 区域经济学 (Regional Economics)，经济学的二级学科，包括空间经济学、城市经济学、区位理论，是研究区域经济发展与区域关系协调的科学，是特色小镇建设的理论依据。

二、思考题

(1) 为何讲产业人才决定产业技术?

(2) 为什么讲产业技术水平决定特色小镇存亡?

(3) 怎样从企业的本质去看它是特色小镇的干细胞?

(4) 产品与企业是一种什么关系?

(5) 产品周期和企业周期是一回事吗?

(6) 什么是战略性新兴产业?

(7) 产业转移与产业招商引资有何关系?

第一节　特色小镇的产品和企业

一、特色小镇的产品（Product）

产品是向市场提供的，引起注意、获取、使用或者消费，以满足欲望或需要的任何东西。广义的产品包括服务。产业经济学认为产品一般可以分为五个层次，即核心产品、基本产品、期望产品、附件产品、潜在产品。核心产品是指整体产品提供给购买者的直接利益和效用；基本产品是指核心产品的宏观化；期望产品是指顾客在购买产品时，一般会期望得到的一组特性或条件；附件产品是指超过顾客期望的产品；潜在产品是指产品或开发物在未来可能产生的改进和变革。特色小镇的产品，第一是指在特色小镇生产的产品；第二是指特色小镇的核心产品，也可说是基本产品。

产品在经济学中具有重要的意义。首先，产品是企业的生命所在，产品的存在、发展、周期、盈亏决定企业经济状况。其次，产品是市场的标的。正因为产品的买卖才有了市场。再次，产品投资的是物质目标，投资的价值目标是利润。最后，产品是消费的物质目标，消费的心理目标是效用。产品对特色小镇具有十分重要的意义。迄今为止，大多数人都是先认识产品，后知道企业，最后才记住品牌的。选产业、选企业，最基本的是为小镇选产品。所谓特色小镇，说到底是产业的特色小镇，对绝大多数人来讲，就是特别产品小镇。美国好时巧克力小镇、美国威尔科克斯（Willcox）红酒小镇、法国格拉斯香水小镇都是如此。

二、特色小镇的企业（Enterprise）

企业是指以盈利为目的，运用各种生产要素（土地、劳动力、资本、技术和企业家才能等），向市场提供商品或服务，实行自主经营、自负盈亏、独立核算的法人或其他社会经济组织。主要包括公司和工厂两种形式。

为什么会产生企业？美国经济学家罗纳德·哈里·科斯（Ronald H. Coase）在《企业的性质》中认为，当市场交易成本高于企业内部的管理协调成本时，企业便产生了，企业的存在正是为了节约市场交易费用，即用费用较低的企业内交易代替费用较高的市场交易。企业是特色小镇的干细胞。特色小镇有什么样的企业、有多少企业直接关系到特色小镇的好坏。通常，在特色小镇注册的企业都是项目公司，需要几年的发展实践，创建特色小镇初期要注重小镇内企业投资的母公司。

浙江特色小镇评定规范规定：“①每引进一家世界 500 强企业的功能型、区域型总部得 20 分，分支机构得 15 分。②每引进一家中国 500 强企业功能型、区域型总部得 15 分，分支机构得 10 分。③每引进一家省百强企业和服务业百强企业功能型、区域型总部得 10 分，分支机构得 5 分。”

产品是企业的生命，企业是产品的母亲。培育、服务、扶植企业是特色小镇永恒的主题。浙江云栖特色小镇就是引进了阿里云这样的优秀企业，并带动了一批企业入驻的。

第二节　特色小镇的产业、产业结构和产业政策

一、特色小镇的产业（Industry）

产业有多重含义，本书使用的是产业经济学的定义，即制造业内部的各工业部门同类企业的总和。产业从更大的含义上覆盖了产品和企业，因此本书主题为特色小镇产业论。为了后续使用方便，有必要在此对产业的划分做出交代。产业按照整体作用一般招商分为：

（1）传统产业。指劳动力密集型的、以制造加工为主的行业，如制鞋、制衣服、光学、机械等制造业行业。

（2）基础产业。是指为加工产业提供原材料、动力、基础条件的各产业部门的统称。主要包括农业、能源、原材料和交通运输等产业部门。

（3）重点产业。在国民经济体系中占有重要的战略地位并在国民经济规划中需要重点发展的产业。重点产业的概念较模糊，缺乏科学性，它可以包括主导产业、先导产业、支柱产业、先行产业、瓶颈产业、基础产业等。

（4）主导产业。指能够依靠科技进步或创新获得新的生产函数，能够通过快于其他产品的“不合比例增长”的作用有效地带动其他相关产业快速发展的产业。

（5）先导产业。指具有重要的战略地位，并在国民经济规划中先行发展以引导其他产业往某一战略目标方向发展的产业。

（6）支柱产业。指在国民经济体系中占有重要的战略地位，其产业规模在国民经济中占有较大份额，并起着支撑作用的产业或产业群。我国现阶段的支柱产业是机械电子、石油化工、汽车制造和建筑业。

（7）先行产业。狭义的先行产业是指根据产业结构发展的内在规律或自然规律必须先行发展以免阻碍其他产业发展的产业，这类产业包括瓶颈产业和基础产业；广义的

先行产业是指根据国民经济战略规划的需要人为地确定必须先行发展以带动和引导其他产业发展的产业，即先导产业。

(8) 瓶颈产业。又称短线产业，是指在产业结构体系中未得到应有发展而已严重制约其他产业和国民经济发展的产业。

(9) 幼稚产业。指某一产业处于发展初期，基础和竞争力薄弱但经过适度保护能够发展成为具有潜在比较优势的新兴产业。

(10) 衰退产业。指需求在缩减的产业。

(11) 夕阳产业。对趋向衰落的传统工业部门的一种形象称呼，指产品销售总量在持续时间内绝对下降，或增长出现有规则地减速的产业。夕阳产业是一个相对的概念，事实上，正如郎咸平所说："没有夕阳行业，只有夕阳思维。"

(12) 朝阳产业。指新兴产业，是具有强大生命力的、能使技术突破创新并以此带动企业发展的产业，市场前景广阔，代表未来发展的趋势，一定条件下可演变为主导产业甚至支柱产业。但是风险性依然存在，如果技术周期预计错误，就会误入技术陷阱，使投资血本无归。盈利前景看好的朝阳产业，如 IT、环保、新能源等。

(13) 战略性新兴产业。以重大技术突破和重大发展需求为基础，对经济社会全局和长远发展具有重大引领带动作用，知识技术密集、物质资源消耗少、成长潜力大、综合效益好的产业。现阶段主要指节能环保、新一代信息技术、生物、高端装备制造、新能源、新材料、新能源汽车等产业。

(14) 迭代产业体系。指一定区域内，传统产业与新兴产业并存的状况。

按照产业类别，一般一种产品即是一个产业，如汽车、手机等产业，小产品则一类为一产业，如学生用的本、笔等为文具产业，但近年来，随着技术进步出现了新的产业。

(1) 信息（技术）产业。信息技术（Information Technology，IT）就是感测技术、通信技术、计算机技术和控制技术，包括大数据产业和云计算产业、互联网产业。

(2) 大健康产业。医药、医疗器械、医疗保健用品、保健品以及服务。

(3) 高新技术产业。

除本书定义外，广泛应用的旅游文化产业、体育产业、教育产业等也属于新产业。

特色小镇的产业建设是整个创建工作的关键。需要说明的是，产业无好坏，技术有高低。选择适合的产业，就能让产业发展，使特色小镇创建成功。

二、特色小镇的产业结构和产业政策

产业结构是指各产业的构成及各产业之间的联系和比例关系。特色小镇的产业结构主要指重点发展的产业与其他产业的比例关系。

特色小镇要有明确的产业。一般2000亩工业用地，100万平方米工业厂房，30000万就业人员，年100亿元产值的产业规模，既不要什么都干，也不要产业过窄，应聚焦具体产品。比如大数据，整个贵州省在做，那么一个小镇做什么、怎么做？山西阳泉开发区就做数据储存，形成300亩地的规模，很成功。

特色小镇确定产业结构，首先要依据资源密集程度分类。这种产业分类方法是按照各产业所投入的、占主要地位的资源的不同标准而划分的。根据劳动力、资本和技术三种生产要素在各产业中的相对密集度，把产业划分为劳动密集型、资本密集型和技术密集型。特色小镇不一定都追求技术密集型产业，当然有条件要搞技术密集型产业，但浙江省上城玉皇山南就是资本密集型的基金小镇，而天津市滨海新区中塘镇产业定位为汽车橡塑，偏重于劳动密集型。

创建特色小镇的重要任务之一是促进全国城乡产业升级。工业化可分为三个阶段：①以轻工业为中心的发展阶段。像英国等发达国家的工业化过程是从纺织、粮食加工等轻工业起步的。②以重化工业为中心的发展阶段。在这个阶段，化工、冶金、金属制品、电力等重化工业都有了很大发展，但发展最快的是化工、冶金等原材料工业。我国刚刚走过这个阶段。③工业高加工度化的发展阶段。在重化工业发展阶段的后期，工业发展对原材料的依赖程度明显下降，机电工业的增长速度明显加快，这时对原材料的加工链条越来越长，零部件等中间产品在工业总产值中所占比重迅速增加，工业生产出现“迂回化”特点。加工度的提高，使产品的技术含量和附加值大大提高，而消耗的原材料并不成比例增长，所以工业发展对技术装备的依赖大大提高，深加工业、加工组装业成为工业内部最重要的产业。以上三个阶段，反映了传统工业化进程中工业结构变化的一般情况，并不意味着每个地区都完全按照这种顺序去发展。

县域经济日益得到重视，但我国2600多个县的产业状况多数是迭代产业体系，即各种产业并存。特色小镇由于建设时间晚、空间小，一定要杜绝迭代产业出现和产业混乱发展。特色小镇要制定自己的产业政策，主要是确定产业方向、技术水准、产业规模、资源优势等内容。特色小镇的产业政策必须与国家的产业政策一致。国家平均两年一微调产业政策，以颁布《产业结构调整指导目录》的形式表示国家鼓励、允许和禁止的产品。海关总署也会根据国家产业政策调整关税。“中国制造2025”是国家的长期产业政策，对特色小镇的产业发展具有极大的指导作用。

第三节　特色小镇的产品周期和企业周期

一、特色小镇的产品周期

产品周期指一个产品从初创到退出市场的整个生命过程，又称产品寿命周期，它一般经过导入、成长、成熟、饱和和衰退等阶段。正是由于产品存在周期和科技进步的双重原因，使企业不断追求新产品，当然在价值上是由于企业追求利润最大化，才给特色小镇带来了产业发展的机会。同样，特色小镇也要清晰并有所预防产品的衰退。

二、特色小镇的企业周期

企业周期指企业的发展与成长的动态轨迹，包括发展、成长、成熟、衰退几个阶段。企业生命周期理论比产品周期理论对特色小镇的影响更直接。特色小镇的人员，对进入小镇的企业不能掉以轻心，仍应做好服务。

第四节　特色小镇的产业关联和产业波及

一、特色小镇的产业关联

产业关联就是产业联系，主要指工业生产活动之间的相互关系（物质、信息等的交换与流动），它对产业区位选择和地方企业集群的形成产生重要的影响。传统的产业联系可分为功能联系和空间联系（非功能联系）。产业联系的方式有三种：

第一种，单向联系和双向联系。一般情况下，生产生产资料的企业间是双向联系，比如煤电企业间、风电和热电企业间都是如此。而生产生产资料的企业和生产生活资料的企业间都是单项联系，如电力和服装等。

第二种，顺向联系和逆向联系。采矿—冶炼—制材—制品的联系是顺向联系，而机械—采矿是逆向联系。

第三种，直接联系和间接联系。两个生产部门间有直接供货服务的联系，如加油机械与石油零售业的联系就是直接联系，而汽车与汽油、建筑与家电（精装修除外），具有的联系虽然十分紧密，但因为被（汽车和住房）消费者隔离开了，是间接联系。

了解产业联系对创建特色小镇具有直接的指导意义。特色小镇的产业不是孤立的产业，一定要融入地区、国家、世界，因此小镇的产业联系比人的对外联系会更宽泛、更紧密、更直接。一个特色小镇产业对外的联系程度，是产业水平的一定反映，也是产业发展的条件。

二、特色小镇的产业波及

产业波及是指国民经济产业体系中，当某一产业部门发生变化，这一变化会沿着不同的产业关联方式，引起与其直接相关的产业部门的变化，并且这些相关产业部门的变化又会导致与其直接相关的其他产业部门的变化，依此传递，影响力逐渐减弱的过程。

产业波及的第一种情况。当某一产业的最终需求（如消费需求、投资需求、出口需求）发生或将要发生变化时，对国民经济各产业部门产生或将要产生的影响。可以理解为基于需求波及的影响。

产业波及的第二种情况。当某一产业的毛附加值（折旧、工资、利润等）发生或将要发生变化时，对国民经济各产业部门的产出水平产生或将要产生的影响。可以理解为基于利润波及的影响。

产业波及的理论提示特色小镇的创建者，要密切关注国民经济的发展走势和世界经济的变化情况，特色小镇绝不能是与世隔绝的孤岛，各扫门前雪的策略不适合产业。产业波及的情况防不胜防，早防好于晚防。

第五节　特色小镇的产业资源、产业环境和产业条件

一、特色小镇的产业资源

产业资源是产业拥有、在发展中直接使用或者消耗的要素，包括有形资源和无形资源。一般来说，从范围来看，产业资源包括产业内所有企业的资源。从产业核心竞争力的特征看，具有稀缺性的资源和独特性的资源，称为产业核心资源。

创建特色小镇首要任务是发展产业，而区域产业资源情况又决定了能发展什么样的产业。区域产业资源在一定时间内是不变的，作为产业发展变化的内因，一般起着决定性作用，但并不是完全决定作用。企业本身也构成产业资源。产业资源中的无形

资源主要指企业的人才、知识、组织、技术、文化、社会等决定产品开发、销售和管理的能力。而且，这种无形资源逐渐成为推动产业发展的核心力量。创建特色小镇一定要聚焦招商引资，引入一个好的企业，是倍加发展的因素。

二、特色小镇的产业环境

产业环境是指对处于同一产业内的组织都会发生影响的环境因素。与一般环境不同的是，产业环境只对处于某一特定产业内的企业以及与该产业存在业务关系的企业产生影响。主要包括两个方面：一是产业中竞争的性质和该产业中所具有的潜在利润；二是该产业内部企业之间在经营上的差异以及这些差异与它们的战略地位的关系。分析前者的常用工具是波特教授提出的“五力模型”，主要内容是：

（1）潜在进入者威胁。

（2）现有企业之间的竞争。

（3）替代品的压力。

（4）供方的讨价还价能力。

（5）买方讨价还价的能力。

以及利益相关者（政府、债权人、工会等）的影响。

竞争环境则是从个别企业出发思考问题，观察特定区域内同行的竞争状况，或者观察同行在原材料取得、产品市场占有上与其他企业的竞争情况。特色小镇对产业环境的研究并不需要像产业政策、产业结构那样认真，只是在确定小镇产业方向时，为招商引资考虑到即可。企业更要认真研究竞争环境。

三、特色小镇的产业条件

产业条件是指产业存续发展过程中，并不消耗掉，只是使用、利用的影响因素，一般称为产业发展条件。主要指市场条件、金融条件、技术条件、配套条件、交通条件、物流条件、社区生活条件、教育条件、医疗条件、价格条件等。产业条件貌似与产业没有直接关系，实际不然，上述条件直接影响产业发展。在远离市场条件下做产品，在金融条件不好的区域做基金，在生活条件一般的地区争抢一流人才，都是很难的。产业条件对创建特色小镇而言，也即对招商引资而言，比产业环境重要得多。时下，许多地方都在抓营商环境，在经济学上看，营商环境是产业条件，因为，营商环境的改善，有利于所有的企业。讲产业条件打造或建设，多年来公认的一条成功规则就是先栽“梧桐树”，即创造产业发展条件，再引产业这只“金凤凰”。

第六节　特色小镇的产业链、产业技术

一、特色小镇的产业链

产业链是各个产业部门之间基于一定的技术经济关联，并依据特定的逻辑关系和时空布局关系客观形成的链条式关联关系形态。产业链是一个包含价值链、企业链、供需链和空间链四个维度的概念。产业链的本质是用于描述一个具有某种内在联系的企业群结构，它是一个相对宏观的概念，存在两维属性：结构属性和价值属性。产业链中存在着大量上下游关系和相互价值的交换，上游环节向下游环节输送产品或服务，下游环节向上游环节计价（企业外则支付）费用、反馈信息。

狭义产业链是指从原材料一直到终端产品制造的各生产部门的完整链条，主要指各个具体生产制造环节；广义产业链是在狭义产业链基础上尽可能地向上下游拓展延伸。向上游延伸一般使得产业链进入到基础产业环节和技术研发环节，向下游拓展则进入到市场拓展环节。产业链的实质是不同产业的企业之间的关联，而这种产业关联的实质是各企业之间的供给与需求的关系。

产业链形成的原因在于产业价值的实现和创造。任何产品只有通过最终消费才能实现目的和价值。按照整合企业在产业链上所处的位置，可以将产业链整合划分为横向整合、纵向整合以及混合整合三种类型。横向整合是指通过对产业链上相同类型企业的约束来提高企业的集中度。纵向整合是指产业链上的企业通过对上下游企业施加纵向约束，使之接受一体化或准一体化的合约，通过产量或价格控制实现纵向的产业利润最大化。混合整合又称为斜向整合，既包括了横向整合又包括了纵向整合，是两者的结合，分为股权的并购、拆分以及战略联盟。

整合产业链、建设产业链首先是对链上各环节的企业增加价值的有效措施，其次对特色小镇的招商引资工作具有明确的指引作用。

二、特色小镇的产业技术

产业技术是技术演化到产业的表现形式，归结为：发明、设计、制造和使用。远德玉将其进一步解读为技术构想、技术发明、设计技术和生产技术。“产业技术是由多种技术构成的复合体，是体系化的技术”，并认为产业技术可分为两类：一是各类产业特有的或层面的存在形态；二是通用的、起支撑作用的技术。

产业技术可以简单理解为生产技术。产业技术是特色小镇更应关注的技术。产品技术主要是新产品；工艺技术主要是成本节省；设备技术是产品实现和工艺先进的保证。这些产业技术对特色小镇来讲，远比技术构想、技术发明、设计技术作用大。浙江省云栖小镇2013年实现5000台计算机并联运行飞天5K，使得阿里云成为全国首个具有高科技水平的云计算企业，可以说是整个云栖小镇的产业基础、技术支撑。人们习惯于讲研发能力、技术人员比例、研发费用投入，往往忽略产品、设备、工艺所代表的产业技术。

在谈到产业技术时，创建特色小镇工作时要特别注意两个问题：一是近年来许多地市和高等院校都设立产业技术研究院、产业技术战略联盟，与之合作时应特别注意技术转让或服务的具体作用与效果，因为很少见到这方面的成功案例。究其原因，“演化到产业层面的技术”而远离产业的产业技术研究所和战略同盟难以有效。二是技术转化，在技术构想、发明技术、设计技术、制造样品、中试成功之后，等于攀登了技术之巅，但在技术之巅与市场之巅间存在着一条“科技的死亡之谷”，这就是产品产业化、市场化的问题。几乎每个教授、研究员都有很多科技构想、发明创造，但市场选票就不投向它们，只得胎死腹中，这是过不去“死亡之谷”。创建特色小镇一定不能浪费时间，要聚焦成熟的产业技术，坚持实事求是，奉行拿来主义。

人是生产力中最重要的因素，人是剩余价值的创造者。在特色小镇创建中，说到底就是人才，特别是产业人才。王坚对浙江云栖小镇创建的作用就是实例。而且该特色小镇已经聚集了4000名云、计算机、网络的人才，未来要聚集万名人才。

第七节 特色小镇的产品市场和产品服务

一、特色小镇的产品市场

产品市场又称商品市场，是指有形物质产品或劳务交换的场所。产品市场是最基本的市场形态。市场的本质是因产品（或服务）的买卖两组人（其中一组为多数）结成的法律关系。200多年的资本主义正是建立在这种经济模式之上，1978年，我国开始改革开放，从计划经济向市场经济过渡，取得了辉煌成绩。当然，美国等一些国家仍然不承认我国是市场化国家，以达到其商业目的。国家发展改革委对2012~2016年我国价格市场程度进行的测算发现，我国价格市场化程度超过97%。可见我国配置资源的主要方式是市场。特色小镇创建一定要把市场、产品市场弄明白。特色小镇的创建归根结底，也是市场作用的结果。

产品市场有四层含义：一是商品交换场所和领域；二是商品生产者和商品消费者之间各种经济关系的汇合及总和；三是有购买力的需求；四是现实顾客和潜在顾客。在研究特色小镇的产业时，还需了解产品市场竞争状况，即按产品或服务供给方的状况（即市场上的竞争状况）分为：完全竞争市场；完全垄断市场；垄断竞争市场；寡头垄断市场。一般情况下，都是处在完全竞争市场，但要找到有核心竞争力、有明显优势的产品，才能建成小镇。若能找到垄断竞争市场的产品就能建好特色小镇。

二、特色小镇的产品服务

特色小镇的时间较短，但从开发区、产业园的实践看，对产品的服务做得不好。从一定意义上讲，对产品服务不好，就是对入驻企业服务不好。产品是企业的生命，是企业实现经营目的、取得利润最重要的手段。对于特色小镇管委会这种政府派出，或者是事业单位，或者是国有企业，也可能定位民营公司的单位来讲，应采用经济手段为主，充分利用自己的优势做好以下服务工作：

（1）推动产品研发升级，主要是与科研机构、院校与企业合作，如战略同盟、战略合作单位等。

（2）直接购买产品，或自用，或再销售。

（3）举办专门市场、产品展销会、产品推介会。

（4）组织企业参加境内外展销会，可统一设展。

（5）提供产品原料、配件企业服务和优惠。

（6）设置专门的原料库、物流基地。

（7）组建同类产品协会、行会、粉丝俱乐部等。

（8）做产品服务网站。

（9）以产品为内容举办一定的节日。

（10）调动媒体为企业打软广告。

（11）设立重奖。

（12）造势推介。

美国第 39 任总统吉米·卡特出生于佐治亚州普雷斯小镇。5 岁时常拎着一个小篮子到田里捡收割后掉落在地里的花生，然后煮熟拿到镇上摆地摊卖。卖多少，收多少钱，他“一口清”，从不出错。母亲笑吟吟地问他：“你长大了想干什么呀？”小卡特抬起头，两眼露出憧憬的神色，回答道：“摆地摊卖花生。”后来成为州长，当上美国第 39 任总统。1980 年，总统任期届满后，卡特又回到小镇，干起了他的老本行——卖花生。

他在接受记者采访时说："我的特长是卖花生。"能找到这样的销售人，特色小镇就有了特色，也就能搞好。

第八节　特色小镇的产业转移与承接

从宏观上讲，特色小镇的产业，主要是产业转移的结果，在小镇内创立并发展起来的毕竟只占少数。因此，创建特色小镇很有必要弄清楚产业转移的来龙去脉。

一、产业转移的含义和原因

产业转移是指在市场经济条件下，发达区域的部分企业顺应区域比较优势的变化，通过跨区域直接投资，把部分产业的生产转移到发展中区域进行，从而在产业的空间分布上表现出该产业由发达区域向发展中区域转移的现象。

产业转移必然发生的原因如下：

(1) 资本追求利润最大化的驱使，一定到投资回报率最高的地区。

(2) 资源最优化的吸引，一定时间内某产品的资源具有最佳地。

(3) 曾经的成本洼地，随着产业集聚，成本上升，一定从内外部经济，达到规模不经济，开始寻找新的聚集地。

(4) 科技创新的作用。

(5) 政府振兴的优惠、招商服务。

(6) 企业的发展战略和竞争策略。

二、产业转移情况和作用

产业转移作为一种经济现象，最早出现在 1765 年第一次科技革命以后，英国已经完成了工业化，成为世界第一大工厂。只有 2%人口的英国，控制着世界工业生产的 1/2，世界贸易的 1/4。英国向美国转移了 200 多家炼钢企业，30000 吨生产能力。至今出现了五次较大的产业转移，产业转移集中发生的高潮表现在经济危机后，与科技革命高潮和工业革命高潮走势接近。如图 2-1 所示。

最早用于研究产业转移的理论为日本赤松要（1935）提出的"雁行理论"。相关的理论较多，主要有美国哈佛大学雷蒙·维农（1966）提出的产品生命周期理论等。我国夏禹龙（原上海社会科学院副院长）（1982）提出的梯度理论，郭凡生（西部学派代表）（1984）提出的反梯度理论，及卢根鑫（转业军人）提出的产业"重合理论"，杨

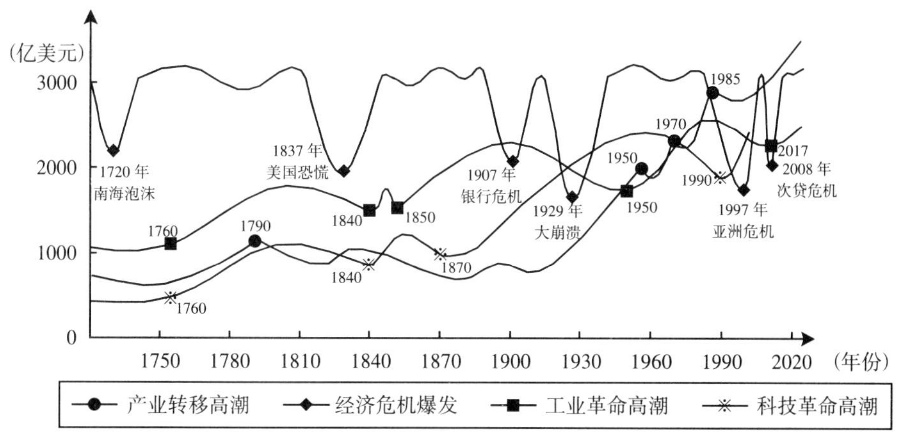

图 2-1　产业转移高潮与经济危机、工业革命、科技革命高潮的时间

资料来源：笔者自绘。

世伟则在 2012 年的《国际产业转移与中国新型工业化道路》中直接提出产业转移与新型工业化道路相结合。

在已经完成的四次产业转移中，产业转移的作用显而易见：美国（1790 年前后），日本（1950 年前后），韩国和中国台湾地区等亚洲四小龙（1970 年前后），中国东部，特别是广东省（1985 年前后）大发展的实例足以说明抓住产业转移的机遇，做好承接产业转移工作，可以促进完成产业建设任务，极大促进产业建设发展。

三、更加复杂的产业转移和更加激烈的承接竞争

2008 年世界金融危机以后，以美国政府为代表的发达国家开始重置制造业，开始了第五次产业转移。本次转移明显表现出以下特点：

（1）多地区发生。转移地和承接地在发达国家和地区与发展中国家和地区间出现交叉重合现象，如中美间的转移。

（2）多产业转移。特别是技术跨度大，高新技术和一般技术产业，均可能转移，像中国的江南化工并不是高新技术，却到美国投资。

（3）多方式进行。政府推动的如“一带一路”，地区合作；大企业推动的如园区；科技带动的方式一并出现。

（4）作用尚不显著，高潮到来较慢。主要背景是以美国为代表的转移国虚拟经济过度，日本等国家经济长年低迷，开始吸引制造业回流。2012 年圣诞节，美国前总统奥巴马为智能重工、苹果等公司从海外撤回工厂鞠躬；2017 年底特朗普大规模减税，都是为了吸引投资，承接产业转移。主要原因仍然是企业的利润最大化，政府求发展，社会得进步。

中国经过30多年持续高速发展，外汇储备高达3万多亿美元（最高时接近4万亿美元，世界第一），且一般产品产能过剩，高端产品市场开始竞争，主要技术急需进步，生产要素价格除人力资源外普遍高于国际水平，人力资源价格也高于东南亚国家，电价、水价、气价、地价、房价、税都比美国高，东部地区具备了对外产业转移的条件。“一带一路”建设等的国际政治形势都促进了我国对外产业转移。我国在第五次国际产业转移中，有以下趋势应当引起重视：

（1）转出与承接交替重合。

（2）国际产业转移、国内产业转移与承接交叉进行，且国内比例高于国（境）外。

四、承接产业转移中创建特色小镇

承接产业转移是指发展中区域政府、特色小镇或相关企业主动积极接受转移产业，服务企业投资的行为。在产业规划方向明确、产业集聚空间确定的情况下基本等于产业招商、招商引资。产业转移与承接（招商引资）行为的关键点如下：

承接产业转移（投资服务、招商引资）和产业转移（即企业直接投资）矛盾中的主要矛盾方面是企业直接投资。

承接产业转移（投资服务、招商引资）和产业转移（即企业直接投资）的决定条件是投资企业的利润最大化。

微观上，产业转移具有一定的偶然性。产业转移是由企业投资体现的，企业投资的标准是回报最大化。但因为代表资本的管理者具有人性的弱点和信息与知识的局限，很难做到绝对的投资回报最大化，因此具有了时间、地点、规模、方式上的偶然性。这为不同发展区域承接产业转移（招商引资）提供了竞争条件。

发展区域政府（园区和相关企业）的产业规划，以及围绕产业规划提供的产业配套条件，包括但不限于环境改善、要素优惠、优质服务、奖励支持等最终转成企业计算的投资利润最大或成本降低，从而影响投资决策。

特色小镇的招商引资是以寻找发现投资、协调推动投资为主要活动的投资服务行为，在本质上与承接产业转移是一致的。前者强调的是微观上具体投资项目的服务，在逻辑外延上，前者还包含非承接产业转移的其他产业投资项目服务；后者强调的是整个产业承接、培育、发展，在逻辑外延上不属于招商引资范畴。实际工作中，州市和县、园区的工作者认为划分二者的意义不大。

特色小镇是承接产业转移的空间。经济原理是通过内外规模经济的作用降低企业成本。特色小镇在承接产业转移的过程中实现产业集聚（相同性质Cluster和不同性质Agglomeration），建成产业集群。一般特色小镇或工业园区与承接产业转移园区的区别不是名称上的差异，而是看产业在承接产业转移的范围内与否。但明确标出“承接产业转移”园区的，若加上具体产业更好，如××（字号）承接××（产业转移）特色小镇则更加明确具体，有利于发展。

第九节　特色小镇与所在地的产业协同

一、所在区域的产业政策

特色小镇所在的县市乃至地区、省区，都会有或多或少、或强或弱的产业政策。如本章第二节产业政策中阐述的地方产业政策，一般都是鼓励、促进、刺激，调整和禁止较少。创办特色小镇绝不能违背区域产业政策，坚持“法不禁止即可为”的原则。只要不是禁止的产业都可以创办特色小镇，只是得到的优惠、受到的重视和取得的支持不同。如云南省重点发展八大产业，济南打造10个过千亿元产业。

二、特色小镇的产业与所在地的产业政策是协同关系

虽然特色小镇管委会是所在区域的行政下级，但特色小镇产业发展的投资，主要是依靠市场经济，争取投资人的资金，因此是协同关系而不是所在区域政府的直接投资。

三、特色小镇的产业最好以所在地原有产业为基础

这样可事半功倍，比完全创立一个新的产业风险和困难都小。

四、特色小镇的主要产业与所在区域的主要产业协同的方式

（1）完全吻合，突出先进性、代表性。这在传统产业聚集区创建特色小镇比较多见。比如，诸暨袜艺小镇、越城黄酒小镇即是如此。

（2）上下游产业，以衔接产业链，表现协同。比如浙江省的定海远洋渔业小镇、庆元香菇小镇。

（3）全新产业，但资源相同或相联系。比如某公司在山东济南策划的医养小镇就是利用当地的中药资源新开发的产业方向。

第三章 特色小镇的区域经济学原理

一、要点

（1）特色小镇的核心要素基本反映了经济区域的属性。人、产、城、文一致，仅仅是城——居民（社区）因素，代替了自然特点因素。

（2）特色小镇经济区域的三个基石：资源禀赋差异；集聚聚集状况；转移成本高低。

（3）胡焕庸线是 1935 年人口密度划分对比线。在某种程度上也成为目前城镇化水平的分割线。创建特色小镇最好选在胡焕庸线以东，至多在该线附近的西侧。

（4）区域的内聚力（Inner Cohesion in the Regio），也称为凝聚力，是指同种物质内部相邻各部分之间的相互吸引力。区域经济内聚力主要是资源禀赋、比较优势以及其决定的产业链、产业规模等。

（5）比较优势（Comparative Advantage）：生产某种产品成本的优势。

（6）资源禀赋（Resources Endowment）：资源富有情况。

（7）产业集聚（Cluster；Industry Agglomeration）：由资本利益最大化驱使，代表资本的企业考虑市场、技术、用工、战略等因素到最适合地投资，同产业及接近产业的情况基本相同，便实现产业集聚和企业集聚集中，即出现产业集群。

二、思考题

（1）企业选择建厂地址主要考虑哪些条件？

（2）特色小镇为何大多在胡焕庸线以东？

（3）空间、区域、特色小镇的区别是什么？

（4）城镇、小城镇、特色小城镇、特色小镇的区别是什么？

（5）产业集聚与企业集聚的联系与区别是什么？

（6）胡焕庸和吴良镛对建设特色小镇有何指导作用？

第一节　特色小镇与经济区域的三个基石

一、特色小镇与经济区域

特色小镇不论大小，一定是一个经济区域。区域经济学对区域的定义：自然特点；文化积累；居民；生产活动能力。四要素的结合成为国民经济总链条中的一个独立的环节。这一普遍适用的定义，与特色小镇的人、产、城、文相对应，除顺序外，仅仅是城——居民（社区）因素代替了自然特点因素。可见特色小镇的核心要素基本反映了经济意义上的区域要求。经济意义上的区域有以下含义：

（1）区域是有明确范围的地球表面的实体概念，而不是空间，空间是抽象概念。

（2）区域具有自己的内聚力。内聚力决定区域内部的结构和功能。

（3）区域具有客观性和动态性两个基本特征。

（4）区域具有等级性，由经济水平高低和空间面积大小决定。

特色小镇按照区域经济学的分类，属于均质区，即产业结构、发展水平等特征相似。特色小镇肯定是规划区。

二、特色小镇的三个基石

美国经济学家埃德加·胡佛把以下因素看成是区域经济的三个基石：

（1）资源禀赋差异（详见本章第三节）。

（2）集聚聚集状况。在空间聚集经济，可以获得内外部规模经济的利益。反之，经济聚集程度也反映了经济水平。

（3）转移成本。为克服空间距离而在社会和心理等方面所花费的全部成本经济学称为转移成本，包括运输成本、时间成本、信息成本、心理成本。距离在传统、习惯、文化、宗教、语言以及种族等方面的差异，使迁移者在心理方面产生一种“距离隔阂”，即是心理成本。

创建特色小镇，从纯粹经济学上讲，是发展一个特定的区域。不仅完全符合区域经济学的一般抽象，而且区域经济学的主要理论、原则、观点、技术方法都有具体的指导作用。

第二节 特色小镇的区位优势

区位优势（Llocation Advantage）是创建特色小镇应该依据的重要条件。虽然各地都有比较优势，但要清楚认识、准确把握好具备的比较优势。区位优势指投资环境优良，企业在那里投资建厂可以获得廉价的自然资源和劳动力，享受东道主给予的各种优惠待遇等。它说明了企业为什么要到特定的区域投资建厂。区位优势的主要内容包括政策、市场的特征、劳动成本、当地的生产水平以及原材料的可供性等。

一、胡焕庸线

中国有 960 万多平方千米土地，比美国多约 1 万平方千米；人口 13.6 亿，是美国的 4 倍多，平原在中国仅占 12%，而美国的平原约占陆地的 50%。我国的平原约 115840 平方千米，美国平原 4811000 平方千米。中国平均 11740 人/平方千米平原地区，美国平均 67 人/平方千米平原土地；中国平均平原人口数是美国的 200 倍。中国地理学家胡焕庸（1901~1998）在 1935 年提出了划分我国人口密度的对比线，最初称“瑷珲—腾冲线”，后因地名变迁，先后改称“爱辉—腾冲线”“黑河—腾冲线”。被美国俄亥俄州立大学称为胡焕庸线，因而得名。2000 年第五次人口普查发现，“胡焕庸线”两侧的人口分布比例与 70 年前相差不到 2%，但是，线之东南生存的人已经远不是当年的 4.3 亿，而是 12.2 亿。虽然中国拥有 960 多万平方千米的国土，但真正适合人们生存的空间，却只是这 300 多万平方千米。“胡焕庸线”在某种程度上也成为目前城镇化水平的分割线。创建特色小镇最好选在胡焕庸线以东，至多在该线附近的西侧。因为每个特色小镇都以集聚 100 多家主要产业的同类企业（Cluster）和一批不同类企业如配套服务类企业（Agglomeration）为目的，会涉及多个出资人，排除个别的故乡、第二故乡等因素外，一般的应选择区位优势大的区域。

西部地区客观上条件差于东部地区，一般而言，应在东部创建特色小镇。但从比较优势的原理考虑，只要把握“特色”资源，也可以创建著名小镇。像云南省的三七，广西壮族自治区的合浦南珠、巴马香猪、永福罗汉果，青海省的冬虫夏草，新疆维吾尔自治区的葡萄干，西藏自治区的青稞，贵州省的茅台酒、青酒，四川省的榨菜、郫县豆瓣，重庆市的火锅等都是创建特色小镇的上好题材。如果建设旅游小镇，旅游设施和景观就更绝无仅有了。当然，建旅游小镇，把旅游作为产业，就要深入研究旅游设施吸引力，设计好旅游规模、游客人数、刺激程度、核心竞争力与独特优势、路途

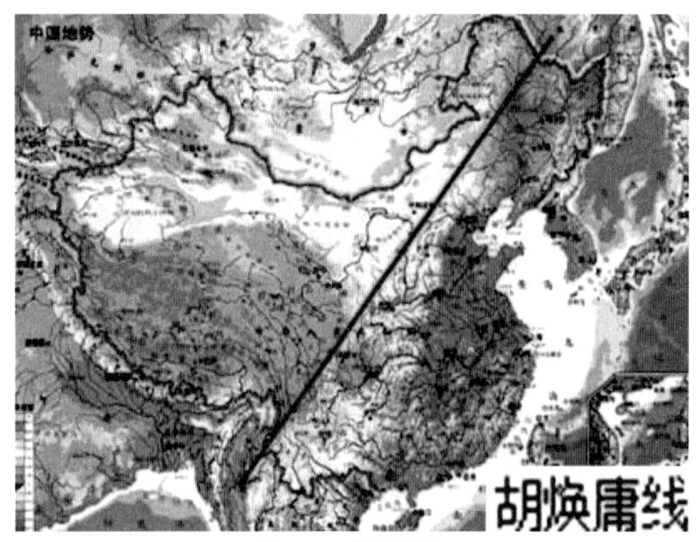

图 3-1 胡焕庸线

资料来源：百度。

情况、互动方式、体验程度、滞留时间、收入规模等情况，不是本书范围，不展开介绍。

二、企业区位决策考虑的因素

企业在区位决策时，受到许多因素的影响和制约，主要体现在以下几方面：

（1）地理区位。区位和距离是影响企业区位决策的重要因素。距离机场、港口、主要配套工厂、自傲产品市场、母公司的距离非常重要。像港澳投资首选广东，台湾投资首选福建，韩国投资首选山东就是例证。

（2）生产要素。一般考虑顺序：①劳动力市场和劳动力供应的充足、价格以及劳动力素质因素；②土地供应、位置、价格；③成熟的资木市场和融资可能；④原料、辅料、配件；⑤能源供应充足、价格合理。

（3）基础设施。①自然基础设施，交通、通信、电力、供排水、灌溉等；②社会基础设施，科技、教育、医疗、卫生、住房、休闲等；③行政基础设施，法律环境、行政环境等。

（4）市场因素。市场规模大小和发展潜力。市场规模大的区域，可以接近消费者和要素市场，并减少运输成本。

（5）集聚经济。区域集聚经济情况，对企业是重要决策因素。

（6）行为因素。企业决策者的偏好和与区域的渊源，很大程度上会影响决策。马云、王坚在杭州发展，李彦宏把百度数据储存中心建在阳泉，都是家乡因素决定。

（7）政府政策。①提供公共产品，如基础设施；②奖励、优惠等刺激政策；③规章制度，特别是地方性法规和专门制度。

特色小镇一定是在某一地区设立，选址好坏决定成败。作为一个综合项目，选址是仅次于选产业的难题。因为不是个人买房置地，在决策的后面，要有几百个单位进镇，几万名人员住镇。30 多年前，笔者听李嘉诚讲过，项目成功的关键有三个要素：第一是位置；第二是位置；第三还是位置。

第三节　特色小镇的内聚力、比较优势和资源禀赋

一、特色小镇的内聚力（Cohesion）

区域能否发展、怎样发展的客观决定因素是该区域的内聚力。内聚力本是化学领域概念，是指同种物质内部相邻各部分之间的相互吸引力，这种相互吸引力是同种物质分子之间存在分子力的表现。在区域经济学上是指一定区域内存在的各种经济资源的要素之间的黏合力，主要是资源禀赋、比较优势以及由此决定的产业链长、产业规模等。内聚力是区域形成和演变的基础，它决定区域内部的结构和功能。内聚力、结构、功能、规模和边界是区域的五个基本要素。当然最基本的是内聚力。一个特色小镇，能聚多少资本？哪个产业的资本？哪个地区的资本？什么技术？什么人员？哪儿的土地？多大土地？这些特色小镇聚集的要素，最终都是特色小镇内聚力“聚来的”。马云、王坚作为浙江人，浙江大学在杭州，与云栖小镇、梦幻小镇的发展有着必然的联系。这种联系，用区域内聚力就可解释了。区域内聚力又决定了经济的结构和规模，这些外在和行政决定（边界）就是特色小镇的内部客观因素。

二、特色小镇的比较优势（Comparative Advantage）

比较优势是指一个生产者以低于另一个生产者的机会成本生产一种物品的行为。如果一个国家在本国生产一种产品的机会成本（用其他产品来衡量）低于在其他国家生产该产品的机会成本的话，则这个国家在生产该种产品上就拥有比较优势。也可以说，当某一个生产者以比另一个生产者更低的机会成本来生产产品时，我们称这个生产者在这种产品和服务上具有比较优势。机会成本是指生产甲产品的同时，就失去了生产乙产品、丙产品、丁产品的机会。这种机会的丢失就是机会成本。

比较优势不是绝对优势。比如 A 区域，生产甲、乙、丙三种产品比 B 区域都有优势，但不能同时创建 3 个特色小镇，只能创建 1 个，最多 2 个，假定为 2 个特色小镇，生产甲和乙两种产品，不能同时再扩大生产丙产品。而 B 区域，与 A 区域比，生产丙

产品也无绝对优势，但有比较优势，这就是 B 区域的比较优势。A 区域不应甲、乙、丙产品都做，应集中做好甲产品。

三、特色小镇的资源禀赋（Resource Endowment）

资源禀赋也称要素禀赋，是指某种生产要素的相对丰裕，或相对稀缺的情况。如果某种要素供给所占比例大于别国同种要素的供给比例，而价格相对低于别国同种要素的价格，则该种因素相对丰裕，反之则为相对稀缺。赫克歇尔—俄林模型（Heckscher-Ohlin model），简称 H-O 模型最早是用来解释国际贸易原因的。实践中，人们发现这一理论同样适用产业转移和产业招商，产业转移和产业招商最终是由资源禀赋及比较优势决定的。因为生产要素分为可流动性要素和不可流动性要素，前者如资本、劳动力、技术、原料、辅料等，后者如矿藏、气候、温度、环境等。相对丰裕的某种资源，如劳动力，则决定劳动密集型产品成本低。再如某种主要原料丰裕，则决定该原料的产品成本低。在成本低的区域生产，利润就高。由此就导致了区域外投资，形成产业转移和产业招商。

资源禀赋理论对创建特色小镇有直接的指导作用。在选择特色小镇产业方向时，一定要认真研究本地的资源禀赋情况，找到最丰裕的资源，像技术、人才、设备等都是可流动的资源，比较好解决，而产品市场又会随着产品就近设立或形成。比如，盱眙县产小龙虾、长白山产矿泉水、大庆出石油，这就是最丰裕的资源，确定以此为原料的产业，创建特色小镇成功的可能性就大得多。

第四节　特色小镇的产业集聚和企业集群

一、产业集聚

产业集聚（Industrial Clusters，Industrial Agglomeration）是指同一产业在某个特定地理区域内高度集中，产业资本要素在空间范围内不断汇聚的过程，包括相同产业即同类企业集聚（Industrial Clusters）和不同类产业即不同类企业集聚（Industrial Agglomeration）。产业集聚能够带来规模经济，规模经济指的是，给定技术的条件下（指没有技术变化），对于某一产品（无论是单一产品还是复合产品），如果在某些产量范围内平均成本是下降或上升的话，我们就认为存在着规模经济（或不经济）。具体表现为“长期平均成本曲线”向下倾斜。从这种意义上说，长期平均成本曲线便是规模曲线，长期平均成本曲线上的最低点就是“最小最佳规模”。

产业集聚问题的研究产生于 19 世纪末，马歇尔在 1890 年就开始关注产业集聚这一经济现象，并提出了两个重要的概念即“内部经济”和“外部经济”。

集聚效应（Combined Effect），是指各种产业和经济活动在空间上集中产生的经济效果以及吸引经济活动向一定地区靠近的向心力，是导致城市形成和不断扩大的基本因素。正是产业集聚、规模经济、集聚效应的产业经济原因，以及资本最大化的追求和科技进步创造的条件，决定了产业转移的存在和承接产业转移暨招商引资的可能，为特色小镇的发展创造条件。

二、特色小镇的企业集群（Enterprise Cluster）

从企业角度讲，以一个主导产业为核心的相关产业或某特定领域内大量相互联系的中小企业及其支持机构在该区域空间内的集合就是企业集群。产业集聚的外在组织形式，必然是企业集聚，企业集聚的结果形成产业集群。

特色小镇创建工程是在全球产业升级大背景下，对产业集群发展的一种新尝试，如图 3–2 所示。

国家治理与政策上	技术与生产方式上
• 政府地方治理的分权下放 • 单纯自上而下的产业支持方式的修正	• 大工业与泰勒主义的结束，新的生产组织产生“柔性专业化”（FMS）取代“刚性福特制”企业间转包/战略联盟等关系的发展 • 发展知识经济与创新、提高生产力的需求
社会发展理念目标上	**经济地理格局上**
• 城乡社区提高就业率的需求 • 社会可持续发展的需求	• 提高国家竞争力与地方化合作的需求 • 区域竞争对区域治理能力的需求

图 3–2　产业集群出现的主要背景

资料来源：林峰：《特色小镇开发运营指南》。

产业集群不是一个行为主体，而是多个行为主体的聚合体。企业集聚分为同类企业集聚和不同类企业集聚。

产业集群形成除内在原因外，外在的表现是，四类“第一粒种子企业”引带，七个构成因素助推。具体如表 3–1 所示。

一般产业集群的行为主体如图 3–3 所示（树干为产业支柱，树冠为制造企业集群，枝杈为合作机构和配套商、供应商）。

表 3-1 企业引领“种子”表

四类“第一粒种子企业”	企业集群产生与构成的外部因素
新创的本地民营企业	①存在专业化的密集劳动力市场 ②存在专业市场并靠近原材料产地 ③存在原料和设备供应商网络 ④靠近最终消费市场 ⑤有良好的政策环境、营商环境 ⑥有良好的基础设施 ⑦有优美的自然环境
外资企业	
迁入的外地企业	
改制的国有企业	

资料来源：笔者自制。

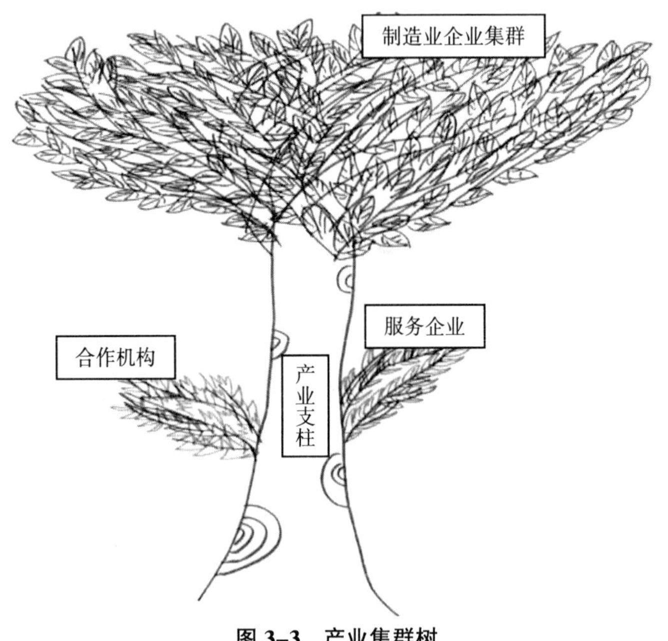

图 3-3 产业集群树

资料来源：笔者自制。

特色小镇一要确定明确的产业方向，二要规划合理的产业规模，即企业数量。前者决定成败，后者决定时间的长短。创建特色小镇，发展特色小镇产业一定要把握这些产业经济学原理。遵循这些原理，成功的希望大、效率高、效果好。

第五节　特色小镇产业政策的主要手段和工具

一、产业政策（Industrial Policy）

产业政策是国家制定的，引导国家产业发展方向、推动产业结构升级、协调国家产业结构，是国民经济健康可持续发展的各种政策的总和。产业政策主要通过制定国民经济计划（包括指令性计划和指导性计划）、产业结构调整计划、产业扶持计划、财政投融资、货币手段、项目审批实现。

产业政策是政府为了实现一定的经济和社会目标而对产业的形成和发展进行干预的各种政策的总和。产业政策的功能主要是弥补市场缺陷，有效配置资源；保护幼小民族产业的成长；熨平经济震荡；发挥后发优势，增强适应能力。

产业政策可分为洲际的产业政策（主要是欧洲）、国家的产业政策、地方的产业政策。

地方产业政策的相关内容如下：

（1）制定地方产业政策的必要性。我国幅员辽阔、情况复杂，地区的产业政策不仅十分必要，而且作用极大。像广东省、山东省、江苏省、浙江省与甘肃省、云南省、贵州省的产业情况差别很大，地方产业政策也不相同。地方产业政策是各地发展经济的重要手段。

（2）地方产业政策不得违背国家产业政策。我国是单一制国家，地方人大、人大常委会的决议决定高于任何地方性法规、政府规章，地方产业政策不能违背国家的产业政策。简言之，就是国家禁止的，地方无权放开，国家限制的，除明确授权地方审批的，地方无权审批。地方产业政策，必须遵守、承担我国加入国际条约中关于产业的约定。

（3）地方产业政策无权确定海关、商检、国税的内容。

（4）地方可以在鼓励的产业中制定更加具体、更加明确、更加优惠、更加有力度的产业政策，即“胡萝卜政策”。

（5）特色小镇的产业政策是最低、最小、最直接的地方产业政策。经过县市批准、发布的，或经过特色小镇管委会发文的有关产业的规定都是地方产业政策。

（6）地方产业政策，主要指特色小镇产业政策，从广义上讲也包括针对某具体企业的约定。这种情况下，特色小镇管委会对企业的鼓励约定，既是一种平等的契约，也体现了产业政策内容。即政策可以是广泛使用的，也可以只针对具体企业。

创建特色小镇，建设小镇产业，特色小镇管委会（或小镇运行公司）主要依靠的就是特色小镇产业政策。

二、特色小镇产业政策的主要手段

历史经验表明，徒法不足以自行。特色小镇产业政策制定公布以后要用强有力的手段推动，否则很难实现。特色小镇管委会可以使用的手段主要有以下三种：

（1）经济手段。直接的有：①直接投资项目或股权投资；②转移支付；③财政担保；④补贴；⑤参加金融租赁、设立基金等。间接的有：①确定资源价格；②税收激励；③贷款利息补贴；④公共区位政策。

（2）行政手段。特色小镇管委会以及请示、协调上级或推动部门做出的决定、文件、计划、召开的会议，配合有关部门采取的行政措施。

（3）法律手段。①在地方性法规制定中积极反映特色小镇的产业政策，争取部分作为地方性法规；②协调司法部门保护特色小镇内各主体的合法权益，防止违反法律法规。

三、特色小镇产业政策的主要经济工具

经济工具是指一切可以用来实现产业政策目的的措施，是经济手段的具体内容。主要有以下形式：

（1）直接投资。包括项目投资和促进小镇发展的公司等股权投资。在创建特色小镇初期，小镇管委会以及所在县市政府争取上级乃至国家项目，对小镇建设既有直接作用，又有拉动作用。建一个一般的特色小镇，10 年间，总投资 400 亿元，政府投资占 15%，约 60 亿元直接投资。

（2）公共投资。特色小镇的公共设施完全由政府投资。一般应占 10%~15%，约 50 亿~60 亿元。

（3）转移支付。主要是政府的、政府间的、纵向的转移支付，是上级财政资金对特色小镇派出政府因为建设某些项目，或实施某些公共目的的行政行为给予的资金。

（4）经济刺激。主要是资金补助、税收奖励、基金入股等。

（5）政府采购。特色小镇管委会直接采购投资公司的产品，如能在一定时间内，如 3~5 年，采购投资公司 20%或以上的比例，这样的投资项目具有最大的吸引力。有关内容参见本书第二章第七节。

（6）公共区位。通过行政机关和国企的扩散与调整，限制一定区域发展，鼓励一定区域发展的措施。天津市的滨海新区、兰州市的新区建设、在建的雄安新区及巴西的巴西利亚等地区都利用了这一政策，而且收到良好效果。创建特色小镇一定要用好这

一工具。

（7）确定价格。确定土地、电力（自己供电的直接确定，或给予补助）、上下水、气、标准厂房等资源价格。

（8）贴补利息。对贷款给予贴息或部分免息的支持。

（9）金融项目。发行 PPP，或发债，或作为金融租赁回购主体、成立基金等。

第六节　特色小镇区域的 SWOT 分析

一、SWOT 的基本概念

SWOT 分析法由美国哈佛大学 K.R.安德鲁斯教授于 1971 年提出。他在《公司战略概念》一书中将企业面临的竞争环境分为内外两部分，其中，内部环境主要指企业自身的相对优势（Strengths）与劣势（Weaknesses），而外部环境主要指企业面临的机遇（Opportunities）与威胁（Threats），取 4 个英文的字头，即 SWOT。实践中，这一方法被广泛应用于企业之外，如区域、产业、行业、职业、国家等领域的发展战略。使用 SWOT 工具，需要注意以下四个原则：

（1）目的性原则。研究的是具体组织的发展战略，比如建立特色小镇就是非常明确的目标，即 10 年的发展战略，就很适合使用这一工具。本书以产业建镇为原则，因此 SWOT 就是区域产业的 SWOT 分析，具体讲就是区域对产业的四个方面进行分析。这里区域既是安德鲁斯讲的企业，产业就是他讲的产品，小镇创建就是他讲的企业发展战略。

（2）相对性原则。这一工具对情况数据的要求和给出的参考结论都是相对的。

（3）动态性原则。要求的情况和数据是动态的，但在一段时间内没有质变，是可以抽象定性的，否则就无法使用。

（4）系统性原则。使用的条件、情况、政策、数据尽量系统全面。

SWOT 分析和发展战略关系如图 3-4 所示。

二、特色小镇区域产业的优势和劣势分析

区域内部产业的优势和劣势，是以建立某种产业的特色小镇为目的，所谓优势，就是在创建特色小镇中，针对重点产业的有利于发挥积极作用的可控因素；所谓劣势，就是消极因素。表现优劣势（优势√、劣势×）的主要因素为：①区位条件（√、

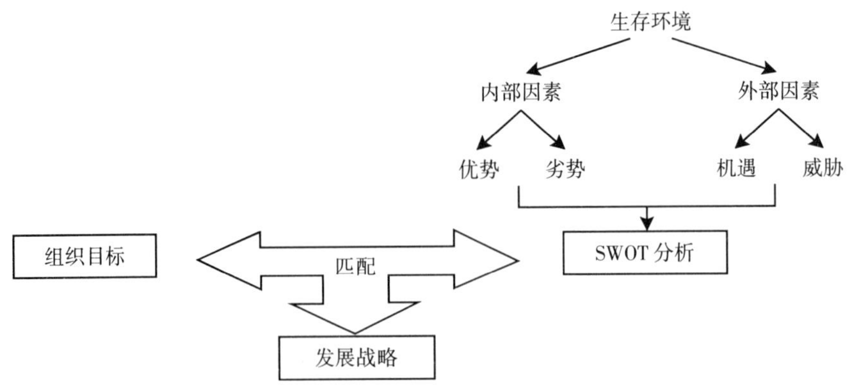

图 3–4　SWOT 分析和发展战略关系

资料来源：刘天祥、黄彬彬：《SWOT 分析法在职业规划及调整中的应用分析》，《济南职业学院学报》2008 年第 5 期。

×）；②基础设施（√、×）；③资源禀赋（√、×）；④资源组合（√、×）；⑤产业基础（√、×）；⑥体制模式（√、×）；⑦工业水平（√、×）；⑧资本条件（√、×）；⑨激素水平（√、×）；⑩人力资源（√、×）；⑪体制模式（√、×）；⑫创新能力（√、×）等。首先区域的优劣势是相对于其他区域比较而言的，是相对的；其次区域的优劣势是针对某一产业发展、创建特色小镇而言的；最后区域的优劣势还要区分最不容易被竞争对手超过的特色能力（Distinctive Competencies），被著名学者普拉哈拉德（C.K. Prahalad）和美国学者哈默尔（G. Hamel）称为核心竞争力，指的是别人学不会、偷不走、卖不掉，而长期存在影响全局的能力。

著名学者魏后凯认为"优势是企业的资产，劣势是企业的债务"。[①] 按照他的比喻，在创建特色小镇中，就是发挥资产的作用，避免负债的干扰。

三、特色小镇区域产业的机遇和威胁分析

特色小镇区域产业外部的机遇与威胁，是指能够为未来特色小镇产业发展和小镇创建带来巨大收益或造成重大损失的经济、社会、政策、技术等方面的发展趋势、机会和重要事件。机遇和威胁超出了特色小镇所在区域的控制范围，故被认为是外部因素。

机遇是影响区域经济发展的重要因素。机遇是一种不确定因素。第一，机遇不一定是现实的。共同的机遇，对各区域是均等的，但不是现实的机遇。像扩大开放对全国是均等的，但并不是现实的。东部加快发展、振兴东北老工业基地、西部大开发、中部崛起战略，因为政策不够具体，资金等措施也不够充裕，机会效果不太明显。而雄安新区建设对河北省就是现实的机遇，进一步扩大海南开放、上海城市带建设、珠

① 魏后凯：《现代区域经济学》。

江大湾区 9+2 建设的机遇效果则很明显。第二，只有抓住机遇，才是有利因素。即便是现实的机遇也是一种现实可能性。

威胁，也称为挑战，是指发展重点产业、创建特色小镇中不利的因素。这种不利因素是现实的，不是可能的。为了有效避免或战胜威胁、挑战，第一要认清威胁、挑战存在的种类、方面；第二要认识威胁、挑战影响的程度；第三要清楚威胁、挑战发生的条件、时间；第四要有针对性地做出对策预案。

四、区域的 SWOT 矩阵

根据以上分析，发展重点产业、创建特色小镇工作可以将内部状况与外部环境相结合，通过 SWOT 战略矩阵图，进而明确自己的战略定位。

（1）劣势—机遇（WO）组合。对策是，克服不足、弥补不足、跳跃不足、绕过不足，紧紧抓住机遇。事实上，克服不足主要是讲精神，愚公移山的精神是民族的瑰宝，但现实中，决不能简单照做。而弥补、跳跃、绕过是有效的办法。比如，云南要发展电解铝，国家指标有限，省发改委等部门就明确规定，自带指标的，电费优惠到 0.25 元/千瓦时，就是解决劣势的有效措施。

（2）劣势—威胁（WT）组合。处于这种状态，必须改变方向，重新寻找有比较优势、有资源禀赋的产业。

（3）优势—威胁（ST）组合。处于这种状态，就要充分发挥优势，努力做到肥水快流，同时巧妙利用自身优势应对外在威胁和挑战。

（4）优势—机遇（SO）组合。这是最理想、最少见的组合。处于这种情况就“拼命”发展。像余杭的梦想小镇、杭州的云栖小镇是占尽了天时、地利、人和。浙江的玉皇山南基金小镇在创建时，优势不一定比一线城市强，而机遇也没有特别的好，只是优势存在。

第四章　特色小镇的科技、产业环境

一、要点

(1) 高新技术是指那些对一个国家或一个地区的政治、经济和军事等各方面进步产生深远的影响，并能形成产业的先进技术群。

(2) 技术主要表现是产品技术以及体现在设备、工具、原料与配件及时序上的工艺技术。

(3) 科技成果转化是将技术中潜在的生产力转为现实生产力的过程，简单讲就是技术作为产品，或通过产品市场化。

(4) 科技死亡之谷是指在成功的科技成果与市场接受之间有一个消费者接受和成本承受的巨大沟壑。

(5) 互联网。除一般通信网络外，物联网、人联网、服联网，以及万联网和电子标签（RFID）及传感器的广泛使用，使生活、工作效率空前提高。

(6) 云计算，是一种按使用量付费的计算机环境。通过网络，用户按使用付费，不知道供应商、谁使用设备，在哪儿，计算机会自动配置最近、最合理的服务。

(7) 大数据指无法在一定时间范围内用常规软件工具进行捕捉、管理和处理的数据集合，是海量数据。

(8) 人工智能化是事物在网络、大数据、物联网和人工智能等技术的支持下，所具有的能动地满足人的各种需求的属性。

(9)“中国制造 2025”是中国政府实施制造强国战略第一个十年的行动纲领，是中长期的产业政策。

二、思考题

(1) 科学与技术的联系和区别是什么？

(2) 为何讲国家先进与否的最主要因素就是技术？

(3) 怎样理解技术水平越高，对资源依赖程度越低的情况？

(4) 如何跨越科技的死亡之谷？

（5）非互联网、电商、云计算、大数据、智能制造产业方向的特色小镇应怎样对待、学习、使用这些技术？

（6）特色小镇产业方向上云计算和互联网能否区别？

（7）大数据产业方向的特色小镇企业产品有哪些？

（8）为何讲大数据可能改变人们的思维模式？

（9）智能制造一般包括哪些系统？

（10）“中国制造 2025”的目标是什么？

（11）美国、日本、德国、法国等制造业的政策和“中国制造 2025”有何关系？

（12）特色小镇建设怎样联系“中国制造 2025”的五大工程、十大重点？

第一节　特色小镇与高新技术

一、特色小镇要选择高新技术因素

科学是解决人们认识问题的完整认识体系。技术是关于某一领域有效的科学（理论和研究方法）的全部，以及在该领域为实现公共或个体目标而解决设计问题的规则的全部。高新技术指那些对一个国家或一个地区的政治、经济和军事等各方面的进步产生深远的影响，并能形成产业的先进技术群。本书的科技概念主要指技术内容，与高新技术基本同义。创建特色小镇，最重要的是确定主要发展的产业，而决定产业水平的是技术。技术是产业产品中的主要价值所在。从一定意义上讲，工业时代和后工业时代决定区域、国家先进与否的最主要因素就是技术。

技术包括原理、设计、生产、操作、安装、维修、服务、管理、销售等各个环节的一整套知识，但最主要表现为产品技术以及体现在设备上的工艺技术，最能代表技术的是该专业的高端人才。

二、特色小镇要按照科技规律聚集高新技术要素

科技企业发展要注意以下一般特点：

（1）科技具有人才第一的要求。一般情况下，特色小镇找到了一个有真才实学的某专业的技术权威专家，就可带来一批人才、兴办起一个产业。高新技术对人才外的其他资源要求不高，从这个意义上讲，选择高新技术不如选择高新技术人才。时下全国范围内展开了争夺人才大战，在规模上已经震撼国人，但在吸引力和作用上还要深入。

不妨研究研究美国“二战”后抢夺人才的战略和措施。

（2）科技多数情况下是公共技术和专有技术合一。虽然有知识产权的保护，但即便专利技术也有保护年限。高科技特色小镇从这个意义上讲，对国家、社会的意义更大。

（3）科技投入需要社会各方的支持。特色小镇一定要争取各方支持，设立科技基金，否则很难聚集高新技术产业。

（4）鉴于技术水平越高，对资源依赖程度越低的情况，高新技术产业，特别是人才一般选择气候、环境、交通、文化、教育、医疗条件较好的地区。

（5）国家对认定的高新技术企业和国家的157家（2017年3月）高新园区，有税收优惠。

三、加大科技小镇创建工作

2017年3月24日，浙江省特色小镇规划建设工作联席会议办公室，提出选择若干基础条件好、创新创业特征明显的特色小镇进行重点扶持和指导，规划建设一批以高新技术为主导的特色小镇，首批规划建设10家左右。力争通过3~5年的努力，建成一批。2017年11月8日公布了首批名单，杭州：滨江互联网小镇、云栖小镇、杭州东部医药港小镇、滨江物联网小镇；湖州：德清地理信息小镇；嘉兴：秀洲光伏小镇；台州：黄岩智能模具小镇。同时列出了培育的10家名单。

浙江的做法是创建科技特色小镇的具体指引。

（一）有具体目标

（1）产业高端。高新技术主导产业产值占小镇技工贸总收入的比重达到70%以上。

（2）技术高新。在产业链的主要环节建有各种类型的研发机构5家，入驻小镇企业（机构）研发经费占销售收入比重5%以上，每万名从业人员申请（授权）与细分行业相关的发明专利50项以上。

（3）人才高尖。聚集不少于2000名科技人员创新创业，其中高层次科技人员100人以上；有紧密产学研合作的高等学校、科研院所和创新领军企业6家以上。

（4）创业高效。正常运营并达到省级以上标准的科技企业孵化器和众创空间2家以上；建有支持高新技术产业发展的投资基金规模不少于10亿元，创业风险基金规模1亿元以上；高新技术产业投资总额40亿元以上或项目投资占比在80%以上。

（二）有明确条件

（1）有效聚焦专业细分领域创新创业。产业细分领域符合浙江重点培育的八大万亿产业，相关技术方向符合《国家重点支持高新技术领域》的八个方向。

（2）有效提供创新创业服务供给。

（3）具备产业链和创新链资源整合能力。

（4）广泛应用成熟高新技术和产品。

浙江省 11 个地级市已经涌现 20 多个科技小镇，发展势头迅猛，非常值得借鉴。

第二节　特色小镇与科技成果转化

一、科技成果转化

科技成果转化是将技术中潜在的生产力转为现实生产力的过程，简单讲，就是技术作为产品，或通过产品市场化过程，主要包括后续试验、开发、应用、推广直至形成新技术、新工艺、新材料、新产品，发展新产业等活动。形象地说，就是产品化、市场化、效益化的过程。技术包括高新技术，最终以产品体现服务社会，因此在特色小镇中抓科技成果转化，可以达到事半功倍效果。国家 1996 年就通过立法推动科技成果转化，并要求各级政府要将科技成果的转化纳入国民经济和社会发展规划，而且规定国家通过政府采购、研究开发资助、发布产业技术指导目录、示范推广等方式予以支持。

二、选择好科技成果转化项目

特色小镇要注意科技成果转化中的产业化、市场化、效益化识别。对创建特色小镇来讲，要清楚科技成果转化与科技工作紧密相关，但绝不是科技工作，而是商务工作。要按照商务工作的规律，做出商业判断，严防掉进科技死亡之谷。所谓科技死亡之谷，是指在科研之巅和市场之巅之间的一条深深峡谷，主要指科研成功，但产业化

图 4-1　科技的死亡之谷

资料来源：笔者自制。

失败，即消费者对产品的性价比不接受，用货币选票投反对票。

创建特色小镇，环境条件好的区域会接待许多专家学者，几乎每个专家学者的项目都是一个美好的故事，有的比神话还动听；而环境条件差的地方，迎来一个专家学者不容易，更会格外关注。对科技成果转化项目有效的甄别方法如下：

（1）同行背对背评估。

（2）专业技术对比说明。

（3）第三方咨询评审。

对前期不需要资源投入的项目，可给予以下鼓励：

（1）勤奋里程碑方法（Diligence Milestone），是斯坦福大学科技成果转化的一种方法。即约定时间，如 2~3 年，到时不能完成产业化，取消优惠，收回给予的条件。

（2）特色小镇（及上级政府）采购法。

（3）重奖法。

（4）基金股权投入。

三、积极创建科技成果转化特色小镇

2017 年 10 月 10 日，国家科技部发出通知，建设国家科技成果转移转化示范区，推进辽宁中部（沈阳—鞍山—抚顺）和吉林中部（长春—吉林—松原）产业转型升级示范区建设。所谓科技小镇，基本是科技成果转化小镇，如果能开宗明义，直截了当表明主题更好。

建设指标体系在河北和宁波启动建设首批国家科技成果转移转化示范区。国家科技成果转移转化示范区建设指标体系（见表 4-1）中特色指标指除上述示范区建设共性指标外，各示范区结合地方发展战略、资源禀赋、产业特色、区位优势提出的个性化建设任务与指标。

表 4-1　科技部科技成果转化示范区指标体系

一级指标	二级指标
技术交易	技术合同成交额（亿元）
	每万人发明专利拥有量（件）
转移机构	国家技术转移示范机构数（家）
	高校、科研院所专业化技术转移机构数（家）
	职业化技术经纪人数量（人）
产业孵化	高新技术企业主营业务收入占规模以上工业企业主营业务收入比重（%）
	知识密集型服务业增加值占生产总值比重（%）
	每万人新增注册企业数（家/万人）

续表

一级指标	二级指标
支撑保障	地方财政投入成果转移转化专项资金规模（亿元）
	天使和创业投资机构（人）
	专业化众创空间数量（个）
	孵化器在孵技术型企业数（家）
政策环境	高校、科研院所配套创新政策落实情况
	创新科技金融服务、财税配套优惠政策情况
	科技成果转移转化工作网络建设
特色指标	指除上述示范区建设共性指标外，各示范区结合地方发展战略、资源禀赋、产业特色、区位优势提出的个性化建设任务与指标

资料来源：《科技部关于印发国家科技成果转移转化示范区建设指引的通知》，国科发创〔2017〕304 号。

浙江嘉兴的海盐核电小镇、建德航空小镇、平湖九龙山航空运动小镇、富阳硅谷小镇、江山光谷小镇实质上都是科技成果转化小镇。

四、注重在创建特色小镇中实施科技成果转化的国际化

科技无国界。不论科技来源还是转化的市场，都是国际的。从技术来源上看，由于我国经济发展取得的成绩举世瞩目，拥有技术的各国公司、高校、机构纷纷看好中国市场，特别是美国、德国、日本、英国、法国、意大利、以色列、芬兰、挪威、瑞典、韩国和中国台湾、中国香港等国家和地区。基本的对策是“技术无国界”，内外无别。

从科技成果转移目的地上看，我国的科技成果比欠发达国家和许多发展中国家优势明显，特别是“一带一路”沿线国家和朝鲜很有转化的市场。

第三节　特色小镇与互联网

一、特色小镇借互联网发展

“互联网+”代表着一种新的经济形态，它是指依托互联网信息技术实现互联网与传统产业的联合，以优化生产要素、更新业务体系、重构商业模式等途径完成经济转型和升级。广义的互联网包括四个：

（1）信联网即现在被广泛使用的以信息为主要内容的网络。

（2）物联网（Internet of Things，IoT）是新一代信息技术的重要组成部分，也是

"信息化"时代的重要发展阶段。顾名思义，物联网就是物物相连的互联网，其核心和基础仍然是互联网，是在互联网基础上延伸和扩展的网络，延伸和扩展到了任何物品与物品之间。物联网是智能感知、识别技术与普适计算等通信感知技术，是信息产业发展的第三次浪潮。物联网是互联网的应用拓展，与其说物联网是网络，不如说物联网是业务和应用。

（3）服联网是以固定场所的服务为主的网站。

（4）人联网是基于目前移动互联网日益壮大以及移动互联网对世界经济和社会发展的推进，从未来10年的发展前景，乃至20年的战略高度，提出的一个全新的整体互联网发展战略构架。

此外，物联网、万联网、电子标签（RFID）和传感器的广泛使用，使生活、工作效率空前提高。特色小镇的促进工作是在网络环境下进行的，是巨大的机遇，也是一种挑战。毫不夸张地说，各行各业，都因为网络的原因在主动或被动的转型升级。马云曾讲，哪个行业不转变，网络就颠覆哪个行业。特色小镇创建工作应主动张开怀抱，拥抱互联网，让互联网+特色小镇起飞。

二、以互联网为主题的特色小镇

互联网作为当今社会技术的代表，形成了一个独立的产业，即以现代新兴的互联网技术为基础，专门从事网络资源收集和互联网信息技术的研究、开发、利用、生产、贮存、传递和营销信息商品，可为经济发展提供有效服务的综合性生产活动的产业集合体，是现阶段国民经济结构的基本组成部分。该产业有以下特点：

（1）信息数字化。

（2）表现形式多样化。

（3）以网络为传播媒介。

（4）数量巨大，增长迅速。

（5）传播方式的动态性。

（6）信息源复杂。

直接以互联网为产业创建特色小镇，当然非常好。但对绝大多数区域是高不可攀的，如浙江余杭梦想小镇、嘉兴桐乡乌镇互联网小镇、滨江物联网小镇、山东枣庄龙园互联网小镇以及海南、河北等几十家互联网小镇，有特殊的条件。慎重效仿。

三、特色小镇的互联网使用

非互联网主题的特色小镇是绝大多数，但这些小镇从筹建、创建、招商，到行政服务、运营、行政管理等各项工作基本离不开互联网。从一定意义上讲，互联网水平的高低，标志着该特色小镇的发展水平。

四、特色小镇入驻企业的互联网使用

特色小镇的入驻企业，虽然不是互联网产业的企业，但入园企业使用互联网的水平，不仅标志该企业的管理和发展水准，也会促进特色小镇管委会和整个小镇局域网站、宽带、网速等建设。

第四节 特色小镇与云计算

一、云计算的含义与作用

美国国家标准与技术研究院（NIST）对云计算（Coud Computing）的定义：云计算是一种按使用量付费的模式，这种模式提供可用的、便捷的、按需的网络访问，进入可配置的计算资源共享池（资源包括网络、服务器、存储、应用软件、服务），这些资源能够被快速提供，只需投入很少的管理工作，或与服务供应商进行很少的交互。我们可以理解为，需要的各种设备，只要通过互联网付费就可以使用，至于设备在什么位置，是什么型号、形状、多少台份，有什么功能都在云里，你不必知道。分布式计算（Distributed Computing）是分到不同的设备各自完成自己的任务；并行计算（Parallel Computing）是几台设备同时服务于同一客户；效用计算（Utility Computing）是发挥设备最大作用；网络存储（Network Storage Technologies）是将数据储存在公用设备上，虚拟化（Virtualization）、负载均衡（Load Balance）、热备份冗余（High Available）等是计算机运行的功能。云计算是传统计算机和网络技术发展融合的产物。

二、创建云计算特色小镇

从产业理论上和产品细分上看，虽然互联网、云计算、计算机、大数据十分接近，但还是能够分开的，在实践中，特别是特色小镇的创建中细分的意义不大。一般来讲，云计算是计算机、网络的高级形态和融合形态。在数量上比计算机、网络企业数量少，以此为主题的特色小镇更少。最成功的是杭州云栖小镇。杭州临安云制造小镇勉强算作云产业的特色小镇。创建云计算特色小镇比计算机、互联网特色小镇还难，应该持审慎态度。

三、特色小镇的云计算使用

特色小镇管委会在建设小镇和运行小镇、管理与服务小镇工作中应该积极使用云计算。在建设必要设备设施的同时，不断提供使用资源，进行必要培训，并采取措施推动入驻特色小镇的企业使用。多使用云计算一可提高效率；二可提高水平；三可促进特色小镇发展。

第五节　特色小镇与大数据

一、大数据的含义与作用

（1）大数据（Big Data）是指无法在一定时间范围内用常规软件工具进行捕捉、管理和处理的数据集合，是需要新处理模式才能具有更强的决策力、洞察发现力和流程优化能力的海量、高增长率和多样化的信息资产。在中国，大数据概念出现于舍恩伯格的《大数据时代》中文版，对中国影响很大。

（2）大数据的特征。

1）容量大（Volume）；

2）种类多（Variety）；

3）速度快（Velocity）；

4）可变性（Variability）；

5）真实性（Veracity）；

6）价值（Value）；

7）复杂性（Complexity）。

（3）大数据的作用。由于计算机、网络、云计算的作用，将人们以前不可能也不敢想的大数据变成了工具。大数据可能导致三个巨大的变革：第一，世界是可以认识的，而大数据认为世界是浑浊的，没有必要认知，以数据了解来替代认识；第二，人们认识和改造世界是通过因果关系的方式，而大数据认为数据比因果关系还准确；第三，信息、系统、控制老三论正在被耗散结构、协同、突变新三论替代。

二、创建大数据特色小镇

创建大数据特色小镇，一般有以下三种途径：

一是把现成的数据中心如中国移动、中国银行、国家电网的数据中心搬过来，或旧的中心不搬过来，但新的业务增量产生的数据应再新建一个数据中心。这是最常见也是最没有悬念，最容易、最没有技术含量的一种。

二是从服务端入手，如滴滴、美团、京东等的数据中心或分中心，在某地上建设一个小镇，以点滴交易信息开始积累。

三是从制造生产端口开始。无论是生活用品还是生产用设备，通过大数据向定制化、智能化发展。

不论选择哪种都很难。第一种虽然没有创新，但招商难。第二种是两难，即招商难、培育市场也难，而且支撑一个几万人的小镇要费几年时间。第三种是三难，即招商、企业产品提升和市场开拓三方面都很艰难。因此，创建大数据特色小镇要谨慎决策。笔者对两个大数据（一个产业园、一个特色小镇）项目分析发现，投资、建设单位没有发展大数据产业的人才、知识、准备、规划和计划，简单讲连噱头都没有。我国已建的部分大数据小镇有贵州贵阳大数据小镇、承德大数据小镇、西安浐灞大数据小镇、鞍山大数据小镇、山东淄博大数据小镇、蜀山区大数据小镇。

三、大数据在特色小镇中的应用

建设大数据特色小镇要慎重，但无论特色小镇管委会自身还是小镇内，使用大数据还是要积极。

第六节　特色小镇与智能化

一、智能制造和智能化

（一）智能制造（Intelligent Manufacturing，IM）

一般认为智能是知识和智力的总和，前者是智能的基础，后者是获取和运用知识求解的能力。智能制造应当包含智能制造技术和智能制造系统，智能制造系统不仅能够在实践中不断地充实知识库，而且具有自学习功能，还有收集与理解环境信息和自身的信息，并进行分析判断和规划自身行为的能力。它是一种由智能机器和人类专家共同组成的人机一体化智能系统，它在制造过程中能进行智能活动，诸如分析、推理、判断、构思和决策等。通过人与智能机器的合作共事，去扩大、延伸和部分地取代人类在制造过程中的脑力劳动。它把制造自动化的概念更新，扩展到柔性化、智能化和高度集成化。

智能制造，由若干系统合成，主要包括：

（1）数控代表的信息和加工系统（Distributed Numerical Control，DNC），中央计算机及外围存储设备、通信接口、机床及机床控制器。

（2）柔性制造系统（Flexible Manufacture System，FMS）是一组数控机床和其他自动化的工艺设备，由计算机信息控制系统和物料自动储运系统有机结合的整体。柔性制造系统由加工、物流、信息流三个子系统组成，在加工自动化的基础上实现物料流和信息流的自动化。

（3）整子系统（Holonic System）的基本构件是整子（Holon）。Holon 是从希腊语借过来的，人们用 Holon 表示系统的最小组成个体，整子系统是由很多不同种类的整子构成。

（4）智能机器人系统，智能机器人至少要具备三个要素：感觉要素、运动要素和思考要素。同时，必须能有效结合先进的数字化的数据录入或读出技术，如条码技术、射频技术、触屏技术等，帮助企业实现生产工位数字化。

（5）计算机集成制造系统（Computer/Contemporary Integrated Manufacturing Systems，CIMS）是自动化程度不同的多个子系统的集成，如管理信息系统（MIS）、制造资源计划系统（MRPII）、计算机辅助设计系统（CAD）、计算机辅助工艺设计系统（CAPP）、计算机辅助制造系统（CAM）、柔性制造系统（FMS），以及数控机床（NC，CNC）、机器人等。

（二）智能化（Intelligentize）

事物在网络、大数据、物联网和人工智能等技术的支持下，所具有的能动地满足人的各种需求的属性，即综合了提供必要信息、做出判断提供结论、满足需要的操作，如冰箱的传感器为网络提供缺少鸡蛋指令，大数据提供缺少什么品种和数量的鸡蛋、由快递负责送货到家的过程，不必主人费心费力。中国工程院原院长周济 2014 年在天津做智能化报告时讲，我国到“十三五”结束时，至多有 15%的制造业进入智能化，80%的制造业还以实现信息化为目标。

二、创建智能制造特色小镇

智能制造不是具体的产品，是产品的高级功能，将其确定为一个产业，虽然也通，但严格按照产业经济学的概念有些牵强。从长远角度看，如同自动路灯开关和一般路灯开关一样，产品的高级功能并不改变产品，智能冰箱还是冰箱，因此智能制造作为一个产业，是过渡，将来产品基本都能实现智能化。当然，这要很长时间，但一定会到来，产业还是按基本定义划分。本书虽提出这样的观点，但从使用的角度，仍然使用基本定义。

智能制造特色小镇应该是有光明前途的，但同样也是高不可攀的。智能制造表面上比互联网、云计算、大数据更具体化，大多数人更容易理解，因为毕竟有产品在制造，看得见、摸得着、用得上，但这一产品除了极高的技术要求外，又有资源的要求。浙江宁海智能汽车小镇、绍兴新昌智能装备小镇、湖州长兴新能源小镇、台州温岭泵业智造小镇、黄岩智能模具小镇、时尚智造小镇等一批智能制造小镇发展良好，为全国树立了榜样，在广东、天津、河北、长沙等地区创建了一些智能制造小镇，西部地区就较少了。在西部创建智能制造小镇就要有加倍的资源了。

三、特色小镇的智慧化建设

运用信息和通信技术手段感测、分析、整合特色小镇运行核心系统的各项关键信息，从而对包括民生、环保、公共安全、城市服务、工商业活动在内的各种需求做出智能响应。其实质是利用先进的信息技术，实现特色小镇智慧式管理和运行，进而为特色小镇的企业和人群创造更美好的生活，促进和谐、可持续成长。智慧特色小镇通过物联网基础设施、云计算基础设施、地理空间基础设施等新一代信息技术以及维基（Wiki）、社交网络、实验工厂（Fab Lab）、智能家居（Living lab）、综合集成法、网动全媒体融合通信终端等工具和方法的应用，实现全面透彻的感知、宽带泛在的互联、智能融合的应用以及以用户创新、开放创新、大众创新、协同创新为特征的可持续创新。任何特色小镇，都应以智慧化为建设为目标，当然，在不同的地区和不同产业为主的特色小镇，智慧化的程度可以有所不同。

四、特色小镇入驻企业的智能化

各行各业的企业，只要入驻特色小镇，就要建立新厂，就应同时考虑产品升级，就可以推动该企业的智能化水平。入驻企业的智能化制造水平越高，信用越好，所在的特色小镇发展水平越好。

第七节　特色小镇与“中国制造 2025”

一、“中国制造 2025”的主要内容

2015 年 3 月，国务院提出，实施“中国制造 2025”。这是中国政府实施制造强国

战略第一个十年的行动纲领，是中长期的产业政策。

（1）该政策的基本方针：创新驱动、质量为先、绿色发展、结构优化、人才为本。

（2）该政策的基本原则：坚持市场主导、政府引导，立足当前、着眼长远，整体推进、重点突破，自主发展、开放合作。

（3）该政策的“三步走”目标：①到 2025 年，迈入制造强国行列；②到 2035 年，中国制造业整体达到世界制造强国阵营中等水平；③到 2049 年，综合实力进入世界制造强国前列。

（4）实施五个工程：

1）制造业创新中心（工业技术研究基地）建设工程。重点行业转型升级和新一代信息技术、智能制造、增材制造、新材料、生物医药等领域创新，2020 年 15 家，2025 年 40 家。

2）智能制造工程。到 2025 年，制造业重点领域全面实现智能化，试点示范项目运营成本降低 50%，产品生产周期缩短 50%，不良品率降低 50%。

3）工业强基工程。开展示范应用，建立奖励和风险补偿机制，支持核心基础零部件（元器件）、先进基础工艺、关键基础材料的首批次或跨领域应用。到 2025 年，70% 的核心基础零部件、关键基础材料实现自主保障，80 种标志性先进工艺得到推广应用。

4）绿色制造工程。

5）高端装备创新工程。

（5）十大重点领域：

1）新一代信息技术产业。

2）高档数控机床和机器人。

3）航空航天装备。

4）海洋工程装备及高技术船舶。

5）先进轨道交通装备。

6）节能与新能源汽车。

7）电力装备。

8）农机装备。

9）新材料。

10）生物医药及高性能医疗器械。

（6）从试点示范城市推广提升为国家级示范区。“中国制造 2025”实施以来，已批准试点示范城市有宁波、泉州、沈阳、长春、武汉、吴忠、青岛、成都、赣州、广州、合肥、湖州等和苏南五市、珠江西岸六市一区、长株潭、郑洛新等城市群。2017 年 7 月 19 日李克强总理主持召开国务院常务会议，部署创建“中国制造 2025”国家级示范区。

二、结合实践的重点感悟

笔者在实践中的重点感悟如下：

（1）解读中创建，创建中实施。长达十年，从基础零部件、材料，到大飞机、轨道交通等产品，到增材等产业，到智能化等要求，涉及工业的各方面，这为创建特色小镇提供了较为全面的产业政策指引。在解读“中国制造 2025”过程中创建特色小镇，通过特色小镇建设实施这一中长期产业政策，是一种有机、默契的结合。

（2）创建特色小镇，必然面临激烈的国际竞争，或在竞争中胜出，或被淘汰，或根本建不起来，绝无他路可走。德国率先提出工业 4.0 后，美国的先进制造伙伴计划、日本的“制造业竞争策略”、法国的“新工业计划”、英国的“制造 2050”是国际产业竞争的信号。在创办特色小镇中，要积极应战，迎头赶上，力争取胜。

（3）“中国制造 2025”的方针、原则、目标对创建特色小镇有绝对的指导作用。

（4）借助建设国家级示范区的契机，应结合特色小镇建设，为特色小镇再加一个光环，争取多一份政策。比如，新一代信息产业、新能源汽车、智能制造小镇就可积极争取。像浙江缙云机床小镇、温岭泵业智造小镇都符合强基础的内容，都可争取。

（5）选准给力方向。面对这一政策的五大工程，十大重点领域，一定要从自身的实际出发，量力而行。

第五章　特色小镇的经济、政治环境

一、要点

（1）供给侧改革指通过对劳动力、土地、资本、制度创造、创新等要素供给的改革，提升经济增长的质量和数量。通过供给创造需求。

（2）供给侧改革的内容是优化投资、产权、融资、产业、分配、流通、消费等结构。

（3）军民融合是把国防和军队现代化建设深深融入经济社会发展体系之中，把国防和军队现代化建设与经济社会发展结合起来。

（4）新经济是新经济形态的简称。当前新经济是指创新性知识在知识中占主导、创意产业成为龙头产业的智慧经济形态。

（5）新旧动能转换。新动能是新的产业形态或模式成为促进经济社会发展的新动力。旧动能是旧的创业形态或模式无法促进经济社会发展。新旧动能转换就是逐步以新动能替代旧动能。

二、思考题

（1）如何理解供给创造需求？

（2）创建特色小镇怎样优化七个结构？

（3）军民融合给创建特色小镇带来哪些契机？

（4）创建特色小镇应如何突出新经济因素？

（5）创建特色小镇如何尽量选用新动能？

（6）为何讲创建特色小镇是扶贫的有效措施？

第一节　特色小镇与供给侧改革

一、供给侧改革含义

（1）供给侧，即供给方面。经济学中的供给是指生产者在某一特定时期内，在某一价格水平上愿意并且能够提供的一定数量的商品或劳务。国民经济的平稳发展取决于经济中需求和供给的相对平衡。供给侧，是相对于需求侧而言的。

（2）供给侧改革。旨在调整经济结构，使要素实现最优配置，通过对劳动力、土地、资本、制度创造、创新等要素供给的改革，提升经济增长的质量和数量。供给创造需求，因此要搞好供给侧改革。

最早提出供给侧的是法国经济学家让·巴蒂斯特·萨伊，其在代表作品《政治经济学概论》中提出增加生产是正确的，通过增加有效生产增加消费。供给侧改革的主要内容如下：

1）优化投资结构；

2）优化产权结构；

3）优化融资结构；

4）优化产业结构；

5）优化分配结构；

6）优化流通结构；

7）优化消费结构。

（3）供给侧改革成功的标志。中国国际经济交流中心特邀研究员范必认为“要改到生产要素、产品与服务领域的排队现象消失，价格机制可以灵活地调节供给和需求，市场对资源配置起决定性作用。这样供给侧改革就算基本成功了。”

二、特色小镇建设是供给侧结构性改革的重要平台

通过特色小镇建设，前文七个结构，以及财政、进出口等结构都能得到有效改善。国家发改委等四部委明确指出这一观点，并作为特色小镇建设的指导思想。

三、供给侧改革为创建特色小镇提供了优良条件

在投资、产权、融资、产业、分配、流通、消费等方面的改革，必将提高效率、

效益，有利于特色小镇的创办和运行。

第二节　特色小镇与军民融合

一、军民融合国家战略

2015 年 3 月 12 日，习近平总书记在党的十九大报告中提出，“形成军民融合深度发展格局”。军民融合是把国防和军队现代化建设深深融入经济社会发展体系之中，全面推进经济、科技、教育、人才等各个领域的军民融合，在更广范围、更高层次、更深程度上把国防和军队现代化建设与经济社会发展结合起来，为实现国防和军队现代化提供丰厚的资源和可持续发展的后劲。

军民融合发展是当今世界的趋势，只是各国的路径有所不同。美国国会 1994 年首次提出“军民融合”的概念，要求国防科技工业与民用科技工业相结合，形成一个统一的国家科技创新体系。并采取以经济竞争和科技竞争为主、军事力量竞争为辅的战略，促进了军民共用技术的巨大发展，形成了各自的发展模式。日本强调军用技术和民用技术之间没有区别，采取大力发展民间军事工业、成立军民一体化公司、公司内优先发展民用技术、以民用带动军用等一系列有效措施，促进军民两用技术和产业的发展，推进军民一体化进程。俄罗斯采取军转民，建立联合集团的方式。

二、军转民给特色小镇创建带来的机遇

对创建特色小镇来讲，主要的机遇是军工产业转出的项目、技术、设备、人才等条件，这些在军工上暂时用不上的条件，一旦能为特色小镇所用，具有巨大的能量。

三、民参军的机遇和作用

民参军的机遇，主要是市场。有关业内人士估计，民参军的市场有上万亿元。这对特色小镇内的企业和准备入驻特色小镇的企业都是绝好的机会。山东已经抢到军民融合第一批 30 个项目约 125 亿元投资。

四、结合建设军民融合国家示范区措施创建特色小镇

西安、长治、成都、重庆、中关村都在积极创办国家级军民融合示范区，根据国家产业和经济政策，推出这一措施的可能性十分大。最有声色的是青岛西区古镇口。

有关部门正准备围绕其建设大国母港，以军队需求为牵引，推进体制机制创新，促进军地信息互通、资源共享，培育发展军民融合产业，建立寓军于民的军队保障体系，促进国防建设和经济建设深度融合、协调发展，为推动我国军民融合深度发展发挥示范作用。到2020年，基本建成特色鲜明、功能配套完善的功能区，累计开发面积25平方千米，实现工业总产值300亿元。产业定位是船舶海工产业、航空产业、新一代信息技术产业、文化旅游产业、生命健康产业、军民融合服务业、新材料科技研发产业。按照统筹经济建设和国防建设总要求，以军民结合产业为主导，着力建设军地科研院所优势集聚，军民科技成果转化高效畅通，高新技术产业蓬勃发展的军民结合产业发展区。

第三节 特色小镇与新经济

一、新经济含义和意义

新经济是新经济形态的简称。社会占主导地位的产业形态的不同，决定社会经济形态的不同。在不同的历史时期，新经济有不同的内涵。当前新经济是指创新型知识在知识中占主导、创意产业成为龙头产业的智慧经济形态。建立在信息技术革命和制度创新基础上的经济持续增长与低通货膨胀率、低失业率并存。

新经济是指在经济全球化背景下，信息技术（IT）革命以及由信息技术革命带动的、以高新科技产业为龙头的经济。美国自1991年4月以来，经济增长幅度为4%，而失业率却降到了4%，通胀率也在不断下降。如果食品和能源不计在内的话，美国1999年的消费品通胀率只有1.9%，增幅为34年来的最小值。这种经济现象就被人们表述为“新经济”。

二、新经济给特色小镇创办带来的机遇

新经济可以简单理解为知识经济、数字经济，是以高技术产业为支柱，以智力资源为主要依托。实质上与产业技术层面的新一代信息技术产业、智能化产业相一致。在市场形态上，主要是产品具有智能化，或通过互联网、产品经过数字化实现产品细化，或通过产品融合的经济形态。对创办特色小镇来讲，找新经济主体合作，引进新经济主体入驻小镇，对发展有重要推动和带动作用。

三、制定科学、有效的新经济对策，有效服务特色小镇

面对瞬息万变的经济技术发展变化，创办特色小镇，选择产业和合作伙伴，是十分艰难的工作。浙江的特色小镇创建工作有声有色，代表了新经济形态，也促进了新经济发展。主要是制定了科学的对策。

（1）从实际出发，抓住可以推进的产业。有基金的金融产业，有新能源的汽车产业，有基础的机床、泵业，有云栖，有水产，关键是可以实现产业集聚。

（2）以发展成镇为目标。只要能实现产业集聚，建成特色小镇就大力推进。

（3）实践第一，不断完善。正像日本著名管理学家士光敏夫讲的：一项计划，只要目标、原则、主要措施、必要的设备条件具备就要实施。不要追求弄清每一个细节，等你都弄清了，市场已经变化了。天津原市长李瑞环，爱看足球，也爱谈足球。他不止一次讲，少盘带，大脚传，三脚两脚到门前，逮着球就往门里打，进不进球，他（对方）先心颤。这种方法对创建特色小镇很有借鉴。

第四节　特色小镇与新旧动能转换

一、新旧动能转换含义

（1）新动能，是指新一轮科技革命和产业变革中形成的经济社会发展新动力，可以推动新技术、新产业、新业态、新模式等的动能。由于技术进步，一种新的产业形态或模式成为促进经济社会发展的新动力。

（2）旧动能，是指传统动能，它不仅涉及高耗能高污染的制造业，更宽泛地覆盖利用传统经营模式经营的第一、第二、第三产业。对应传统产业和传统经济模式，既包括“两高一剩”产业，也包括对经济增长支撑作用下降的对外贸易。

（3）转换，指培育新动能、改造旧动能。探索优化存量资源配置和扩大优质增量供给并举的动能转换路径，创新引领新旧动能转换的体制机制，探索以全面开放促进新动能快速成长，探索产业发展与生态环境保护协调共进。

（4）山东新旧动能转换的目标。2022 年，基本形成新动能主导经济发展的新格局，全省全员劳动生产率由 2016 年的人均 10 万元提高到 14 万元。

二、精解新旧动能转换

（1）新动能是新的产业形态或模式成为促进经济社会发展的新动力。

（2）旧动能是旧的产业形态或模式成为乏力促进经济社会发展的原有动力。

（3）新旧动能转换是逐步以新动能替代旧动能，即经济社会发展主要依靠新的产业形态或模式。

三、新旧动能转换的抓手

促进新旧动能转换，在现实工作中，主要抓新技术、新产业、新业态、新模式。这四新对社会的促进作用就是新动能。

四、在新旧动能转换中创办特色小镇

特色小镇就是新的经济发展模式，在特色小镇中发展任何一种产业，都是最好的新旧动能转换方式。浙江的绝大多数特色小镇都是这种转换的具体模式。几年后，大批特色小镇创办成功，浙江的经济社会必将进一步发展，新动能的作用届时将体现。党的十九大后，山东新旧动能转换综合试验区获批，它是中国第一个以新旧动能转换为主题的区域发展战略。山东新旧动能转换综合试验区位于山东省全境，包括济南、青岛、烟台三大核心城市，14 个设区市的国家和省级经济技术开发区、高新技术产业开发区以及海关特殊监管区域，形成“三核引领、多点突破、融合互动”的新旧动能转换总体格局。但全境，15.58 万平方米很难被“四新”的业态和模式覆盖，因此，通过狠抓特色小镇创办，以实现新旧动能转换是有力的措施。遗憾的是，山东特色小镇建设并不突出。

第五节　特色小镇与扶贫脱贫

一、扶贫的主要内容

（1）贫困的标准是人均年纯收入 2300 元以下。世界银行的标准是每天 1.9 美元。

（2）目前还有 4000 万贫困人口。

（3）工作目标是，到 2020 年完成贫困人口一个不落下，完全脱贫。

（4）扶贫的内容。保护贫困户的合法权益，取消贫困负担。政府帮助贫困地区加大

人才开发、完善农民工市场。建立发展工农业企业，提供促进生产摆脱贫困的一种社会工作，对贫困农村实施规划，旨在扶助贫困户或贫困地区发展生产，改变穷困面貌。

（5）主要措施：

1）产业发展脱贫。

2）转移就业脱贫。

3）易地搬迁脱贫。

4）教育扶贫。

5）健康扶贫。

6）生态保护扶贫。

7）兜底保障。

8）社会扶贫。

二、创建特色小镇可以作为扶贫的有效措施

创建一个特色小镇，搞得好可以将几个措施并用，甚至可以八个措施并用。在贫困人口较多的云南，当地干部把建设特色小镇作为“改穷业、拔穷根、挪穷窝”的最有效措施。一个特色小镇，可以一次扶贫几万人，对扶贫工作来讲是最好的措施。同时，也充分展现了特色小镇以人为本的核心理念，极大地发挥了特色小镇的社会效益。

三、创建特色小镇可以得到扶贫的政策支持

（1）用地指标。

（2）产业许可。

（3）资源价格。

（4）政府采购或产品服务。

（5）扶贫资金使用。

（6）其他可能支持。

四、不尽如人意的“两张皮”，没有结合

习近平总书记2018年6月在山东视察时指出，要推动乡村产业振兴、推动乡村人才振兴、推动乡村文化振兴、推动乡村生态振兴、推动乡村组织振兴的五个“振兴”，为乡村振兴这篇大文章做了细谋划。他说，“农业农村工作，说一千、道一万，增加农民收入是关键”。特色小镇建设可在很大程度上落实习总书记的指示。

第六章　特色小镇发展产业的空间特性

一、要点

（1）功能区：在一定区域内实行某种特殊功能，比如保税、技术成果转化、开发等功能。

（2）产业区：在一定区域内主要发展某种产业。

（3）地区资本共性和产业资本共性：德国、日本、中国台湾等资本、产业输出地产业园是按照产业转出地资本共性设计的，转出地资本虽有共性，但不是，也不如产业共性。

（4）浙江特色小镇评定规范：我国第一部特色小镇评定规范，产业分值550分，占总分的55%。

（5）产业专精发展：专业企业入驻；产业技术领先；智能制造创新应用（装备制造类）；特色产业比重。

二、思考题

（1）最新的经济发展特殊空间区域与以前相比有哪些内容发生了变化？

（2）为什么特色小镇是产业区？

（3）特色小镇的“小”和产业有何联系？

（4）特色小镇的经济增长和经济发展有何区别？

（5）如何理解行政级别也是一种创建特色小镇的资源？

（6）研判特色小镇是未来最快的发展空间的依据是什么？

（7）浙江特色小镇评定规范一级指标4个方面，为何产业一项就占了55%？

第一节　特色小镇是最"新"的发展产业空间

一、最新的发展空间

2014年浙江开始创建特色小镇，2016年全国推开，形成了在产业新城之后的又一新的经济发展空间。从1978年12月，党的十一届三中全会决定"以经济建设为中心"开始，40年来，我国一直在探讨、研究、试验发展经济的适宜空间。特色小镇是迄今为止最晚的发展空间。

二、经历的七种发展空间形式

从1979年的四个经济特区开始，历经：经济特区、开发区、产业园、产业新城、新型城镇、特色小镇六种主要的经济发展特殊空间，并创立了高新技术园区（高新技术开发区）、保税区、旅游度假区、工业园区、科技成果转化示范区特殊空间（见图6–1）。

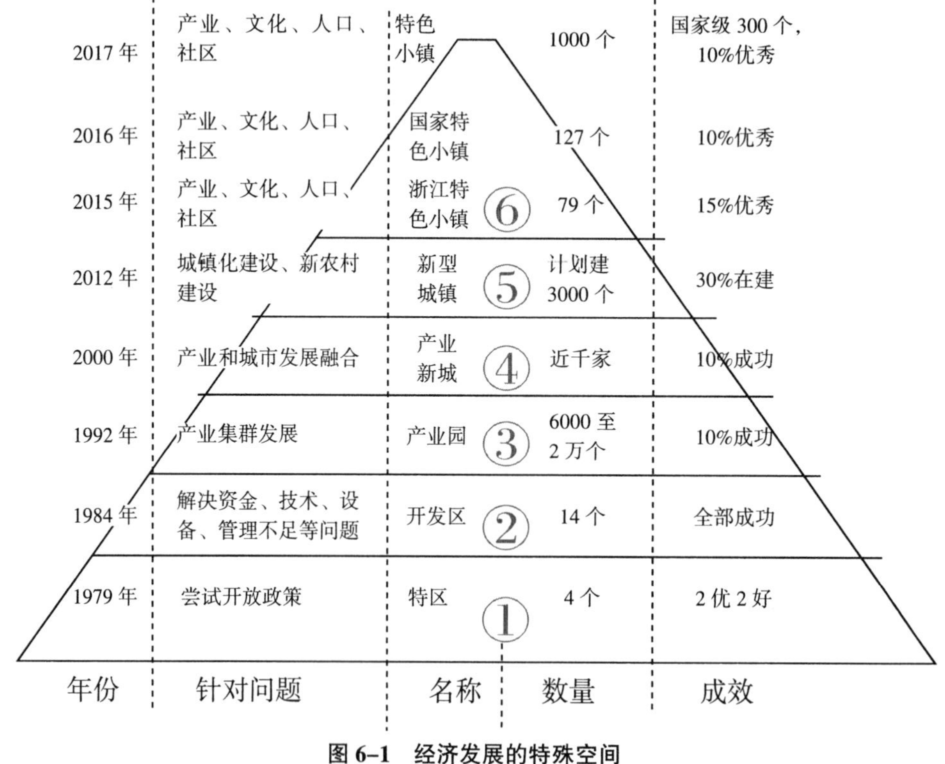

图6–1　经济发展的特殊空间

资料来源：笔者自制。

三、经济发展的功能区和产业区

我国40年来一直致力于区域经济学和经济地理、地缘经济的试验，力图寻找最佳的适合经济发展模式。空间区域在经济上的属性主要可以分为两种（见表6-1）：

（1）功能区。在一定区域内实行某种特殊功能，比如保税、技术成果转化、开发等功能，最典型的是保税区、自贸区、旅游区，以及以加快发展为目的的战略区域。

（2）产业区。在一定区域内主要发展某种产业，最典型的是产业园、电商园。

表6-1 功能区和产业区

区域	种类
功能区	特区，开发区，保税区，自贸区，新郑新区，科技成果转化示范区，高新区（也称为产业），东部、中部、西部、东北地区，京津冀，雄安新区，济南新旧动能转化示范先行区
产业区	产业园、电商园、文创园、旅游区、产业新城、特色小镇

资料来源：笔箸自制。

四、最新的模式吸取了过去的经验

（1）以五大发展理念为指导，在发展思想上基本明确了方向、原则。

（2）找到了适合全国的发展模式，而不像深圳，只能是榜样、目标。

（3）确立了以人为本，真正解决了发展目的问题。

（4）人、城、产、文四核心要素可以避免开发区“鬼城”问题。

五、明确提出了产业建镇的思路和要求

1992年产业园开始出现，在产业发展上提高了一些，但仍然存在产业园产业不明确的现象，现代产业园、欧洲产业园、韩国产业园、新加坡产业园等不仅名称上没有包含产业，也很难实现快速发展。主要原因是没有明确的产品，就很难准备生产产品所需要的资源和基础设施条件，以及专门的产业人才、环境、条件等。虽然以产业转移地的资本共性需要为标准建设产业园，比没标准要好，但提供的准备和服务只能是社会化一般服务，而资本转移、产业集聚的目的并非如此。最新的发展产业空间正是在这些经验之上，明确了产业建镇的要求。

第二节　特色小镇是最“小”的发展产业空间

一、最小的发展产业空间

从浙江创建特色小镇的经验看，每个特色小镇平均3平方千米，4500亩左右，而1984年国务院批准的14个经济技术开发区平均面积在281平方千米，是特色小镇的80倍（见表6–2）。

表6–2　14个第一批国家级开发区占地面积

名称	占地（亩）	备注
大连经济技术开发区	2299	后增
秦皇岛经济技术开发区	128	
天津经济技术开发区	33	后为滨海新区
青岛经济技术开发区	274	
烟台经济技术开发区	220.7	
上海闵行经济技术开发区	3.5	
上海漕河泾经济技术开发区	14.3	
上海虹桥经济技术开发区	0.65	服务区
连云港经济技术开发区	126	
南通经济技术开发区	184	
宁波经济技术开发区	29.6	
湛江经济技术开发区	354	
广州经济技术开发区	88.77	
福州经济技术开发区	184	
平均	281	

资料来源：根据有关资料整理。

1992年以后，各区陆续批准了省级和地县级开发区，平均占地在20平方千米，是特色小镇的5~6倍。

二、形态“小而美”是基本特征

浙江的经验表明，小而美的形态提出了规模和质量要求。而且，小是产业发展合理规模的反映。特色小镇以社会资本为主，不可能集聚像建设雄安新区那样的资本，最小的发展产业空间，应该是最适合的、最可能的空间规模。

三、各个击破的哲学原理

1984 年，创办经济技术开发区，是要对内改革，对外开放，解决发展中的资金、技术、设备、管理不足问题。实质上是用创办开发区的措施解决吃饭问题。而今天，要解决的不是简单的经济增长问题，而是经济发展的问题，这样的问题要从各地的实际情况出发，小更专、小更好地利用各地的不同资源。

四、聚小成多、聚小变大的发展作用

国家发改委、财政部、住建部要培育 1000 个国家级特色小镇，据专家预计，“将带动 2000 个省市县特色小（城）镇开发，在未来 10 年，形成 30 万亿元以上产城乡一体化开发投资。1 亿~2 亿农村人口，可以通过特色小（城）镇实现就地城镇化的就业与居住”。①

第三节　特色小镇是最“低”的发展产业空间

特色小镇的“低”指的是行政级别，从产业的本质上讲，与行政级别是没有联系的。在我国市场化程度还不高、市场体制还不够健全时，行政级别还是很有用的，便于调配国有资源，便于协调行政工作。县级开发区一般都是科级，县域的国家级开发区都是副县级，地级市的一般都是副厅级，计划单列市和省会级城市开发区都是厅局级，直辖市开发区都是正厅局级。上海浦东新区和天津滨海新区都是副部级的行政级别。

而特色小镇管委会没有级别，个别的筹备干部有行政级别也是科、股级。浙江在创建特色小镇中确定了很重要的两条，打破了原有的行政制度和行政思维：第一，特色小镇不是建制镇；第二，体制必须“新而活”，创建、运行一定要政府引导、企业主体、市场运作。这样就比较彻底地摈除了诸多弊端。

浙江特色小镇的建设，不沿用老思路、老办法，在探索中实践、在创新中完善，注重改革突出“试验”、政策突出“个性”和服务突出“定制”。比如义乌打造的从市场主体登记到项目验收的“一条龙”审批流程，政府部门审批时限从原来的 30 个工作

① 林峰：《特色小镇孵化器》，中国旅游出版社 2016 年版。

日缩减到4个工作日，对入驻省级特色小镇的企业申请冠省名的，注册资本从1000万元降低至500万元，真正实现了特色小镇建设制度的“新而活”。

我国开发区建设发展的同时也培养了大批行政领导，以天津开发区、滨海新区为例，先后培养出10多位省部级领导，几十位厅局领导，不仅为天津的改革开放做出了贡献，也向全国输送了不少领导。在过去的30多年中，开发区建设者率先接触市场经济，直接与资本主义企业打交道，自觉不自觉地先熟悉了市场经济，先行了一步，而在今天看来，这些经验的作用和意义日小。随着市场体制建设日趋完善，我国配置资源的方式已经主要依靠市场，2016年，我国政府管理价格的比重为2.99%，市场决定物价的程度已达97%。①

浙江基本否定行政性质特色小镇管委会的做法非常睿智、英明。这样创建特色小镇的实践更具时代感和深刻意义，不难想象，十几年后，一批特色小镇的实践者将在奉献才智、完成特色小镇建设的同时，从最低的行政级别岗位上，建成产业强壮的特色小镇，做出最大的贡献，得到最高尊重。

第四节 特色小镇是最“散”的发展产业空间

因为特色小镇是根据产业资源、包括旅游资源条件设立的，不像开发区是按照行政县市建制，基本是一个县市设一个，所以，特色小镇在空间上呈现出分散、无规律的特点。

以特色小镇建设走在全国前列的浙江为例。浙江现在培育建设的特色小镇69家，11个地级市平均每个6家，而事实上不然，以衢州和舟山为例，如表6-3所示。

表6-3 衢州和舟山基本情况与特色小镇建设对比

比较内容	衢州	舟山	结论	备注
特色小镇数（个）	5	3		
城市面积（平方千米）	8844	1440	前者是后者6倍	
人口（万）	218	116	前者是后者1倍	
2017年GDP总量（亿元）	1380	1218	前者比后者高13%	
2017年人均GDP（元）	63833	105263	前者是后者的60.1%	

资料来源：根据有关资料整理。

① 彭绍宗副司长在2017年7月26日国家发改委新闻发布会介绍。

从浙江全省 11 个地级市看也是如此，最多的杭州有 18 家，是舟山的 6 倍，这在开发区、产业园建设中是不可能的。如表 6–4 所示。

表 6–4 浙江各市特色小镇数量及名称

城市	特色小镇数量（个）	特色小镇名称
杭州	18	山南基金小镇，丁兰智慧小镇，西湖云栖小镇，西湖龙坞茶镇，余杭梦想小镇，余杭艺尚小镇，富阳硅谷小镇，桐庐健康小镇，临安云制造小镇，拱墅运河财富小镇，滨江物联网小镇，萧山信息港小镇，余杭梦栖小镇，桐庐智慧安防小镇，天子岭静脉小镇，建德航空小镇，富阳药谷小镇，下城跨贸小镇
宁波	7	动力小镇，海洋金融小镇，滨海养生小镇，鄞州四明金融小镇，余姚模客小镇，宁海智能汽车小镇，杭州湾州湾新区滨海欢乐假期小镇
温州	5	智造小镇，苍南台商小镇，瓯海生命健康小镇，文成森林氧吧小镇，平阳宠物小镇
绍兴	5	城黄酒小镇，诸暨袜艺小镇，柯桥酷玩小镇，上虞 e 游小镇，新昌智能装备小镇
湖州	6	湖州丝绸小镇，善琏湖笔小镇，地理信息小镇，吴兴美妆小镇，长兴新能源小镇，安吉天使小镇
嘉兴	9	南湖基金小镇，巧克力甜蜜小镇，海盐核电小镇，皮革时尚小镇，毛衫时尚小镇，秀洲光伏小镇，平湖九龙山航空运动小镇，桐乡乌镇互联网小镇，嘉兴马家浜健康小镇
金华	6	丝路金融小镇，武义温泉小镇，磐安江南药镇，东阳木雕小镇，永康赫灵方言小镇，金华新能源汽车小镇
衢州	5	游红木小镇，常山赏石小镇，开化根缘小镇，江山光谷小镇，衢州循环经济小镇
舟山	3	定海远洋渔业小镇，普陀沈家门渔港小镇，朱家尖禅意小镇
台州	5	黄岩智能模具小镇，路桥沃尔沃小镇，仙居神仙氧吧小镇，温岭泵业智造小镇，天台天台山和合小镇
丽水	8	堰画乡小镇，龙泉青瓷小镇，青田石雕小镇，景宁畲乡小镇，龙泉宝剑小镇，庆元香菇小镇，缙云机床小镇，松阳茶香小镇

资料来源：根据有关资料整理。

表面“散”的特点，反映了经济上供给侧改革的特征，按照萨伊定理（参见本书第五章），供给创造需求，是供给的产品、水平、价格诱导、引导、指导了消费者，形成了市场，并达到了市场的暂时均衡。这时又需要供给侧创造新的产品、引起新的消费需求，达到新的市场均衡。就这样不断地循环往复，经济在这种情况下实现发展。供给侧生产产品，需要各种要素，其中可移动要素（如资本、技术、人力资源等）是可以转移的，这种转移在合理情况下是有效率的资源配置。而原料，特别是矿藏品等是不可流动资源，特色小镇以资源而建设是行政上的无规律、散乱，但符合经济规律的客观要求。

特色小镇的散布特征又是特色小镇的“小”这一根本属性的保证。不强调过分集聚，不硬拼规模，遵循客观性，按建设发展可能，由资源禀赋和市场需要决定，这种“散”恰恰保证了特色小镇“特”的本质所在。因此，特色小镇散布并不是缺点，反而是生命力所在。

第五节　特色小镇是最“特”的发展产业空间

产业“特而强”，是浙江创建特色小镇工作的重中之重，在该省《特色小镇评定规范》中，一级指标 5 项，每项分值不同，创业项占 55%，可谓“成则一锤定音，差则一票否决”。这与中央和国家主管部门要求的“坚持产业建镇”是完全一致的。

表 6-5　浙江省特色小镇评定规范一级指标及分值

内容	一级指标	二级指标	三级指标	分值
共性指标（400 分）	功能“聚而合”（200 分）	社区功能	服务配套	40
			文化建设	20
		旅游功能	人口规模	10
			社区创建	60
		文化功能	小镇客厅	10
			文化挖掘	60
	形态“小而美”（100 分）	生态建设	绿色发展	30
			美化洁化	20
		形象魅力	核心区形象	30
			建筑风貌	10
			VI 体系	10
	体制“新而活”（100 分）	政府引导	小镇规划建设目标完成率	15
			以最多跑一次为核心的系列改革创新举措	20
		企业主体	非政府投资主导	20
			企业为龙头	10
		市场原则	投资建设多元化	20
			公共服务市场	15
特色指标（550 分）	产业“特而强”（550 分）。仅以高端装备制造特色小镇为例	专精发展	产业企业入驻	60
			产业技术领先	50
			智能制造创新应用	50
			特色产业比重	40
		高端要素聚集	高精人才集聚	50
			科技机构支撑	50
			科技创新水平	50

续表

内容	一级指标	二级指标	三级指标	分值
特色指标（550分）	产业“特而强”（550分）。仅以高端装备制造特色小镇为例	投入产出效益	投入水平	70
			产出效益	80
			辐射带动	50
开放性创新特色工作（50分）				50

资料来源：浙江省特色小镇地方评定规范。

在民间喜辣排名第一的贵州出了“老干妈麻辣酱”，这个特殊的地域、特殊的辣椒资源、特殊的市场为陶华碧这个只会写自己名字的农民，提供了特别的环境和条件。在实践中，当她得知人们不是喜欢凉粉，而是喜欢她的麻辣酱拌凉粉时，她关闭了凉粉店，开办了麻辣酱工厂，并做到了13亿元资产，产品销到全球。类似的广西花桥辣椒酱也是如此。

2600多年前，晏子睿智地回答了楚王戏弄他的问题，留下了千古名句，“橘生淮南则为橘，橘生淮北则为枳。”晏子应该知道一地的条件造就一地的物产的道理。[①] 他很难知道造成这种现象的地理界线是秦岭—淮河一线，主要的原因是气候差异，该线以北地区为北方地区，为温带季风气候，1月均温低于0℃，该线以南地区为南方地区，为亚热带季风气候，1月均温高于0℃。像云南的三七，青海的冬虫夏草都是只有当地才有的资源，以这种资源为基础打造的产业，最好就在本地，一定具有核心竞争力和强大的生命力。

马云在2018年浙商总会演讲中说，“我们公司也有上百家，但我希望每个人都不一样，每个部门都有自己独立的思考、独立对问题的看法，深度、广度、角度不一样，使得他们走起来才会丰富多彩，这才叫生态，这才叫经济体，这才叫繁荣”。

毛泽东早在1937年8月就讲过，“尤其重要的，成为我们认识事物的基础的东西，则是必须注意它的特殊点，只有注意了这一点，才有可能区别事物”。[②] 矛盾的特殊性范畴表明，矛盾及其各个方面在不同发展阶段各有特点，所以，我们观察事物，首先就要注意到矛盾的特殊性，具体问题具体分析。因为，分析矛盾的特殊性是正确认识事物的基础；同时，分析矛盾的特殊性也是正确解决矛盾的关键。

① 《晏子春秋·内篇杂下》。
② 毛泽东：《矛盾论》。

第六节　特色小镇是最“高”的发展产业空间

一、产业水平最高的发展空间

特色小镇建设所处的时代一定要求贯彻落实“创新、协调、绿色、开放、共享”五大理念，客观要求产业一定跟上互联网、云计算、大数据、智能化的水准，并在创建和运行中坚持政府引导、企业主体、市场化运作的创建原则，一定会创建无数个像云栖小镇、梦想小镇、建德航空小镇、富阳药谷小镇、智造小镇一样的小镇。发展水平最高的发展空间根据如下：

（1）新的创建规则可保证产业高水平发展。政府和市场共同发挥引导及决定的作用，企业为投资、运行主体，为产业高水平建设发展提供了规则保障。

（2）资源定产品、市场定规模、产出定投资的企业原则可以最大程度保证产业发展成功。

二、产业产出最高的发展空间

已有专家预计[①]未来十年会有30万亿元资本投入特色小镇，3000家国家和省级特色小镇以及可能更多的特色小镇将建成。不考虑产业差异，按照投入产出的一般模式和特色小镇一般产出规模，2025~2030年特色小镇的GDP有望达到30万亿元规模，按照2017年我国CDP为827122亿元、每年增长6.7%计算，2025年我国CDP将为1315766亿元，2030年GDP将为1679271亿元，届时特色小镇的贡献率为20%~22%。将从现在的开发区占比（国家级11%，各级合50%以上）的碗里分走一杯羹，达到开发区GDP的50%以上。

① 林峰：《特色小镇孵化器》，中国旅游出版社2016年版。

第七章　特色小镇的产业准备工作

一、要点

(1) 了解产业情况要求：人员、方式、内容、重点、时间、结果、作用都确定。

(2) 产业调研的主要方法：专业人士座谈、专家请教、市场感觉、现场访问、电话调查、拦截访问、网上调查、邮寄问卷以及跟踪调查、用户探秘等。

(3) 产业研究的主要方式：确定专家和专业人员，采用被实践证明有效（本书介绍）的方法。

(4) 产业分析的主要对象是指比较优势和资源禀赋所代表的内容。

(5) 产业招商引资计划：主要是体制机制、人员组织、资本的来源结构、企业结构、时间构成、产品结构、产业链计划等。

二、思考题

(1) 为何说了解是分解和理解的前提?

(2) 怎样把了解产业作为研究产业的部分工作?

(3) 如何选用最适合实际的产业分析方法?

(4) 如何处理产业专家分析结论和行政决策的关系?

(5) 为何要有产品调查表?

(6) 企业调查表与产品调查表的区别是什么?

(7) 新、老三论对产业招商引资的指导作用是什么?

第一节　特色小镇产业准备的调研工作

一、产业情况了解（Know）

了解是认识事物的开始，是分解、理解的前提。通过对创建特色小镇区域产业情况的一般了解，为全面、准确认识区域产业情况做好准备。为创建特色小镇而进行的产业情况了解，不是一般的问问看看。有计划、有系统地收集材料，已经是产业研究工作了，因此这是一项十分重要的基础工作。

（1）了解产业情况的人员。了解人员虽然还不是调研人员，但最好将来成为部分参加调研、决策乃至招商的人员。了解人员要有一定层次，基本是相关专业本科以上人员，人数 4~5 人为好。

（2）了解产业情况的方式。在法律和道德约束下，采取任何方式都可以，如收集、采访、调研、录音、录像等。

（3）了解产业情况的内容。越全面、越有代表性、越有差异性，甚至矛盾性越好。包括：直接的、间接地；数字的、直观的；书面的、电子的；现实的、想象的；历史的、现实的、未来的。

（4）了解产业情况的重点。①产品情况；②企业情况；③市场情况；④效益情况；⑤资本情况；⑥资源情况；⑦发展与增长；⑧业内人士反映；⑨客户和业外人士反映；⑩存在问题。

（5）了解产业情况的时间。3~4 周专职工作为好。

（6）了解产业情况的结果。注意将资料分类、登记、保存，避免用时难找或丢失。

（7）了解产业情况的作用。①是正确认识产业情况的前提。认识区域产业，揭示区域产业的特性与联系，并揭示区域产业对区域意义与作用的思维活动。②是产业分析、研究的基础。③是发起创建特色小镇的素材。

在实践中，提出创建特色小镇主要有三种情况：①由政府或下属部门提出；②由主要投资运营公司建议；③由咨询机构或其他研究机构建议。了解产业情况，在第一种情况下是对外推介的素材，在第二、第三种情况下是洽谈的内容。

二、产业情况调研（Survey）

调研是调查研究的简称，指通过各种调查方式系统、客观地收集信息并研究分析，对各产业未来的发展趋势予以预测，为投资或发展方向的决策做准备。

（1）工作性质。调研已不再是了解、去看，而是研究工作的开始。

（2）主要方法。专业人士座谈、专家请教、市场感觉、现场访问、电话调查、拦截访问、网上调查、邮寄问卷以及跟踪调查、用户探秘等。

（3）工作要求。计划性、系统性、准确性、代表（重点）性。产业调查应集中在产品、企业两个方面（见表 7–1、表 7–2）。

表 7–1　产品情况调查

	1	2	3	4	5	6	7	8	9	10	11	12	13	14	15	16	17	18	19	20	21	21	备注
内容	产品名称	产业类	型号范围	规格范围	单个重量	单价	毛利水平	年产量	市场份额（国内外）	开始生产时间	技术来源（是否自主设计）和水平（领先、先进、一般、落后）	原料、关键配件供应地关系	互补品情况	替代品情况	互联网+情况	大数据使用	智能化程度	重要项目使用	合作情况	获奖	用户质量评价	纠纷	
情况																							

表 7–2　企业情况调查

	1	2	3	4	5	6	7	8	9	10	11	12	13	14	15	16	17	18	19	20	备注
内容	企业名称	所在行业	成立时间	企业性质	注册资本	出资额	土地使用情况	建筑物	主营业务	年销售额	影响力『行会』	技术水平	就业人数	高级专家	主要困难问题	业内排名	有无战略	核心竞争力	企业文化	产品与管理创新	
情况																					

第二节　特色小镇的产业条件分析

分析（Analysis）是将复杂的事物逐渐拆分的过程，以此来达到对事物更好的理解。从了解的区域产业情况，提升到理解的水准，就是要经过严格认真的分析过程。分析是研究的重要方式和主要环节，但分析还不是研究的全部和主要方式。分析可以采用的主要方法如下。

一、专业分析方法

本书第二、第三、第四、第五章提供了大量的专业理论和专业知识，运用这些理论的分析，或者请产业经济学、区域经济学专家做的分析就是专业分析。在各种分析中，专业分析是最重要、必不可少的。一般来讲，需要请专业的团队进行，必要的可请两支或以上团队进行重复、交叉、区别等专业分析。专业分析要全面，最好回答本书第二章所列全部问题，重点突出，结合第三章区域经济学内容应分析的重点见表 7-3。

二、专家分析方法

主要是产业专家、特色小镇专家、金融专家、建设专家等的专业分析。

三、辩证逻辑分析方法

辩证逻辑分析是在客观基础上，对特殊表现进行的分析。它是辩证法在思维中的表现，是对客观现实本身辩证关系的反映，又是思维反映形式本身的辩证法，包括：①比较、抽象和概括方法；②归纳与演绎的方法；③分析与综合的方法；④抽象和具体的方法；⑤历史的和逻辑的方法。辩证逻辑分析是高于专业分析的一种方法，比专业分析更全面、更宏观、更本质。通常是由政府的研究室完成，也可作为课题外包专门机构。

四、数理逻辑分析

主要是用数学方法、逻辑、形式逻辑分析已知的区域产业条件。数理逻辑的优点是精确化、数学化。缺点是样本点难以寻找和确定，计算复杂，实用性不高。特别是我国，由于社会环境的差异性大、变化快，作为一般的指导实践的模型较少，而多为

表 7–3　需要分析产业主要相关因素

主要因素	主要内容	主要方法	特别注意	争取结论	备注
资源禀赋	原料储量、质量、成本等客观要素条件	科技勘探、考察等	特别注意新资源的开发情况	世界和全国排名	燕麦、三七、虫草、铝土矿、稀土等
比较优势	生产制造某一产品的成本低	综合研究诸生产要素结合使用效率	县、地、省、国不同级别的比较优势	低于其他 30%以上	白沟皮货，安国药
产业形态	包括采购、生产、销售各环节的情况及与其他产业的关系	常识、调研、考察	①零售税少 ②近原制少	自身一定规模，与其他产业相关度大	风筝不成园，渔具可建区
产业极致	产业发展空间	产业发展需要的投入和资源条件	允许持续发展的空间条件	每年 10%速度增长，30 年干不完，可翻 10 番	
产业链长	产业上下游情况和横向衔接情况	研究技术、设备、原料、辅料等技术发展和供应情况	新替代品产生和关键环节的进步与制约	新近有补链的条件，关键环节有替代	
产业水准	资本有机构成和技术构成高，产品对技术进步和社会发展的影响	专家咨询论证	可能性、现实性	平均先进即可	
技术状况	业内先进性	以设备为技术保证，以工艺为措施	设备制造商，设备持续进步	选用一流设备	
市场情况	年销售额，销售地，销售层次和类别	考察 10 年内销售额变化及原因和增长水平	①增长与技术进步新品的关系 ②增长的空间	连续 10 年，每年有 10%左右的增长，增长空间还有 1 倍	
客户偏好	①取代其他替代品的强烈欲望 ②被替代的可能性极小	客户调查、专家论证	对技术折旧很快的产品应慎重	客户偏好具有历史的、习俗的、种族的、技术的及物质文化的牢固性	如伊斯兰民族用品
同业竞争	同业数量和技术管理水平	行会和市场调研	核心竞争力的比较	产品价格（成本优势） 竞争力约 30%	
国际水准	国际状况和技术管理水平	国际行会和专业机构调研	不能考虑中国市场的特殊性	在国际市场具有发言权	
资本兴趣	股权基金和风投基金等资本的态度	做出商业建议书、可研报告，征询、调研、走访	争取让资本讲价格、讲条件	资本有条件进入	如比例数额等
习俗文化	宗教、传统、习惯	调研、征询、座谈	环保、宗教、民族	不反对	

资料来源：笔者自制。

写论文、著书立说所用。设某特色小镇候选的产业在铝电子（制品）、食品保健品、新能源汽车零部件智能制造三个产业中进行决策分析，各产业的优势、劣势、机遇、威胁因素均已清楚列出并给出向量的数值，可以用以下线性方程组表示：

线性方程组基本公式：$C_i=\sum S_{ij}+\sum W_{ij}+\sum O_{ij}+\sum T_{ij}$。

首先求 C_l，即候选产业 l=铝电子（制品）的得分：

$$C_l=\sum S_{lj}+\sum W_{lj}+\sum O_{lj}+\sum T_{lj} \tag{7-1}$$

式中，S_{lj} 为铝电子产业的优势项分值；W_{lj} 为铝电子产业的劣势项分值；O_{lj} 为铝电子产业的机会项分值；T_{lj} 为铝电子产业的威胁项分值。

其次求 C_f，即候选产业 f=食品产业的得分：

$$C_f=\sum S_{fj}+\sum W_{fj}+\sum O_{fj}+\sum T_{fj} \tag{7-2}$$

式中，S_{fj} 为铝食品产业的优势项分值；W_{fj} 为食品产业的劣势项分值；O_{fj} 为食品产业的机会项分值；T_{fj} 为食品产业的威胁项分值。

最后求 Cap，即候选产业 ap = 汽车配件产业的得分：

$$Cap=\sum Sap_j+\sum Wap_j+\sum Oap_j+\sum Tap_j \tag{7-3}$$

式中，Sap_j 为汽车配件产业的优势项分值；Wap_j 为汽车配件产业的劣势项分值；Oap_j 为汽车配件产业的机会项分值；Tap_j 为汽车配件产业的威胁项分值。

r 为给三个产业设定的经验权重值，设定权重是产业专家、决策的业务领导和数理计算专家结合的经验结果。权重值作为重要参数，直接影响计算结果，它主观影响比 SWOT 四项的向量数值影响大，主观性也大，所以一定要慎重。

$C=\mathrm{Max}\{rl，rf，rap\}$，最大值即得出。

C 为取各候选产业分值与对应权重相乘后取极大值的最终决策。

五、系统和结构分析

用系统、信息和控制旧三论，以及耗散结构、突变和协同新三论的新老三论方法进行分析。主要是针对产业招商的可能性分析，有很好的指导作用。如表 7-4 所示。

六、综合经验分析方法

主要是通过请专家开座谈会或论证会的方式分析。这种做法比较普遍，但在日益减少，而由专业团队用专业方法完成。

七、专门分析工具

（1）SWOT。用内因的优势（Strengths）和劣势（Weaknesses），外因的机遇（Opportunities）和威胁（Threats），分成四个象限（或区域），尽量穷尽列出有关要素，参

表 7–4　新老三论与招商引资简表

理论	系统论	控制论	信息论	耗散结构论	突变论	协同论
时间	1937 年	1947 年	1948 年	1969 年提出	1873 年（1972 年）	1971 年
提出人	美，贝塔朗菲（奥地利）(L.Von.Bertalanffy)	美，维纳，(Norbert Wiener)	美，香浓，(Claude Elwood Shannon)	比利时，伊里亚·普里戈金（Ilya Prigogine）1977 年诺贝尔化学奖。有一定缺欠	荷兰植物学家和遗传学家德弗里斯（Hugo Marie de Vrier），法国数学家勒内·托姆（René Thom）	德，赫尔曼·哈肯(Hermann Haken)
内容	不同的组织机构，为共同的目的，按一定顺序组成的结构	掌握、操纵客体，达到目的	音讯、消息。本质确定性的增加	非平衡态下的新的有序结构	渐变与飞跃的转化关系	不同事物共同特征及其协同机理的新兴学科
指导招商引资	①招商外部系统（领导、支持、资源、政策等） ②招商自身系统（机构、人员、理论、理念、技术、方法） ③项目系统（14 个项目内容）	①时间、速度控制 ②规模目标控制 ③项目控制 ④产业控制 ⑤经济社会发展控制	①区域发展信息 ②产业发展信息 ③技术发展信息 ④他国、他业、他地、他技术信息 ⑤项目信息	①孤立系——无能量、无物质交换，无知识、无合作项目的状况 ②封闭系——有能量、无物质交换，有知识、信息无合作项目状态 ③开放系——有能量、有物质交换，有知识、有信息合作项目状态	①产业集聚、资本积聚为量变——渐变 ②小项目是渐变、量变 ③产业集群形成为突变 ④龙头项目带来突变	①思想理念协同 ②政策计划协同 ③产业发展协同 ④资源协同 ⑤文化协同

见本书第三章第六节。

（2）钻石模型（Diamond Mode）（见图 7–1）。由美国哈佛商学院著名的战略管理学家迈克尔·波特提出。波特的钻石模型用于分析一个国家某种产业为什么会在国际上有较强的竞争力。波特认为，决定一个国家、区域的某种产业竞争力具有四个因素：

1）生产要素——包括人力资源、天然资源、知识资源、资本资源、基础设施。

2）需求条件——主要是本国市场的需求。

3）相关产业和支持产业的表现——这些产业和相关上游产业是否有国际竞争力。

4）企业的战略、结构、竞争对手的表现。

此外，机遇和政府的作用因素很大。

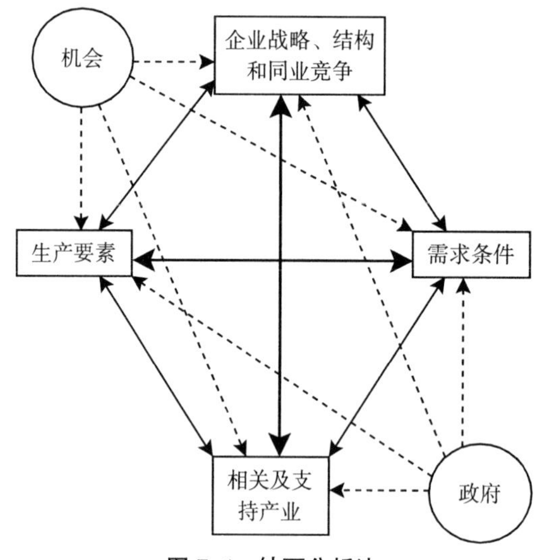

图 7–1　钻石分析法

资料来源：百度百科，2018 年 6 月 14 日。

（3）层次分析法（Analytic Hierarchy Process）。是指将一个复杂的多目标决策问题作为一个系统，将目标分解为多个目标或准则，进而分解为多指标（或准则、约束）的若干层次，通过定性指标模糊量化方法算出层次单排序（权数）和总排序，以作为目标（多指标）、多方案优化决策的系统方法。

层次分析法是将决策问题按总目标、各层子目标、评价准则直至具体的备择方案的顺序分解为不同的层次结构，然后用求解判断矩阵特征向量的办法，求得每一层次的各元素对上一层次某元素的优先权重，最后再用加权和的方法递阶归并各备择方案对总目标的最终权重，此最终权重最大者即为最优方案。

（4）因素分析法（Factor Analysis Approach）。又称经验分析法，是一种定性分析方法。该方法主要指根据价值工程对象选择应考虑的各种因素，凭借分析人员的知识和经验集体研究确定选择对象。该方法简单易行，要求价值工程人员对产品熟悉，经验丰富，在研究对象彼此相差较大或时间紧迫的情况下比较适用；缺点是无定量分析、主观影响大。该方法是利用统计指数体系分析现象总变动中各个因素影响程度的一种统计分析方法，包括连环替代法、差额分析法、指标分解法等。

（5）主成份分析法（Principal Component Analysis）。也称主分量分析，旨在利用降维的思想，把多指标转化为少数几个综合指标（即主成份），其中每个主成份都能够反映原始变量的大部分信息，且所含信息互不重复。

（6）鱼骨分析法（Fishbone Analysis Method）。又名因果分析法，是发现问题“根本原因”的分析方法。这种方法先是尽可能列出所有原因，然后按重要性分类，排在大小不同的骨刺上，最后在主骨上找主要原因或结果（见图 7-2）。

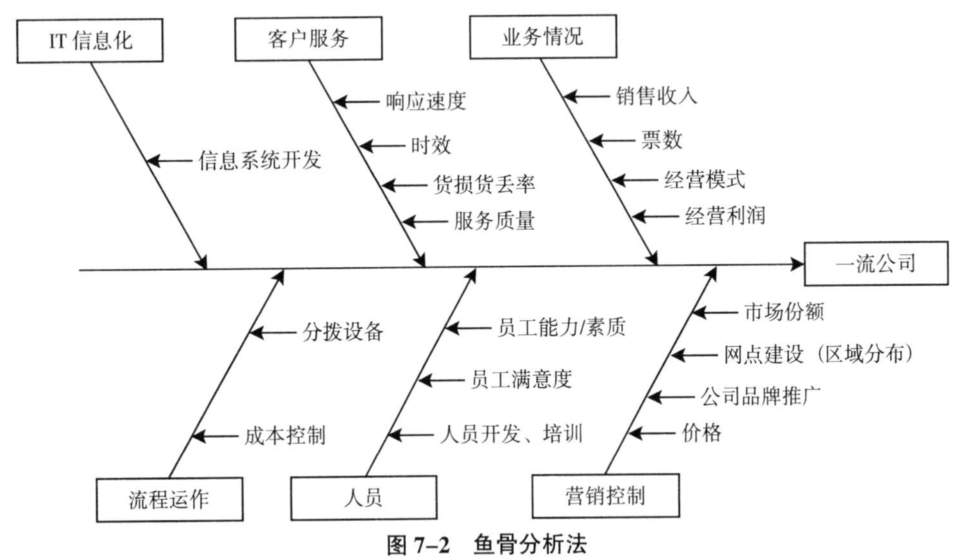

图 7-2　鱼骨分析法

资料来源：百度百科，2018 年 6 月 14 日。

第三节　特色小镇产业资源的研究和论证

一、产业资源研究的含义

主动寻求根本性原因与更高可靠性依据，从而为提高产业成功发展的可靠性和稳健性而做的工作。它探求该企业适合哪一具体产业发展的性质和该产业发展的规律等，是要求具体结论的行为，而分析往往是比较好坏、快慢、可否情况。

二、产业资源研究所属的领域和范围

这种研究属于社会科学领域，是应用范围的实用性研究。产业资源研究的具体环节：①有计划与有系统地收集资料；②分析；③解释的方法；④获得解决问题的答案。

三、产业资源研究行为表现

除有计划收集资料、进行分析外，产业资源研究表现的行为主要是思考（考虑）、钻研（推理）、商讨（大脑风暴法等）、探索（模型对比）。

四、产业资源研究的方法

特色小镇产业研究主要使用的方法：①建设性研究，即为问题提供解决方法；②经验性研究，即为解决方法的可能性提供实质证据作为辅助的方法；③试探性研究，即发掘问题、弄清问题的方法，使用较少。

五、产业资源研究的论证

论证是用论据证明论题的真实性过程。在创建特色小镇产业研究中，论证是非常重要的方法。

（1）按参加人员的身份，论证分为研究人员自己的论证和请外人即非研究人员的论证。后者更重要。

（2）按被论证对象，分为单一方案（确定某一产业）的可行、合理论证和两方案（两产业）对比论证。

（3）按要求，分为出结果论证和不出结果论证。不出结果论证中，参与人员更愿意发表深刻意见，论证的效果和作用不一定小于前者。

产业研究的论证，一般是决策前的最后一个阶段，论证阶段要将分析材料充分提供给参加论证的人员，保证论证人员充分的发言或认真对待论证人员的书面意见。不到瓜熟蒂落，不要勉强做出结论。

第四节　特色小镇的产业策划和规划

一、产业策划

产业策划是一种策略、筹划、谋划或者计划、打算。它是特色小镇管委会、运行公司为了实现产业发展目的，在充分调查市场环境及相关联的条件、情况基础之上，遵循一定的方法或者规则，对未来工作进行系统、周密、科学的预测并制订科学的可行性方案。

二、策划方案

产业策划不同于一般的产品营销策划，具有标的大、时间长、品种复杂、涉及面广等特点，一定要形成正式的文本方案，并要在方案中列出以下内容：

（1）目标宣解。

（2）行动方针的说明。

（3）优秀团队的展示。

（4）计划摘要精准。

（5）利益预计震撼。

（6）风险分析和对策适当。

美国的某位著名风险投资家曾说过，“风险企业邀人投资或加盟，就像向离过婚的女人求婚，而不像和女孩子初恋。双方各有打算，仅靠空口许诺是无济于事的”。[①]

对于正在寻求资金的风险企业来说，商业计划书就是企业的电话通话卡片。商业计划书的好坏，往往决定了投资交易的成败。

以铝电子为例（见图 7-3）：

消费关注：手机、笔记本电脑、iPad 外壳用镁铝合金。

1）产品特点：耐用、好看、轻便。

2）产品利益：成本不增加，使用更方便。

3）产品支持：手机更显手美、笔电更显精致、iPad 更气派。

创意：这里是铝镁合金电子基地。

---

① 谢松杰：《营销型网站策划书》，电子工业出版社 2014 年版。

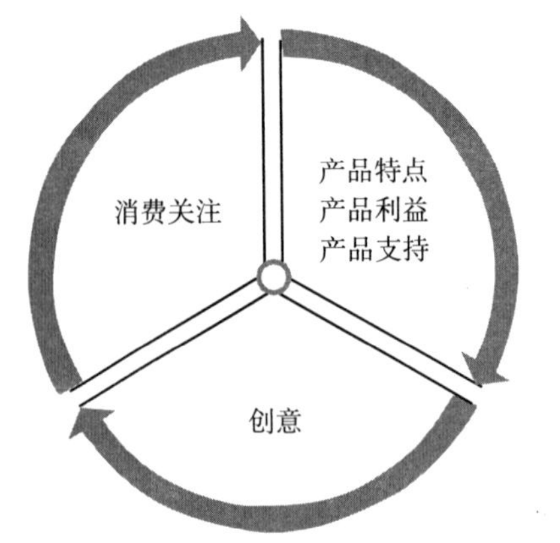

图 7-3 创意—消费关注—消费利益示意图

资料来源：谢松杰：《营销型网站策划书》，电子工业出版社 2014 年版。

从记住到分享示意图如图 7-4 所示。

1）记住：据“黏住”Success 原则，让受众记住的策划法则：简约（Simple）、意外（Unexpected）、具体（Concrete）、可信（Credible）、有情感（Emotional）、有故事（Stories）。

2）爱上：据“迷恋”七大触发器，让受众爱上的策划法则：欲望、神秘、警报、威望、权力、罪恶、信任。

3）分享：据“疯传”Stepps 原则，让受众分享的策划法则：社交货币（Social Currency）、诱因（Triggers）、情绪（Emotion）、公共性（Public）、实用价值（Practical Value）、故事（Stories）。

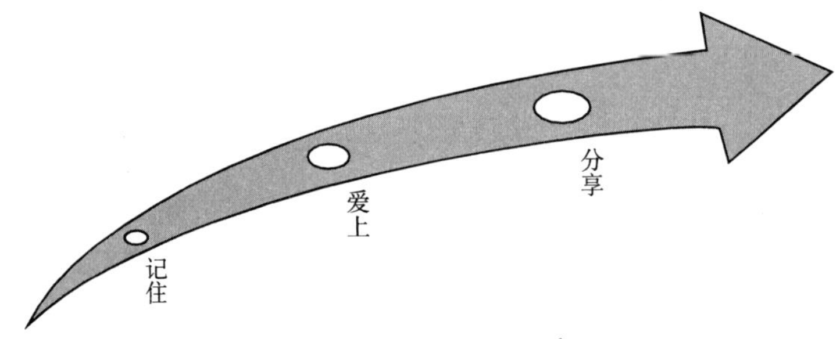

图 7-4 从记住到分享示意图

资料来源：波旬。链接：https://www.zhihu.com/question/20089166/answer/21757839。著作权归原作者所有，本书已获准使用。

三、产业规划

对未来一段时间的工作目标进行分解和合理安排，通过整体工作安排，以时间节点分阶段、分子任务，逐渐实现工作目标。

特色小镇的产业策划与产业规划不同。除概念不同，虽然有时策划、规划、计划通用，如在英文中均可以 Plan 表示，但更多情况下，策划主要是体现创意活动的安排。

在实际工作中，主要包括：产业的项目建议书；产业的商业建议书；产业的策划报告；产业规划报告；产业招商引资计划；产业发展的可行性研究报告（见表 7–5）。特色小镇筹备（管理）机构自己编著有困难，可以外包。外包要注意联系实际，自制要注意高度和全面性问题。

表 7–5 产业决策中常用的六种文件

文件	提出阶段	针对问题	主要内容	一般容量
产业的项目建议书	起初	产业本身	该产业的必要、优势、机遇、可能、作用等	3000 字
产业的商业建议书	开始	经济内容	① 投入总额、总时间、阶段、来源 ② 收入总额、方式、来源、时间、成本、税费 ③ 损益分析、风险对策	20000 字
产业的策划报告	决策前	实施重点	重点内容、重点资源、重点条件、重点问题	40000 字
产业规划报告	决策中	侧重实施	各阶段、时间内的产业实施内容，基础设施准备、主要项目进度、完成情况、入驻、建成、开业企业数量、产出计划等	50000 字
产业招商引资计划	决策前	招商引资	资本规模、资本来源、企业结构、技术结构、产业结构、时间构成以及体制、机制、人员、成本、主要措施等	3000 字
产业发展的可行性研究报告	决策前后	全面条件	各种外部环境和内部因素对该产业实施的全面分析，以及资源、投入、时间等各项条件的要求、产出分析、机遇、风险对策较全面	70000~100000 字

第五节 特色小镇的产业决策和公布

一、产业决策

产业决策指决定的策略或办法，是人们为各种事件出主意、做决定的过程。它是一个复杂的思维操作过程，是信息收集、加工，最后做出判断、得出结论的过程。实质上是一种重大方案及其细节，即特色小镇内产业方向、产品内容及一些主要方面的细则，实施情况的细则。

二、产业公布

创建特色小镇，完成产业方向决策是非常重要的一项工作，要采取一定的形式对

表 7-6　决定产业方向的主要因素和研究内容

序号	重要因素	概念定义	主要分析研究内容	关键核心	英文提示
1	产业方向	若干产品相同企业集聚过程	产品名称、产品种类	不是指国民经济第一、第二、第三次产业	Industrial Direction Orientation
2	产品市场	最近，直接的市场	交易额（1 年，3 年，5 年，10 年）	避开供过于求，市场饱和	Market
3	产品需求	最终用户	支付能力、偏好，习惯，文化影响，最大数量，可能数量	原料为非贸易直接用户	Demand
4	产品供给	直接供给方	企业规模，特点，用工要求，用工数量	避开产能过剩，严防寡头存在	Supply
5	原料资源		主要原料、配件	严防紧缺	Resource
6	主要技术	技术方法与工艺设配	核心技术，设配供应情况	能否掌握核心技术	Technoloyg
7	产品价值		产值，销售量、收入、行业，毛利。主要看附加值比例	价格不能过低	Price
8	发展增长		产品换代，收入增长	行业中期增长在 8%及以上	Develope
9	产业链长			越长越好，注意核心链	Chain
10	进口情况		从初期减少进口，到中长期出口更高级产品	能进口替代	Import
11	出口情况		现状及较大的增长	有出口前景	Export
12	收入弹性	消费者收入变化影响产品需求的变化	注意相关品、替代品的情况	越大越好（我国和发展中国家）	Income Elasticity of Demand
13	价格弹性	产品的价格变化影响需求变化	注意比价情况	适中为好	Price Elasticity of Demand
14	竞争情况		有寡头，或有占领 30%以上市场的企业，要注意		Compete
15	优惠鼓励	法规、政策、文件	优惠，奖励，基金	与其他园区或产业的差别	Preferential Incentive
16	产业政策				Industrial Policy
17	产业转移	产业转出地	社会进步、区域发展、企业周期、产品周期情况决定的产业转移		Industrial Transfer
18	产业集聚				Eluster
19	区位情况		面积、交通	与同类园区距离	Zone Bit
20	典型解剖		消费者或供给者的典型解剖分析。力争围绕主要因素，找出因果关系		Anatomy
21	对比分析		最接近的对标园区，或企业，或消费者进行对比		Compare

资料来源：笔者自制。

外公布。一般情况下，产业准备就绪，特色小镇创建筹备的其他方面工作差不多基本完成了，可以结合开展发布会。

有产业内容的特色小镇发布会比无产业内容的虚概念发布会效果要好得多。像科学家小镇、好医生小镇，不如称为小区。而众多的文化小镇，因为没有产业支撑，文化旅游又撑不起小镇经济，因此其很难发展起来。如果将准备充分的产业内容作为主题，公之于众，可以让人产生信任，而且耳目一新，把产业公布作为创建特色小镇的誓师，意义很大。

第六节　特色小镇产业准备工作的意义

一、产业准备工作的直接作用和意义

创建特色小镇的产业准备工作最主要的作用是正确决定小镇的产业方向，以及产业建设的一系列问题。产业问题，是创建特色小镇的首要问题，也是最重要的问题。从这个意义上讲，产业准备工作的质量、效率、水准直接影响特色小镇创建工作。

二、产业准备工作的间接作用和意义

由于产业在特色小镇中的重要作用，产业准备工作对创建特色小镇的其他工作同样起到重要作用，具体体现在以下几个方面：

（1）打造品牌的作用。特色小镇的字号、主建筑、Logo、文化特点、小镇展厅风格，以至路灯、街边座椅、公园装饰灯最好都与产业相联系。

（2）造势的作用。产业准备期间的专家讨教、专业论证、行业走访、产品体验等都是产业招商前的造势。

（3）培训的作用。产业准备过程是人员培训过程。

（4）开始招商的作用。调查对象一般是潜在投资者，准备期间就可以招商。

第八章　特色小镇产业招商引资的基本知识

一、要点

（1）招商引资：为了一定地区（公司）发展，围绕一定产业，以土地出租、出让或厂房售租为形式，寻找项目、推进项目、落实项目的咨询服务行为。

（2）招商引资的前提是私有制（或产权清晰的经济条件）、资本、投资、市场。

（3）招商引资与投资：资本的本质决定利润最大化，因此有资本就有投资，由于信息不对称，知识有限，有投资就会有咨询服务。

（4）产业招商引资的行政工作指对产业招商引资的计划、布置、统计、资源定价、产业决策、体制确定、机制决定、用地落实等，从行政管理者角度，用行政决定、行政许可、行政监察包括处罚推动产业招商引资工作。

（5）产业招商引资的业务工作是指纯粹按照市场规律，与企业平等关系间的推介、服务行为，包括寻找投资者、策划招商方案、制定洽谈方案、拜访、邀请投资者、洽谈、准备来往文件、签约、特别问题洽谈等。

（6）政府招商指政府及部门，主要是园区，招商局、办进行的招商引资工作。

（7）企业招商指专门或兼营的公司进行产业招商引资，较出名的产业新城建设商华夏幸福、京东U谷、中南科技等。

二、思考题

（1）招商引资最初发生的时间和地点表明了怎样的经济内在规律性？

（2）英文的Promotion，日语、韩语的资本诱致，有什么启示？

（3）如何区分招商行政工作和招商业务工作？

（4）行政（政府、管委会）招商形成的原因和问题有哪些？

（5）行政（政府、管委会）招商体制机制改革的方向、趋势是什么？

（6）产业招商引资与一般的营销比有哪些特点？

（7）产业招商引资和商业、广告、连锁招商的区别是什么？

(8) 为什么产业招商引资不能批发?

(9) 怎样理解山东省委书记刘家义讲的"今天的招商水平就是明天的发展水平"?

(10) 原吕梁市委书记王清宪讲招商变抢商，讲到了竞争的本质，从招到抢，方法应该怎样变?

(11) 原东营市委书记申长友讲招商水平就是发展水平，发展是硬道理，等量替换，可否讲招商引资就是发展，就是硬道理?

(12) 能否在特色小镇讲招商就是发展，就是硬道理?

第一节　特色小镇产业招商引资的概念

一、特色小镇产业招商引资的概念

招商引资也称为产业招商，虽然是使用频率较高的词语，但比较公认的权威定义还没有，基本权威辞书还没收录进去。笔者2010年出版的《招商选资的经营管理》曾对这个概念做过正解，但也没有明确其概念。特色小镇产业招商引资是指特色小镇的运营公司（包括其成立的下属全资、控股子公司），或其委托的公司，为了快速发展，以集聚一定特色产业为目的，以特色小镇的土地出让或标准厂房出租、转让为主要方式，从事的寻项目找、推进项目、实现项目，以及项目后服工作。在英语里是推介的意思（Promotion），在日语、韩语中为"投资诱致"。

二、特色小镇产业招商引资的概念要件

概念的条件：①抽象出本类事物的共同本质；②本类事物与其他事物的根本区别，即特殊性；③本类事物的内涵和外延；④人类认识体系的最小单位。本书的招商引资概念包括五个要件：

(1) 目的性：公司盈利，或政府为区域发展。

(2) 主体性：专门公司，或政府（部门、派出机构、授权机构）管委会。

(3) 领域范围：一定产业。

(4) 主要形式：土地、厂房的出让、出租。

(5) 行为性质：咨询服务。

招商引资行为在2017年国民经济行业分类（GB/T 4754—2017）中属于第6790种。

国外定义：英美的Promotion，日本、韩国的资本诱致。美国哈佛大学威尔斯教授

1999 年从行为的外延上给政府招商引资下了定义。

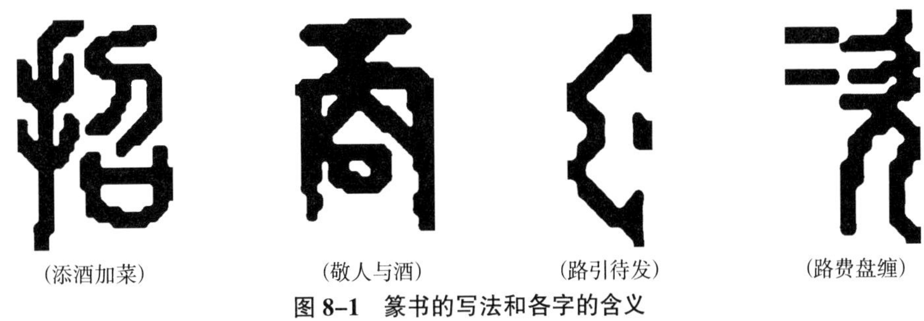

图 8–1　篆书的写法和各字的含义

三、特色小镇产业招商引资的种类

（1）按从事的主体（机构组织性质）分为：①政府招商；②企业招商。

（2）按照行政工作与招商引资的联系是否直接有关分为：①招商行政工作，即指工作性质为行政性，工作的环节和结果与招商引资直接联系，比如编制招商引资规划、统计招商引资数据、召开招商引资会议等；②一般行政工作，即与招商引资联系不紧密的行政工作，最常见的如发放居民身份证、换户口簿等。虽然国务院一再强调简政放权，各地都在推行改革，但在一般的地方，一个受让土地、建设厂房的普通项目要经过 104 个环节。

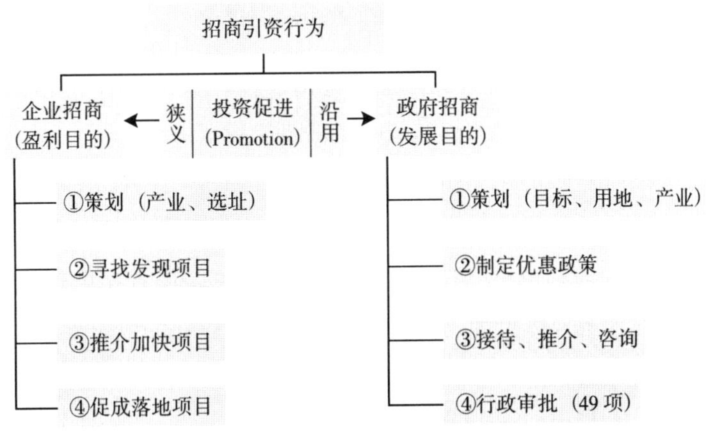

图 8–2　企业与政府在产业招商引资方面的差异

（3）在政府招商引资工作中，要区别招商引资行政工作，如上所述。招商引资业务工作，是指纯粹按照市场规律，与企业平等关系间的推介、服务行为，包括寻找投资者、策划招商方案、制定洽谈方案、拜访、邀请投资者、洽谈、制备来往文件、签约、特别问题洽谈等属于招商引资的业务工作。这种划分在现实中意义很大，有的省市设立了招商委和招商局二级机构，意在理清这两种工作。由于认识和组织上的问题，人们往往熟悉并便于招商引资的行政工作，而真正做招商引资业务的人很少。由此形成了指挥、安排、部署、督促、检查很具体，部门、人员、措施、标准、时间都明确，就是搞招商引资业务的人没明确。这种现象在产业招商工作中比较普遍，需要在特色小镇的产业招商中得以避免。当然，有些行为很难绝对划清，像宣传区域优势和政策、接待一般来访者，则要看信息来源和最后结果了。

四、相关的概念和名词用语

在过去的 30 多年中，招商引资响遍全国，以下概念和用语主要内容与招商引资相同，但有少许差异，使用范围和频率更小。

（1）招商选资，大体相同，强调选择好项目。

（2）招商招智，前部相同，强调引进人才。

（3）产业促进，本质（英文）相同，突出产业。

（4）投资促进，基本相同。

（5）经济合作，外延范围扩大，包括非投资类合作。

（6）经济发展，外延更大，议案。

（7）贸易促进，外延大于产业招商。

（8）承接产业转移，从中观层面，而非项目角度看待这项工作。

五、一般招商、商业招商与产业招商引资的不同

一般招商、商业招商是投资邀请、合作邀请、投资吸引，而产业招商是全方案推介，完整理解为投资促进，是属于资本服务类的直接投资服务。

一般意义上的招商（Attract/Invite Investment），按照我国商法的定义，即招揽商户，它是指发包方将自己的服务、产品面向一定范围进行发布，以招募商户共同发展。常见的有：①企业经销商招商；②广告招商；③电子网络服务招商等。这种招商实质上是以合同为标准的经济合作行为，而产业招商是资本服务的投资推介。

商业招商（Attract/Invite Investment），是指为城市综合体、商业大厦等大型商业设施招揽入驻经营单位的活动，如招品牌店、招售货摊位以及连锁店招加盟等行为。这种行为是促进合作经营，而不是资本服务的投资推介。

产业招商引资，是招揽、推动一个投资建厂项目，与一般招商、商业招商的区别是：第一，服务对象是否有投资行为；第二，服务对象是否到招商引资方设立法人；第三，涉及服务对象的部分业务，还是基本为全部；第四，产业招商引资不像一般招商、商业招商以邀请（Invite）、吸引（Attract）、招揽（Solicit）行为为主，产业招商引资虽然也有上述行为，但主要的行为是推介（Promotion）。

第二节　特色小镇产业招商引资的行为性质、类别和特点

一、特色小镇产业招商引资的行为性质

这种性质的本质是直接投资服务。可以从五个层面理解：第一，咨询服务行为；第二，资本服务行为；第三，直接投资服务行为；第四，有较高综合级水平的专业服务行为；第五，有偿服务行为。

二、特色小镇产业招商引资的行为类别

按照国家国民经济分类 GB/T4754—2017 的划分，特色小镇的产业招商引资行为是代码 6790 类，属于其他资本市场服务类的投资咨询服务。比如，为客户编制投资方案、资源价格分析、市场与消费者分析、商业建议书、可行性研究报告等。

招商引资机构为客户做的不与投资直接联系的服务，比如代为招工、介绍参加协会、联系当地大学等一般性服务是代码 7221 类，属于园区管理服务。此类行为专指非政府部门的各类园区管理服务。

三、特色小镇产业招商引资的行为特点

这种行为与产品营销相比，甚至与一般的招商、商业招商相比，具有以下特点：

（1）服务标的价值大。一般的产业投资在 3000 万元左右，中等的 5000 万元，过亿元的项目哪个特色小镇都会有。几年前一位朋友在课后问笔者，一架空客飞机比保健手镯项目投资 1200 万元要大多了，如何理解标的大小？笔者当时顿住了，好一会才反应过来，飞机产品要与投资的飞机工厂比。

（2）服务涉及全面性。项目大小都是一个整体，麻雀虽小五脏俱全，特别是日本、中国台湾项目，平均要涉及 150 多种大小内容。日本著名椿本链条项目，连生活垃圾怎样处理、是否收费、允许数量都要签在协议里。中国台湾的台达电子项目，连午餐的提供方式、餐食热量大卡、制作环境、卫生条件都要求，更不用讲生产条件了，像电，不但涉及电源、供电条件、允许负荷、价格，还涉及频率、停电次数、保障措施等，这些都是一般产品服务涉及不到的。

（3）服务方式偏抽象。在特色小镇创建初期至多画出项目的位置图、概念轮廓图、

效果图，不像产品可以看到实物。特色小镇发展到一定程度，有了可参观的类似项目就好多了。

（4）数量上不可批发。每个投资人都有自己的秘密，绝不可用批发的方式谈项目。笔者一次接待温州商会组团来考察，共 8 人，其中 4 人有投资意向，我们便集中介绍，共同款待，分别洽谈，效果就较好。

（5）人员素质要求高。

（6）商务成本高。

（7）涉及法律法规产业政策多。

（8）所需时间长。

（9）作用效果大。

表 8–1 产业招商与产品营销的主要区别

内容	资本运作（经营）	产品运作（经营）
价值	大、巨大	小、极小
全面性	整体	一个单位
方式	抽象	具体
数量	逐个、单一	批发、趸售
洽谈情况	一对一	一对批、电子销售、自动取货
人员素质	很高	可高、可低
商务成本	很高	较低
作用效果	变性、跨越、转变的实现可能	变性、跨越、转变的实现不可能
适应的法律	经济法+行政法并重（公司法、合同法、税法、商标法、专利法、竞争、土地、能源等，要求中级法律水平	贸易、合同（比较简单），公民的法律常识+产品专业法律知识即可
主要法律纠纷	各种行政法的适应	质量、货款、供货期

资料来源：笔者自制。

第三节　产业招商引资的出现

一、产业招商引资的出现

特色小镇在资本主义较成熟时期就出现了，称为公司镇，自 20 世纪以来，大企业在美国创建了很多公司镇——集住房、商店、学校、教堂、道路及公园于一身的迷你自治市。在这些公司镇，身为创建者的大企业通常也是最大雇主。根据《经济学人》发布的数据，巅峰时期，美国拥有2500多个公司镇，容纳人口约为美国总人口的3%。以下是19世纪20年代到20世纪初的公司镇情况。从乔治普尔曼小镇，可以证明以下各点：

（1）1886年，著名“学院派”建筑师斯宾塞·伯曼（Sololn S. Beman）规划和设计的普尔曼镇别具风格，充满了田园诗意：联排住宅周围是精心修整的草坪，街道中心是鲜花盛开的花坛，人行道两侧是高大茂密的乔木……除此之外，房型从单身公寓到家庭住宅、农庄小院、丁克住宅不一而足，在旁人眼中，普尔曼镇几乎是乌托邦式的存在。

（2）普尔曼小镇“让工人下班后在就近、文明、卫生、有咖啡厅、剧院的环境中生活”。

（3）推介环境，那是一个消灭了一切丑陋、纠纷和邪恶，慷慨提供了一切，能给人类带来自尊、节俭、清洁、道德的小镇。“这里非常美丽，适宜居住，有很多漂亮的花园和福利设施，除了工厂，还建造了娱乐场所，比如运动场、剧院、教堂、赌场等，这是一个令人愉快、有吸引力的居住场所。当时为世界上最好的工业小镇。”

（4）1893年芝加哥举办的世博会上，有一本宣传册专门向世人介绍了芝加哥市郊的普尔曼镇——美国第一座标准化的公司镇。“这里非常美丽，适宜居住。”宣传册的作用一是招揽工人到此地的公司就业，二是介绍投资者到此建厂。

由可以找到的第一本招商手册推断，乔治·普尔曼在芝加哥郊区首创了盲目的、被动的、原始的招商引资活动。值得说明的是，1893年的经济危机中，普尔曼公司的工人工资以各种形式被裁减25%，房租却连月上涨。忍无可忍的工人们举行了19世纪美国最后一次大罢工。

表8–2 美国较早的部分公司镇情况

公司镇名称	所在州	设立时间	创办人	产业	规模	人口	备注
卢维尔	马萨诸塞	1823年	Merrimack公司	纺织			第一个
施坦威村	纽约	1870年	亨利·施坦威	钢琴	400英亩		在城市内
乔治普尔曼	伊利诺伊	1880年	乔治·普尔曼	机车	400英亩	5000户居民近万人	
斯科舍镇	加利福尼亚	1883年	斯科舍	木业	275套房	500多人	
好时镇	宾夕法尼亚	1903年	宾夕法尼亚	巧克力、糖果			闻名于世
Irvine镇（尔湾市）	加利福尼亚	1960年	Irvine公司		74平方英里	26万人	设计6万人成功
泰布尔罗克	怀俄明州	1970年	科罗拉多洲际天然气公司		55套住房		公司被收购，小镇关闭，失败

资料来源：腾讯财经，2017年10月6日。

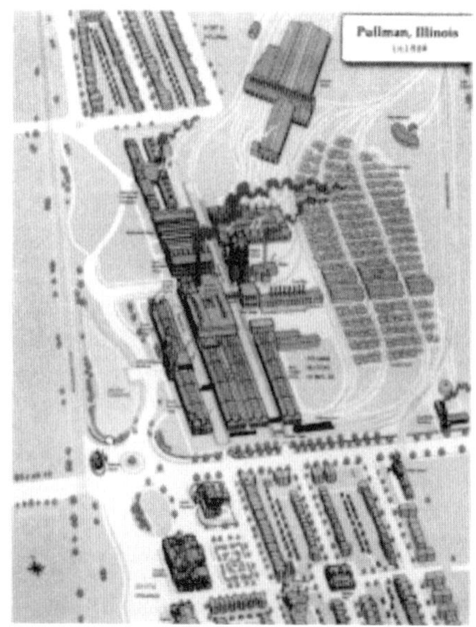

图 8-3 1886 年普尔曼小镇

资料来源：百度百科。

图 8-4 早期美国餐车广告

资料来源：铁路知识钛媒体（TMTpost），2013 年 1 月 23 日。

图 8-4 左边文字：普尔曼车厢，辛辛那提，印第安纳波利斯，芝加哥。

图 8-4 中间文字，是左右的地名。RR 应是机车（Railroad/Railway）。

图 8-4 右文字：纯粹的火车，代顿市，托莱多市，底特律市。

图 8-4 底文字：餐车内部，辛辛那提，汉密尔顿和代顿机车。

从产业招商引资的产生可以得到以下几点启示：

（1）产业招商引资一定是与一定地缘相联系的，否则没有目的性，也就落不了地。

（2）资本、经济一定是与社会相联系的，不论从资本的利润最大化要求看，还是社会合理性上看，人居住与工作岗位的距离和规模是有客观要求的。

（3）我们正在建设的特色小镇，在美、英、德、法、意、日等国家可以得到一些经验，最主要的是企业为主和产业建镇。

（4）特色小镇和企业办社会、产业新城、开发区模式完全不同，一定要结合实际，搞好产业招商。

第四节　产业招商引资的存在条件和社会环境

一、产业招商的存在条件

像其他任何事物一样，产业招商不是从来就有的，也不会永久存在，它是在一定的条件下产生、发展、成熟、壮大，最后消退的。如前所述，它是19世纪中期，即工业革命发生约200年后，资本主义开始成熟时出现的，它需要满足四个方面的条件。

（1）私有制、资本是产业招商引资的前提条件。服务于资本的投资服务，它是资本的延伸行为，是由投资派生的，因此，私有制、资本、投资、投资回报、投资利润最大化等重要的经济制度是产业招商引资的前提条件。

（2）市场化是产业招商引资的基本条件。产业招商引资的结果是实现资源的有效配置，在非市场经济条件下或市场不发达的条件下很难实现参与招商引资。朝鲜在开城办了工业园区，虽是现代公司投资，但整个外部环境不是在市场经济的条件下，根本不可能以产业招商引资配置资源。

（3）工业化是产业招商引资的重要条件。按照经济学家H.钱纳里的标准，人均GDP在1593~11949美元是工业化阶段，虽然我国城镇化进程刚刚到60%，第一产业比重为9%，但我国还处在这个阶段。参与招商引资一定是产业、工业大发展时期，在这个时期，多数项目还是重资产项目，对投资服务要求大，是产业招商的黄金时期。到了经济高级期，技术的因素会极大增加，轻资产项目比重增加，对投资服务的要求会发生新的变化。

表 8-3 H.钱纳里划分的人均 GDP 与工业化阶段

<table>
<tr><th colspan="3">人均 GDP 变动范围（美元）</th><th colspan="2" rowspan="2">发展阶段</th></tr>
<tr><th>1964 年</th><th>1970 年</th><th>2007 年</th></tr>
<tr><td>100~200</td><td>140~280</td><td>797~1593</td><td>工业化准备期</td><td>初级产品生产阶段</td></tr>
<tr><td>200~400</td><td>280~560</td><td>1593~3186</td><td>工业化初期</td><td rowspan="3">工业化阶段</td></tr>
<tr><td>400~800</td><td>560~1120</td><td>3186~6373</td><td>工业化中期</td></tr>
<tr><td>800~1500</td><td>1120~2100</td><td>6373~11949</td><td>工业化成熟期</td></tr>
<tr><td>1500~2400</td><td>2100~3360</td><td>11949~19118</td><td>发达经济初期</td><td rowspan="2">发达经济阶段</td></tr>
<tr><td>2400~3600</td><td>3360~5040</td><td>19118~28687</td><td>发达经济高级期</td></tr>
</table>

资料来源：百度。

（4）经济快速发展是产业招商引资的直接条件。人们一般接受经济发展的动力来源于投资、消费和进出口“三驾马车”。在经济快速发展期，投资一定多，对投资服务要求必然多。

二、产业招商的社会环境

我国改革开放 40 年，坚持以经济建设为中心，以经济发展为目标，虽然不是唯 GDP，但一直将 GDP 作为重要指标，这为产业招商引资创造了良好的社会环境。

（1）几乎在省、地、市、县、乡镇各级政府工作报告中都高调报告产业招商引资工作。

（2）地方领导普遍认为产业招商引资是“一号工程”，属于“重中之重”的工作，要“压倒一切”。

（3）继开发区、产业园之后，推出的特色小镇建设，实事求是，能建设多少就建设多少，为参与招商引资提供了极大的空间。

第五节 我国产业招商引资的发展和变化

笔者从 1984 年筹备天津经济技术开发区至今 34 年，亲身经历了招商引资的发展变化，感慨万千，梳出条理。

一、主管机关的变化

作为参与招商引资工作，几乎涉及经济和社会的各个方面，因此很难讲主管机关，但开发区却一直有主管机关，40 年来，随着机构改革而多次变化，如表 8-4 所示。

表 8-4 不同时期主管开发区（招商引资）工作领导机关表

主管机关名称	起止时间
外资管理委员会	1979 年 7 月至 1982 年 3 月
国务院特区办沿海和沿江开放地区司	1984 年 7 月至 1998 年 3 月
对外贸易经济合作部外国投资管理司	1993 年 3 月 29 日至 2003 年 3 月
商务部外国投资管理司（开发区处）	2003 年至今

资料来源：根据公开资料整理。

需要说明的是，国家的主管机构，主要是管理，比如审批、制定政策，而基层最想要的产业招商指导工作基本不做。商务部属的国际贸易经济合作研究院和商务部培训中心每年组织一些招商引资培训活动。

各省区直辖市、地市县的商务委设有二级经济合作局，投资促进局、招商局。有的省，如云南设省招商委员会和招商局，引导这项工作。

二、产业招商引资政策内容的变化

由于各种原因，我国招商引资的政策变化还是很大的，不仅是程度、领域、产业政策的变化，也有方向性的变化，甚至是相反方向的变化，见表 8-5。

表 8-5 2014~2017 年的政策变化

名称	文号	发布时间	有效时间	主要内容	作用方向	影响分析	注意问题
国务院关于清理规范税收等优惠政策的通知	〔2014〕62 号	2014 年 12 月 9 日	2015 年 5 月 10 日终止（5 个月）	取消不规范的优惠，清理以往做法	收缩并且清理前期	严重负面影响	国家吸取教训，地方抢抓机遇
国务院关于税收等优惠政策相关事项的通知	〔2015〕25 号	2015 年 5 月 10 日	（7 个月）	暂缓执行上文规定	放开	调整力度不够，效果不佳	矫枉过正
国务院关于扩大对外开放积极利用外资若干措施的通知	〔2017〕5 号	2017 年 1 月 12 日	（预计 5 年）	省级政府有权制定优惠政策	更大程度放开	会有积极影响	抢抓机遇不可滥用
国务院关于促进开发区改革和创新发展的若干意见	〔2017〕7 号	2017 年 1 月 6 日	（预计 8~10 年）	开发区制定优惠政策	更大开放	更大积极影响	在于利用

实践中，人们称为“四通知”“三姿态”“两方向”的重大变化。〔2014〕62 号文，是〔2015〕25 号文“暂缓执行”，仍然是有效文件，而〔2017〕5 号文又授权给各省，可以自己制定优惠政策。这些政策变化，对实践特别是对利用外资有一定的

负面影响。

三、产业招商人员、机构、体制、机制的变化

参见本书第十章。

四、产业招商引资目的和任务的变化

1984 年，党中央、国务院关于设立开发区的通知明确规定，要解决发展中的“资金、技术、设备、管理问题”，而住房和城乡建设部、国家发展改革委、财政部关于开展特色小镇培育工作的通知（〔2016〕147 号）的目标是“到 2020 年，培育 1000 个左右各具特色、富有活力的休闲旅游、商贸物流、现代制造、教育科技、传统文化、美丽宜居等特色小镇，引领带动全国小城镇建设，不断提高建设水平和发展质量”。

五、产业招商引资的对象和目标的变化

（1）外商为主，变为内外并重。
（2）外资为主，变为内外资一致。
（3）规模为主，变为科技为主。
（4）税收为主，变为带动性为主。
（5）占地趋大，变为集约为主。
（6）无产业要求，变为有明确要求。
（7）纯招商的方式，变为可合作的方式。
（8）从不拒绝的做法，变为选择客户和项目的做法。
（9）税收优惠为主，变为基金、资金、市场等配套为主。
（10）环保、土地等法律的力度更加全面和严格。

六、竞争和工作力度加强

原吕梁市委书记认为，时下的招商已经变为抢商。东营市委书记申长友提出“招商水平决定发展水平”的新论断，认为今天招商引资的产业结构和水平，就是明天的产业结构和经济水平。武汉着力打造专业队伍、企业家队伍、投资人队伍、校友队伍“四支招商大军”选聘 100 名后备干部成立 21 个专业招商分局，强力推进招商引资。潍坊出台了《关于加快招院引校工作的意见》，成立了招院引校办公室，要实现到 2020 年引入 30 家的目标。东营、淄博等市提出领导干部要拿出 1/3 的精力抓招商，做到重大招商活动亲自参加、重要客商亲自接洽、重大项目亲自推动、重点问题亲自协调解决。

七、产业招商引资的行业作风有了一定好转

产业招商引资行业由于贡献和所在位置带来的风光，掩盖了存在的严重形式主义，甚至一些弄虚作假行为。笔者多年来注意了以下行业形式主义或工作不扎实的现象，党的十八大以后有了很大改善。

表 8-6 产业招商领域形式主义表现的转变

形式主义表现	党的十八大前	现今
举办园区、小镇无项目	一定程度	基本好转
同质竞争无重点	较严重	基本扭转
壮观沙盘无数据	较普遍	仍有
精美画册无项目	较普遍	仍有
盲目寻找无罗盘	较普遍	仍有
招待铺张无效果	较普遍	好转
项目优惠无标准	一定单位	基本扭转
只有计划没有检查	一定单位	好转
项目失败无分析	较普遍	好转
项目成功无总结	较普遍	好转
高喊压倒一切，实际无从下手	普遍	仍然如旧
大喊客户第一，实际无从寻找	普遍	基本如旧
面见客户无分寸	一定单位	基本好转
洽谈随意无方案	一定范围	基本好转
签字奠基无建成	一定范围	好转
报道过好不兑现	一定程度	好转
产值税收讲得高	比较普遍	仍然存在
总结不针对布置	比较普遍	仍然较严重
报告不分析问题原因	比较普遍	仍然存在
多纵向比，少横向比	比较普遍	好转

资料来源：笔者自制。

八、产业招商引资领域的反腐败取得压倒性胜利

开发区、产业园的招商引资领域由于经济效率高，在土地批租，资源定价，确定优惠，以及招待、出境考察等工作中有关领导和负责人员在监管不严格、程序不规范情况下，容易产生腐败。党的十八大以后，在产业招商引资领域，在开发区、产业园的反腐败工作取得了压倒性胜利。当然，还要继续高压、强势确保廉洁创建特色小镇，廉洁招商引资。

第六节　美国等国家产业政策和招商引资情况

一、美国的制造业振兴计划

从奥巴马政府开始，意识到虚拟经济过度带来的就业不足、经济增长缓慢等问题，特别是2007年次贷危机发生以后，美国政府加大制造业振兴计划的力度，2012年初，奥巴马政府正式提出了《美国制造业振兴蓝图》（*Blue-print for an America Built to Last*），并将其作为未来一个时期美国经济政策的核心。采取的政策主要有：购买国货；税收优惠；产业供地；鼓励创新；培育新市场；贸易保护、出口倍增计划等多项措施来实现“重振制造业”“再工业化”。奥巴马曾经在年度大会上为卡特皮乐、苹果等公司关闭境外工厂，在美国开设新厂鞠躬。2017年“选择美国”主题的中国路演在我国6个城市举行，美国多个州的政府官员、商业机构代表展示潜在投资项目，吸引对美投资。东南亚等周边国家，凭借廉价劳动力资源和优惠政策，与我国竞争。

特朗普2018年减税案批准，公司税率将从35%永久性地削减到21%，低于绝大多数发达国家企业税水平，从而对全世界的产业资本形成吸收效应，赴美开厂的企业将越来越多，美国企业的投资率越来越高。从经济学理论上讲，国家的产业招商本质上是资源利用，不同于企业项目的资源配置。

二、新加坡的经济发展局（Economic Development Board，EDB）

1961年，在工贸部下设立经济发展局，是合作的企业性机构，由新加坡私人部门任命董事组成董事局。该局为专门主管招商引资的机构，统一负责全国的招商引资工作，制定政策，协调内外机构、上百家驻外机构，代表国家招商引资；寻找项目，不厌其烦走访客户。同时把企业发展的目标与新加坡经济发展的目的结合起来，将新加坡推销为有吸引力的整合实体——新加坡无限公司。

一是注重吸引外资，1965~1993年，新加坡是发展中国家吸引外资最多的国家。二是建立大型工业园，作为招商引资的主载体。据介绍，新加坡拥有大小工业区38个，仅裕廊工业园内就有企业3500家，为17万人提供就业。三是做足“功课”，对被引进者在全球行业中的排位、市场占有率等进行深入了解，对被引进项目的前景进行科学评估，依靠技术专才跟踪了解全球行业发展的最新情况。

将招商活动分为总理级和部长级，对国家重大项目与重点国家和地区的招商都请总理或副总理带领。

设立奖学金制度，从世界各地特别是马来西亚、中国招收具有潜力的学生到新加坡读大学，并规定这些学生毕业后必须留在新加坡工作 6 年。据统计，在 20 世纪 90 年代的 10 年间，外籍人士对新加坡 GDP 增长的贡献度高达 41%，其中的 37%来自有专业技术的白领阶层。

新加坡的经济发展局通过参与招商引资的统一协调，既抓了资源利用层面的宏观政策，又具体抓了资源配置层面的项目推进。

三、东南亚国家产业招商的竞争

1985 年，“广场协议”签订，日元被迫大幅升值，使日本企业的生产成本上升。因此，日本企业逐渐将生产工厂迁移到制造成本较低的国家，开始是韩国、中国台湾、新加坡，之后是马来西亚、泰国、印度尼西亚以及菲律宾等国家和地区。目前，日本在亚洲区域的对外投资占比超过六成，其中东南亚地区占比 24%。

表 8–7　东南亚国家鼓励外商投资建厂政策

政策	主要国家的代表性政策		特点
降低关税保护；调整汇率政策；提供出口奖励；鼓励外国投资建厂；重点发展劳动密集型产业；设立出口加工区	菲律宾	1983 年，继续发展面向出口工业，重点实施 11 项重工业建设项目	推行面向出口的工业化战略，建立和发展本国面向出口的工业，带动国内经济发展；制造业的引入主要集中在轻纺工业方面；本次迁移以产业迁入为主
	新加坡	1979 年，率先提出经济重组，促使工业技术升级	
	马来西亚	1980 年，设立国有重工业公司，发展部分重化工业	
	泰国	1981 年，发展面向出口工业的同时，重视发展重化工业	
	印度尼西亚	1984 年，提出将基础工业、金属工业和机械工业列为优先发展产业	

资料来源：刘慧悦：《东南亚国家产业转移的演进：路径选择与结构优化》，《暨南大学深圳旅游学院学报》2017 年第 4 期。

新加坡、泰国、印度尼西亚、越南、马来西亚等国是吸引外资的最主要区域，而缅甸、老挝、文莱、东帝汶和柬埔寨在过去的 20 年中在区域内通过外商直接投资路径承接产业转移不明显。从外商直接投资的来源地看，东南亚地区最主要的投资者集中在东亚地区。

东南亚的产业招商政策主要优势：市场开放；人力资源价格低；出口美欧无限制或低限制；市场经济体制国家，不干预经济。

表 8-8　东南亚国家刺激经济发展政策

政策	主要国家的代表性政策		特点
经济金融政策由短期内紧缩转为扩张；合并中小企业；放宽外资进入国内市场的限制；加强市场监管	菲律宾	1997 年，对外开放保险市场，放宽外资进入市场的限制；2000 年，设立资讯技术园区	受金融危机的冲击，本次产业转移的动因之一是资本大量抽逃，因此比较而言具有突发性；产业开始转移到劳动力供给更为充沛、基础设施良好、刚刚进行市场化改革的中国；本次迁移以产业迁出为主
	新加坡	1998 年，解除国内市场高度保护政策，取消国外银行在本地不得享有 40%以上股权的限制等；2000 年得出“工业 21”计划，主张建设知识主导型工业全球中心，推动跨国企业投资	
	马来西亚	1997 年，解除对保险市场外资的限制，提高其缴足资本；2001 年，提出两项经济振兴配套计划	
	泰国	1998 年，提出金融机构合并重组，壮大资本实力	
	印度尼西亚	2001 年，宣布出售国内最大私营银行中亚银行 51%期权；增加政府财政支出，扩大信贷，推动实体经济发展	

资料来源：刘慧悦：《东南亚国家产业转移的演进：路径选择与结构优化》，《暨南大学深圳旅游学院学报》2017 年第 4 期。

四、巴西的产业招商和产业发展情况

巴西是南美洲最大的国家，是金砖成员国之一，曾经是葡萄牙殖民地。巴西的经济发展主要在以下七个阶段发生显著变化：①1500 年葡萄牙殖民开始；②1928 年世界级大萧条；③1964 年巴西军事政变；④1973 年第一次石油危机；⑤军政府还政；⑥1989 年华盛顿共识（政府不干预经济）；⑦1993 年雷亚尔（货币）计划。

（1）绝好的资源。巴西的气候和自然条件为其带来天然的资源条件。1500~1550 年，巴西红木因为可提取燃料被采绝。1550~1700 年，甘蔗周期，让巴西甜了近 300 年。1700~1775 年，黄金周期，又让巴西，准确地说是让葡萄牙殖民注“金灿灿”大半个世纪。1850~1930 年，咖啡占世界咖啡总产量的 75%以上。咖啡吸引了外国移民，发展了铁路及城镇，扩大了工业消费品需求，咖啡贸易创造了财富和有利于本国工业成长的国内环境。咖啡周期后期，橡胶出口飞速上升，从 1880 年的 7000 吨上升到 1912 年的 42000 吨的高峰。

（2）产业发展问题与措施。

1）收入分配不平等最严重的国家之一。

2）初级产品出口驱动，过度依赖国际市场。

3）咖啡种植形成单一的农产品结构。

4）进口替代没有均衡发展本国工业，没有改变对主要资本主义国家的依赖。

5）军事政变后提出“出口即出路”的口号。

6）世界经济危机，咖啡价格跌至1/3，巴西政府为保持继续借外债，最高时为1978年，外债膨胀到了435亿美元。1993年，通货膨胀率增长高达2477%，经济增长为零。

7）以私有化为主要内容的华盛顿共识被强迫接受，换来延期支付贷款和利息。

8）采用实际价值单位计算，并支付薪金，以签订经济合同为主要内容的雷亚尔计划为稳定经济、减少通货膨胀发挥了作用。

（3）利用外资的巴西奇迹。巴西奇迹指1948~1979年，巴西改变对外政策，采取各种措施，积极引进外资，20世纪70年代，外国投资每年递增25%，国内生产总值增长近4倍。到1979年，巴西国内生产总值达2000多亿美元，居拉美各国之首，人均生产总值为1939美元，在发展中国家中也属佼佼者。巴西国内生产总值平均增长率达7.2%，其中在1968~1973年，更是取得10%以上的高速增长，期间让2000万人摆脱了绝对贫困，3000万人进入中产阶层。让全球为之震惊，被称为“巴西奇迹”。

（4）对产业招商引资的启示。

1）加大基础设施建设投入，改善投资环境是“巴西奇迹”的物质条件。

2）明确的利用外资政策是“巴西奇迹”的法律政策条件。

3）资本密集型项目，不一定适合缺少资本的发展中国家。

4）“不惜一切代价工业化”不能过度，以免伤害农业等部门。

五、欧盟的产业招商情况

笔者近几年出访和接待德国、瑞士、芬兰、意大利、捷克、以色列等国家的公司，认为在产业招商方面有以下特点：

（1）主要还是希望输出技术，在中国开辟市场。

（2）大多没有产业化的技术，希望在中国找天使基金，或A、B轮基金。

（3）对投资趋于保守。

（4）对招商引资并不饥渴。

第九章　特色小镇产业招商引资的关键解析

一、要点

（1）建设特色小镇即产业招商引资要坚持的五原则：①坚持创新探索；②坚持因地制宜；③坚持产业建镇；④坚持以人为本；⑤坚持市场主导。

（2）宜居宜业、产业特色鲜明、产业“特而强”：①适合就业，充分考虑就业率，农民就业，脱贫方面；②有特点，考虑与资源禀赋的结合、比较优势的发挥和地区文化特点的体现；③产业规模、技术水平、产出效益。

（3）产业建镇的三个基本问题：①结合资源禀赋，体现比较优势的产业方向；②近100亿元的资本集聚和企业集聚；③企业生产引进服务。

（4）产业招商引资的资本，即招商引资所凭的核心竞争力，专业素养是专业知识、专业能力、专业作风、专业精神的统一。

（5）项目投资与否的最终决定因素是该资本利润最大化和投资的最高回报率。

（6）单一项目的投资成功原因不是招商引资服务，而是投资者的决策，产业招商引资工作至多是条件。

（7）特色小镇创业建成，即形成产业集聚、资本积聚、企业集聚，形成企业集群，实现承接产业转移的原因是产业招商引资工作。

二、思考题

（1）发改委等四部委提出了创建特色小镇要坚持哪五项原则？

（2）决定产业方向时，客户偏好、市场竞争、技术先进、资源禀赋、比较优势各具有什么作用？

（3）进行产业招商时为什么会“心虚”？

（4）怎样理解单个项目的投资成功是投资者成功？

（5）如何理解特色小镇产业集聚是招商引资的成功？

（6）项目是否投资的决定因素是什么？

第一节　特色小镇产业招商引资的原则、目标、要求

2017 年 12 月 4 日，国家发展改革委、国土资源部、环境保护部、住房和城乡建设部联合发出《关于规范推进特色小镇和特色小城镇建设的若干意见》（以下简称四部委意见），为认识和实施特色小镇产业招商引资的关键问题提供了指南。

一、特色小镇产业招商引资的五原则

四部委意见明确规定建设特色小镇要做到五个坚持原则，要在各项工作中坚持贯彻，产业招商引资工作更要遵循，坚决实施。

（1）坚持创新探索。

（2）坚持因地制宜。

（3）坚持产业建镇。

（4）坚持以人为本。

（5）坚持市场主导。

二、特色小镇产业招商引资的四目标

四部委意见在序言、指导思想和特色小镇内涵三部分都提及了发展目标。序言中提出“特色鲜明、要素集聚、宜居宜业、富有活力”。指导思想中提出：“发展产业特色鲜明、服务便捷高效、文化浓郁深厚、环境美丽宜人、体制机制灵活”，即“产、服、文、环、体”五个方面，又在特色小镇内涵中转述了浙江的“四而”经验，不计算重叠，合计 10 个方面，即明确了产业招商引资所要实现的目标，如表 9–1 所示。

表 9–1　四部委意见中的特色小镇目标

内容	序言中的目标	指导思想中的目标	小镇内涵中的目标
产业	宜居宜业	产业特色鲜明	“特而强”
功能		—	“聚而合”
形态		—	“小而美”
机制		体制机制灵活	“新而活”
文化		文化浓郁深厚	—
服务		服务便捷高效	—
环境		环境美丽宜人	—

续表

内容	序言中的目标	指导思想中的目标	小镇内涵中的目标
特色	特色鲜明		
要素	要素集聚		
活力	富有活力		

三、特色小镇产业招商引资的四红线

四部委意见明确提出谨防“四严”，即在产业招商引资中必须严格避免的行为：

(1) 严防政府债务风险。

(2) 严控房地产化。

(3) 严格两约（集约、节约）用地。

(4) 严守生态红线。

四、特色小镇产业招商引资应采取的主要做法

四部委意见明确提出了以下要求，是特色小镇产业招商引资工作应该积极努力实施的方法：

(1) 贯彻新发展理念，改革创新。

(2) 厘清政府与市场边界。

(3) 打造鲜明特色。

(4) 因地制宜。

(5)“三生”结合：生产、生活、生态。

第二节　特色小镇产业招商引资的产业建镇

(1) 2016 年 10 月 3 日，中央财经领导小组办公室、国家发改委、住建部联合召开特色小镇经验交流会，会议强调：坚持产业建镇。2017 年 6 月，国家发改委等四部委提出建设特色小镇的第三条原则是坚持产业建镇。产业建镇，就是要通过发展特定产业的途径来建设特色小镇。国家发改委副主任胡祖才讲“宜居宜业，产业特色鲜明，特而强。坚持产业建镇，就是要根据区域要素禀赋和比较优势，挖掘本地最有基础、最具潜力、最能成长的特色产业，打造出具有持续竞争力和可持续发展特征的独特产业生态，使每个特色小镇和小城镇都有一个特色主导产业，实现以产促城、以城兴产、

产城融合”。[①]

（2）产业建镇的内容主要是解决以下三个问题：

1）什么产业代表区域要素禀赋和比较优势，是最有基础、最具潜力、最能成长的特色产业，即产业方向的决定问题。

2）百家左右的企业入驻小镇，基本 100 亿元的产业投资，即资本聚集和企业聚集的实现问题。

3）100 家左右同产业的企业生产经营，即产业服务问题。

（3）产业建镇的主要方法是产业招商引资。一是开始产业招商引资工作前要做出科学的产业方向决定；二是项目入驻后要做好产业服务。

第三节　特色产业就是规模产业

一、特色产业的含义

特色小镇是因特色产业决定的。特色产业从原理上定义：代表区域要素禀赋和比较优势，是最有基础、最具潜力、最能成长的产业。这种说法很正确，但不直观，还让普通人费解。在现实中，形成产业集聚，构成产业集群，达到一定规模的产业，就是特色产业。从产业规模上定义特色产业有几个益处：一是标准清楚，容易理解；二是目标明确，利于工作；三是反向把握，“不是特色产业一定不能成为规模，成为规模的产业就是特色产业”。

此外，决定特色产业的第一要素是市场，而不是资源禀赋和比较优势。在创建特色小镇时，首先要决定产业，主要是产业方向和规模。用产业招商引资阈值的概念可以表述这一问题。由于制造业的产品市场可能形成世界范围内的垄断、寡头等结构，与地产、服务、教育、文化不同，因此一定要确定招商引资的阈值，即招商引资的规模可能性。要从产品倒算投资（资本）额和自己可能的份额。研究决定招商引资的阈值综合以下六个方面：

（1）首先确定市场规模，可能出售的产品量。以汽车零部件市场为例，2010~2020 年，每年世界市场约为 20000 亿美元，中国市场约为 3 万多亿元（约合 5000 亿美元）。一个汽车零部件小镇的产品年销售，基本为 500 亿元，占总额的 1/60。产品上可为一

① 2016 年 10 月 13 日在特色小（城）镇建设经验交流会上的总结讲话。

类（如铝合金、橡胶塑料、线束、电器等），按 80 家企业，每家 6 亿元左右销售额，每人劳动生产率约为 150 万元/年，每家企业 400 人，该小镇产业工人 32000 人，年税收约为 20 亿元。

（2）产品量与资本量有个系数，比如机械制造，以 8 年技术折旧，10 年设备折旧，20 年房产折旧，50 年地产折旧为固定成本，固定成本与可变成本之比为 1∶1。一般情况为年产品销售价格∶投资=10∶1。

（3）竞争情况，制造企业可能的市场份额。

（4）产品的生命周期。

（5）技术进步情况。

（6）招商引资力度。

二、特色产业的实证

浙江绍兴诸暨的袜业小镇，用小小的袜子产品形成产业规模，成为了世界袜都，构成特色产业。安徽亳州、河北安国成为药都，基本没有明显的资源禀赋和比较优势，即便是杭州的梦想、云栖小镇也很难从“区域要素禀赋和比较优势”上去寻找原因。绝大多数特色小镇形成产业规模，主要是创新实践的结果。

三、特色产业的实现

实现特色小镇的特色产业，即一定的产业规模，主要措施是：

（1）科学的产业方向决定。

（2）产业招商引资。

（3）一定的实践+时间成本。

此外，最主要的就是产业招商引资。

第四节　产业招商引资的资本

产业招商引资就是产业建镇。凭什么进行产业招商引资？换言之，创建特色小镇的资本是什么？有人讲是土地，这显然是不对的。因为中国土地有 960 多万平方千米，3 平方千米建一个特色小镇，如果土地是决定因素，可以建 320 万个特色小镇。产业招商引资的资本按重要性排序为：

（1）具有专业素养的产业招商引资人员。产业招商引资专业素养是专业知识、专业能力、专业作风、专业精神的统一。[①] 产业招商引资，本质上是通过专业的投资推介即资本服务，在特色小镇集聚百亿元产业资本，实现社会的资源配置。

人是创造剩余价值的唯一来源，也是推动发展的根本动力。

（2）专业团队。一个人的力量是有限的，按照一定规则组织起来的团队是倍加的力量聚合。像华夏幸福基业股份有限公司（股票代码：600340），产业招商团队有 1700 余人。

（3）核心竞争力。专业的产业招商引资团队形成的核心竞争力，即具有取胜于竞争对手的能力的集合，表现为：①长期存在；②全面体现；③难以抄袭（卖不掉、学不走、剽窃不了、丢不掉）。

产业招商引资的核心竞争力主要表现为：①对地区资源禀赋的理解；②对产业比较优势的认识；③科学的判断和产业规划。

（4）专有的技术、方法。本书有专章介绍项目寻找、项目推进的有关内容，像华夏幸福基业股份有限公司的大城市周边 60~70 里建新城设小镇的做法，像中南集团（股票代码：SZ000961）“三快四不招”即招商、建设、入园三快，不招方向不符合的、污染的、高耗能的、不注册在园的四不招做法。

第五节　投资项目的决定因素

一、资本利润最大化与最高投资回报率的一致

能够带来剩余价值，最典型的是资本金，即可以投资的货币。此外，技术、品牌、管理、市场渠道、商誉等都可以作为资本，资本的使命是带来剩余价值，天性是追求利润最大化。有的情况下，在一个投资项目上，资本的利润最大化表现为最高的投资回报率。投资者的一切行为都是为了取得最高投资回报率。因此，可以说项目投资与否的最终决定因素是该资本利润最大化和投资的最高回报率，当一个项目同时完全满足这两个条件时，该项目就会被投资。

二、投资回报率让位于资本利润最大化

投资回报率是从微观的单一项目上计算的回报，而资本利润最大化是从投资者整

---

①《习近平心目中的优秀年轻干部是啥样?》，《中国青年报》2018 年 7 月 2 日。

体的全局上计算的，二者会经常不一致。比如，中石油20世纪70年代确定的市场销售战略，大举收购加油站，从单个加油站看不一定是投资回报率最高的，而从总资本看是利润最大的。再比如雀巢公司进入中国市场，几年内奶粉产品就没计划盈利。所以决定项目投资的因素资本利润最大化的作用大于投资回报率。

三、综合计算的投资回报

比如中国一汽集团投资天津汽车集团，要计算的主要效益包括：①与日本丰田合资；②通过夏利使得产品价格和级别结构合理；③实现100万辆的产业规模；④符合国家单车耗油指标。这样复杂的效益绝不是投资回报率能代表的。

四、特殊计算的投资回报

像稀土资源、市场占有率，“一带一路”的国际影响力等都是特别计算的效益。

五、资本代表操纵的投资

资本有本质、有天性、有追求，但没有人格，永远是资本家、资本代表驱使的。资本代表作为人，就有了人性的弱点，就可能犯错误，使投资的项目偏离资本要求。

投资项目的成功，是产业招商引资的成功，但绝不能把产业招商引资作为投资项目的决定因素。产业招商引资是投资项目的条件，至多是重要条件而已，决不能扩大为原因。从20~30年的长时间看，项目投资者往往是更大的成功者。

第六节　产业集聚的决定因素

毫不隐瞒，投资项目的决定因素是投资者，但特色小镇的产业集聚、产业集群乃至特色小镇的建设发展的决定因素是产业招商引资。

产业资本是集聚特色小镇的产业资本之和，有大有小，是隶属于不同所有者的，产业招商引资人员要一一的服务，逐一的推进，最终实现100多亿元的集聚。这就如同学校，一个同学学习好是该同学的主观努力原因，而一个学校的大多数学生学习好，则是老师、校风、环境的外力作用。

产业招商引资与产业资本构成主要矛盾体，推动特色小镇的产业发展摈除特色小镇内产业资本的个性，将产业资本与产业招商引资作为一对矛盾体研究。在这对矛盾体中，产业招商引资作为积极、主动、活跃的方面，是矛盾的主要方面，正是从这个意义上讲，产业招商引资是特色小镇产业集聚的决定因素。

产业集群是产业资本的代表，随着产业资本集聚，产业集群必然出现，它同样也是由产业招商引资决定的。

第七节　产业招商引资的困惑和明晰

前文从认识上明确了五个主要的认知问题，除这五个主要问题以外，一些人还有许多困惑，特别是刚从事这项工作的人员，表 9–2 简单明晰了一些困惑。

表 9–2　招商引资困惑与对策表

困惑内容	对策	目标
政府引导不力（没人才，怎引导）	耐心解释，呈报方案，请出学习考察。最根本的人才问题无力解决，有待政府自己解决	通过，申报
企业主体不利（没利益，何行为）	①去地产化不是不建住宅，应以住宅开发利润补产业；②产业基金撬动，带动；③政府承诺、补贴促进	攻破“产业管”
市场原则不理（规则扭曲市场原则）	发小镇债、特别募集股票等，有买有卖不欺诈就是市场原则，不放开金融市场很难解决资金	金融和社会资本充裕
产业方向困惑	①请专家讲解；②学习有关资料；③尽快突破项目	坚定信心
招商方法困惑	①用大脑风暴法改进；②用德尔菲法提高；③尽快突破项目	坚信自我
没有项目困惑	编攒调改扩（参见第二十四章）——自编项目，引他项目	自编引诱
没有土地困惑	以农民土地流转权为合作基础，尝试新突破	改革推进
没有资金困惑	股权合作，债券债权，信用借款，发展质押，合作开发，赊欠	股债欠赊
没有人才困惑	重金聘任，激励股权，绩效提成，外包自干	重金重奖
没有突破口	自找	自编自导
领导不重视	①多汇报，勤请示；②只报成绩，不出难题；③有令必行	积极争取
没有抓手	请见下节	见下节

资料来源：笔者自制。

第八节　产业招商引资的彷徨和抓手

许多园区小镇对产业招商引资工作不仅认识上困惑，行动上也存在彷徨，常常不知干什么，认为无抓手。笔者多次被询问，日常工作抓什么？产业招商引资工作的已知条件是明确的：

（1） 产业方向和年度任务。

（2）内部因素条件，如内聚力、资源禀赋、比较优势等。

（3）外部因素条件，如政治、经济、社会、技术、环境、法律、军事、国际等（参照波士顿公司分析法）。

（4）确定的领导资源、体制机构、制度机制等。

我们可以将产业招商引资工作确定八个具体抓手：

（1）项目寻找：这是最重要的工作。

（2）项目推进：这是最常规的工作。

（3）产业学习：带着实际问题学基本原理。

（4）制度建设：项目信息、线索管理，企业调查，项目调度会，计划与考核等。

（5）改革推进：承包、股改、合作、外包等。

（6）业务培训：这是无边的工作。

（7）外因条件学习：只能择要学习。

（8）内部条件深知：应尽量深入。

招商引资抓手图见图 9–1。

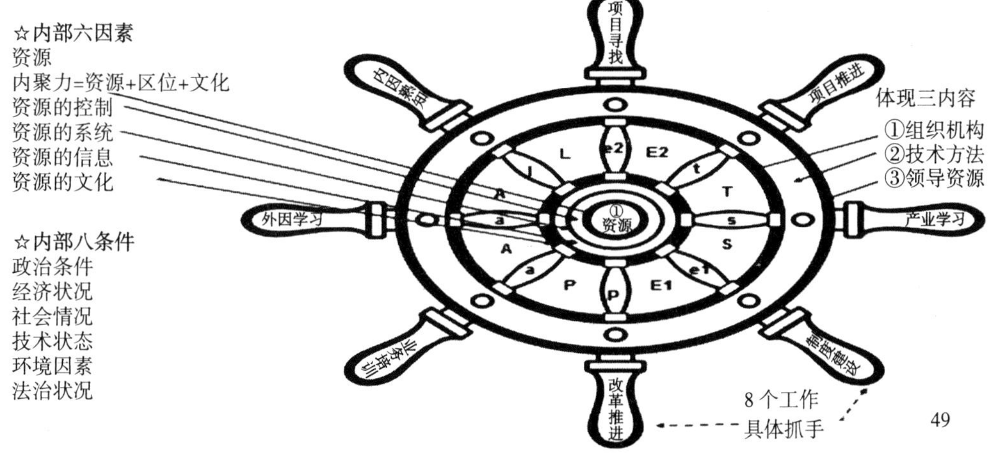

图 9–1　招商引资抓手图

第十章　特色小镇产业招商引资的优势

一、要点

（1）内部因素是事物发展的根本原因，外部因素是事物发展的第二原因，也就是条件。

（2）外部优势不够稳定，有的虽然也是长期存在，但变化不随主体的意愿而为。

（3）产业优势、产业潜力、产业发展、小镇特色度都讲的是特色产业。

（4）科技，或称建设水平主要体现在产品上，主要是产品作用功能，其次是质量，再次是价格，最后是美观、方便等。

（5）建特色小镇，就是自己投资+招商引资。

二、思考题

（1）什么是特色小镇产业招商引资的内部优势？

（2）特色小镇产业招商引资的外部优势由哪些内容构成？

（3）为什么在特色小镇外部优势中产业优势权重最大？

（4）为何在中国产业发展实践中，资源禀赋作用的指导性并不明显？

（5）资本来源有价值吗？

（6）为何产业投资要逐年提高比例？

（7）产业、资金、投资人、人才在特色小镇中是什么关系？

（8）区位优势与交通运输有何区别？

（9）后发优势是否可以理解为越落后越有优势？

第一节　特色小镇产业招商引资外部优势的含义

（1）优势（Advantage）是与其他主体相比具有有利发展的条件。具体含义为：①具有发展势能，不用给力，可借外力发展；②同样动力，发展更快；③不审时度势，徒劳不成。势是内外因素的总和。“势”字一点聚九手之力，而且九又是形容最大之意。应势而谋，因势而动，顺势而为就是如此。

（2）外部优势是不可或缺的发展条件。辩证唯物主义认为，内因是事物发展变化的根本原因，外因是事物发展变化的条件，外因通过内因而起作用。特色小镇产业招商引资的内因（即内部优势）及其养成、发挥作用是本书以下各章专门研究分析的主要内容。特色小镇产业招商引资的外因（即外部优势）是指客观具备，或通过努力能够实现的优越于其他小镇的发展条件。本章将集中研究分析产业招商引资不可缺少的外部优势。

（3）外部优势是客观具体的有利发展条件。产业优势、资金优势、人才优势、区位优势、交通优势、伙伴优势、后发优势以及气候、文化、习俗等都是具体的条件，每一条件都有翔实的内容，都会对特色小镇建设发挥作用。各种外部条件综合构成特色小镇的外部发展小环境。

（4）外部优势构成因素的权重。如表 10-1 所示。

表 10-1　外部条件及权重

外部条件	情况条件级差	分数	权重（%）
产业优势	①市场竞争；②客户偏好；③资源禀赋；④比较优势；⑤发展潜力；⑥产业链长；⑦技术支撑；⑧品牌企业等	50~100	30
资金优势	①5 年>84 亿元；②产业投资平均>50 亿元；③政府投资低于 30%	50~100	15
主体优势	产业可能、资本可能、管理可能、人才可能	50~100	10
人才优势	人才高度、人才比例、人才引力、人才黏度、创新政策	50~100	10
区位优势	区位优势级别=（县域人口/大城市人口）×与大城市距离	分值为 10 分，以此类推	10
交通优势	高速口、高铁站、机场、海港、国际班列，上述设施规模和距小镇距离	50~100	10
后发优势		50~100	10
其他	语言、传统、习惯等	50~100	5
合计	文化	450~800	100

资料来源：笔者自制。

第二节　特色小镇产业招商引资的产业优势

特色小镇产业招商引资外部优势中第一位的是产业优势，也表述为产业发展优势、产业发展潜力（产业潜力）、特色产业等，还可以简称“特色度”。

产业优势在理论上过多地强调资源禀赋和比较优势的作用，主要原因是瑞典学者伊·菲·赫克歇尔和他的学生贝蒂·俄林1919年在《国际贸易对收入分配的影响》一文中提出了生产要素禀赋，被著名经济学家萨缪尔森称为“天才之作”，并于1977年获得诺贝尔经济学奖。近半个世纪以来，经济学界并没出现更好的理论解释产业转移、跨地投资，人们便将该用作解释贸易的理论而解释产业跨地投资了。像信息、生物、制药、航天等高科技产业与生产要素的联系并不大。

笔者认为，产业优势主要由以下八个因素构成：

一是产品技术，技术水平决定市场地位和优势：①独一的；②功能及质量领先的；③成本优势的；④品牌的。

二是客户偏好，特别是食品、服饰，如济南人爱吃的甜沫，武汉人爱吃的油炸臭豆腐，沙特女人的面纱。

三是生产该产品的要素禀赋，如广西、山西的氧化铝，巴西的咖啡、蔗糖，澳大利亚的葡萄酒、羊毛、绵羊油、深海鱼油等。

四是比较优势，即成本低，这在浙江诸暨袜子小镇中很明显。

五是技术发展持续支持，只要是有研发支持机构，在镇外、境外都可以，有明确的技术支持政策即可，不一定非要镇内研发中心。

六是产业链长，合理的产业链接。

七是品牌企业的投资。

八是该产品的规模，可能的市场占有率应>40亿元/年。

产业优势构成及权重如表10–2所示。

表10–2　产业优势构成及权重

内容	条件标准	分值	权重（%）
产品	国际、国内、区域市场情况	50~100	30
客户	偏爱程度、时间黏度	50~100	10
要素禀赋	资源与产品联系程度	50~100	10
技术发展	技术支持度、政策可行	50~100	10

续表

内容	条件标准	分值	权重（%）
比较优势	技术、设备、资源、动力等	50~100	10
产业链长	链接方案合理，可能完成	50~100	10
品牌企业	目标明确，精准招入	50~100	10
产品规模	规模合理，能够实现	50~100	10
合计		400~800	100

第三节　特色小镇产业招商引资的资金优势

一、资金优势的重要性

如果说产业优势是产业潜力，是一种可培养、建设的优势，那么资金优势则主要表现为现实的优势。创建特色小镇，建设特色产业，从开局看，就是投资。不落实初步用的投资，就不要谈启动特色小镇建设。

二、资金优势需要的数量

特色小镇为空间，按照建设时间要求，资本第一年到第五年的投资，不应低于表 10–3 所列投资额。

表 10–3　前 5 年投资额

建设年度	最低投资额（亿元）	政府投资比例（%）	产业投资额（元）	产业投资比例（%）	备注
第一年	10	<30	2 亿以上	>20	产业资本比例逐年上升。基础设施、公共设施投资逐年下降。商业等限额
第二年	13	<30	4.55 亿以上	>35	
第三年	16	<30	7.2 亿以上	>45	
第四年	20	<30	13 亿以上	>65	
第五年	25	<30	21.25 亿以上	>85	
合计	>84	30，<25 亿元	48	>50	

三、资金优势的结构

资金中政府的资金所占比例始终不应高于 30%；产业投资的比例逐年上升，5 年平均要高于 50%，最终应达到 70%左右。

四、资金的来源优势

与限制政府资本相反，特色小镇应青睐金融资本、国际资本、央企资本、国际国内企业500强的资本。出自“名门”的资本，除了支付功能，还有带动作用。

五、资金优势的构成及权重

资金优势构成及权重如表10–4所示。

表10–4　资金优势的构成及权重

内容	条件标准	分值	权重（%）
数量	见表10–3	50~100	70
结构	见表10–3	50~100	20
来源	见表10–3	50~100	10

第四节　特色小镇产业招商引资的主体优势

特色小镇产业招商引资的主体优势是指特色小镇的投资公司在创建特色小镇工作中体现出的优势。这些优势不仅从运营公司的体制、机制、组织、作风、效率、文化等方面决定特色小镇的内部优势，而且在外部主要表现为以下内容：

（1）带来产业发展的可能性，比如中国五矿、中粮、中车、中国电网、南方电网等央企，华夏幸福多年来立足产业发展，碧桂园已与100多个产业巨头签约联合建设特色小镇。

（2）提供足额的资本。

（3）资本水准，包括融资能力、融资成本、资本使用偏好、资本管理、资本运作水平等。

（4）人才来源。

主体优势构成及权重如表10–5所示。

表10–5　主体优势构成及权重

内容	条件标准	分值	权重（%）
产业可能	自身，或影响力，碧桂园+“思科”	50~100	60
资本可能	大的实力	50~100	20

续表

内容	条件标准	分值	权重（%）
管理可能	专的优势	50~100	10
人才可能	影响力	50~100	10

第五节　特色小镇产业招商引资的人才优势

特色小镇产业招商引资的人才优势：从事产业招商引资的人才优势是内部优势；特色小镇内的人才集聚情况，是对产业招商引资的有利方面。

人才优势的构成及权重如表 10-6 所示。

表 10-6　人才优势的构成及权重

内容	条件标准	分值	权重（%）
人才高度	院士，1000 人计划	0~100	10
人才比例	初、中、高级，30%，20%，10%	50~100	20
人才引力	海归，跨省>10%	50~100	20
人才黏度	>3 年	50~100	20
创新政策	制度、做法效果明显	50~100	30

第六节　特色小镇产业招商引资的区位优势

特色小镇很少在城市中心建设，一般会与城市有一段距离，本书根据创建实践，提出了区位优势确定模型，旨在量化区位优势。基本原理：特色小镇选址与最近大城市距离越近越好；特色小镇选址县区人口与最近大城市人口差距越大越好。

将特色小镇选址在全国范围内按位置优势，从好到差，派出级差，小数点四舍五入，分为Ⅰ、Ⅱ、Ⅲ、Ⅳ、Ⅴ……

计算公式为：

区位优势 =（县域人口/大城市人口）× 与大城市距离（千米）

区位优势值越小，表明区位优势越显明。即特色小镇所在县域与最近的城市人口差距越大，距离越近，区位优势越大。

如广东某地，A 特色小镇所在县人口 26 万，与 2000 万人口的大城市 G，距离 150 千米；该特色小镇的区位优势 = 26 万 ÷ 2000 万 × 150 千米 = 1.95，即Ⅱ级。

再如山东某地，B 特色小镇所在县人口 61 万，与 723 万人口的大城市 J，距离 80 千米；该特色小镇的区位优势 = 61 万 ÷ 723 万 × 80 千米 = 6.75，即Ⅶ级。

第七节　特色小镇产业招商引资的交通优势

特色小镇的交通优势是指特色小镇的高速、高铁、机场、海港、国际铁路班列的条件。特色小镇的交通运输与特色小镇的区位优势有紧密的关系，但不是一个问题。

交通优势的构成及权重如表 10–7 所示。

表 10–7　交通优势的构成及权重

内容	条件标准	分值	权重（%）
高速口	30 分钟距离为一级，级高为优，逐次降级	100~0	10
高铁站	30 分钟距离为一级，级高为优，逐次降级	100~0	20
机场	60 分钟距离为一级，级高为优，逐次降级（洲际机场为一级，逐次降级）	100~0	20
海港	60 分钟距离为一级，级高为优，逐次降级（国际大港为一级，逐次降级）	100~0	25
国际班列	60 分钟距离为一级，级高为优，逐次降级（洲际班列为一级，逐次降级）	100~0	35
设施	设施规模和距离	500	100

第八节　特色小镇产业招商引资的后发优势

特色小镇不可能建在最发达地区，按照建镇选址所在地与最近最发达城市的 GDP 比乘以区位优势级别，可得后发优势级别。同样，后发优势可以计算出具体分值。

计算公式：

后发优势 =（大城市人均 GDP/县域人均 GDP）× 区位优势

后发优势 ，值越大有时越大。即特色小镇所在 1/县域与距离最近的大城市人均 GDP 差距越大，区位优势越大，则后发优势越大，或 GDP 差距越大，距离越近，后发优势越大。

如 B 特色小镇所在县 2016 年人口 61 万人，人均 GDP 73000 元。最近最大的城市人口 723 万人，当年人均 GDP 13577 元。

B 特色小镇的区位优势 135770 元/73000 元 × 80 = Ⅶ级；

B 特色小镇的后发优势 135770 元/73000 元 × 1/7 = 0.265（其他假设相同）。

而，前述 a 小镇的区位优势为Ⅱ级，计算 a 特色小镇的后发优势：

a 特色小镇的后发优势 155000 元/34000 元 × 1/2 = 2.257（其他假设相同）。

可见，a 的选址其区位优势、后发优势都好于 B 的选址。当然还要看其他六项因素，以及本章为展开分析的文化、传统、习俗等因素。

第十一章　特色小镇的产业人才战略

一、要点

（1）特色小镇的产业人才指具有良好的人品、需要的专长、创造创新性思维的人。

（2）人才的突出特征是进行创造性劳动。

（3）人才的贡献已超过30%。

（4）“镇饷”是本书的建议，给特色小镇建设者、居民（建设者的1/10）一份机会收入，以提高建设热情和关爱，资金来源为留成税收与运营公司盈利。

（5）人才的“委企共敬机制”是本书建议，指特色小镇与用人企业共同联系、相互尊敬，依靠人才发展特色小镇的机制。

（6）人才小镇是本书提出的建议，以顶级人才的影响力、一般人才的数量比例、收入贡献、津贴待遇、生活学习环境和满意度为特色小镇的补充评价指标。人才集聚是真正的特色。人才聚，则资本聚；人才留，则小镇成；人才干，则小镇兴。

二、思考题

（1）怎样理解李瑞环很早就提出的“学历≠能力≠水平≠贡献”模型？

（2）按照熊彼特的观点，为何厂长经理≠企业家？

（3）专门技能的含义和标准是什么？

（4）产业招商引资是专门技能吗？

（5）人才比普通劳动者的收入高10~15倍，能否吸引和留住人才？

（6）为何讲企业对人才，包括对普通劳动者不是产权所有关系？

（7）怎样选聘产业招商引资人员？

（8）怎样理解通过人才镇的建设，将人才环境具体化？

第一节　特色小镇的产业人才

一、特色小镇的产业人才

人才是指具有一定的专业知识或专门技能，进行创造性劳动并对社会做出贡献的人，是人力资源中能力和素质较高的劳动者。创建特色小镇一定要依靠人才，千头万绪的创建工作的每一项都靠人才完成，产业建设和产业招商更是如此。

（1）要强调产业人才专业知识和学历、培训证书的关系。但逻辑上和事实上存在有学历无能力的情况，也存在有能力无学历的情况，不同的是比例。

（2）对特色小镇来讲，产业人才的专门技能比专业知识更重要。领导工作、产业招商、产品营销专业技能更重要，比如德州扒鸡、天津狗不理包子的制作，主要依靠的是专门技能，即工艺。

（3）人才从事的是创造性工作。一是要劳动，要将专业知识和技能用于社会；二是要创造性劳动，人才与人的本质区别是劳动是否具有创造性。

（4）对社会做出贡献。社会不以成败论英雄，但追求的人才只能是在岗位上成功做出贡献的人。李瑞环常讲人才不等式，即：学历≠能力≠水平≠贡献。按照国际一般的标准，产业人才的年薪应是普通劳动者的10~15倍，按照2018年的物价指数，不应低于60万元。

（5）人才不论职位高低。就像英雄不问出身一样。产业人才非常需要领军人才，更需要各层级的人才。像技术骨干掌握的工艺方法、生产线上的关键岗位技术工人，实践经验更重要。

云南文山州砚山县对园区每个企业的工人技术骨干发2年每月1500元的补助。

特色小镇产业人才是指在选定的产业范围内，具有直接的和相关的专业知识或专门技能，进行创造性劳动，对特色小镇及社会做出贡献的人，是人力资源中能力和素质较高的劳动者。所谓的专业知识和专门技能，直接的指特色小镇的主产业，间接的指上下游产业和所涉及的相关专业，比如某铝电子（制品）特色小镇。产业人才的专业领域包括：

（1）直接技术专业。电子、半导体、通信工程、机电一体化、自动化、金属制品与加工、机械制造与加工、新材料、有色材料加工、材料、有色冶炼等专业。

（2）间接技术专业。新能源、输变电、计算机、网络、大数据、工业设计、冶金等专业。

(3) 管理与社会科学专业。企管、营销、财务、人力资源、市场调查、广告、公关、工商行政管理、外语。

产业人才不仅有专业标准，更需要人品道德标准。应当满足以下三条：

(1) 具备良好的人品。

(2) 在博学广识的基础上，在某一个领域或某些领域有所专长。

(3) 效率高，讲方法，洞察力强，吃苦耐劳，有创造性思维。

二、创建特色小镇所处的人才环境

近年来，自然科学突飞猛进，特别是计算机、互联网、大数据、云计算以及智能化，一方面学科越来越多，分工越来越细，研究越来越深入；另一方面学科间的联系越来越紧密，相互间渗透的程度越来越深，科学研究朝着综合性方向发展，产业朝着跨界融合发展。凭借个人能力很难全面掌握所需的知识、专业，出现了越来越多专门领域的拔尖人才，而通才式的大师较少。工业体制的分工原则渗透到社会的方方面面。不仅技术行业如此，在人文思想领域同样出现了细致的专业分工；许多学科越来越多地成为集体性的流水化作业。精英化的个人学术传统正被一个平庸时代磨灭。自然科学已有 4000 多门，社会科学仅哲学、经济学、社会学就包括 300 多个门类；各学科还在不停地分支、移植和嫁接。这种社会条件下，要以人才环境建设为重点，通过构筑人才集群来实现创建特色小镇的工作目标。

三、特色小镇产业人才的作用

人才突出的特征是进行创造性劳动。创建特色小镇是社会创新，科技创新是生产新品，工艺创新是提高质量效率或者降低成本。企业管理创新是生产要素与生产条件的重构。奥地利籍美国经济学家约瑟夫·熊彼特认为，不创新生产函数的企业领导不是企业家，仅仅是经理、厂长。[①]

据专业部门统计，人才资本对经济增长的贡献已经超过 30%，2020 年将达到 33%。特色小镇的创建，需要一大批各类人才的共同努力。正是这些人才的合力，奉献给社会一个个特色小镇的精品。20 世纪 50 年代，法国经济学家弗朗索瓦·佩鲁（Francois Perroux）提出经济发展的主要动力是技术进步与创新。创新集中于规模较大、增长速度较快、与其他部门的相互关联效应较强的产业中，具有这些特征的产业称为推进型产业。按照他的观点，特色小镇的产业一般都是推进型产业。

---

① 熊彼特：《经济发展理论：对利润、资本、信誉、利息和商业周期的探索》，中文名《利润、资本和利息》。

四、特色小镇产业人才的构成

（1）按照国际上的分法，普遍认为人才分为学术型人才、工程型人才、技术型人才、技能型人才四类。特色小镇最需要的是后三种人才。

（2）按照专业分，可参考我国大学本科专业设置。特色小镇需要的专业参见前文。

（3）按照级别分为特别级（院士）、高级（高工、教授）、中级（工程师、高级技工）、初级（助理工程师、中级技工）。

第二节　特色小镇的产业人才战略

一、人才战略（Strategy）

人才战略是指为实现创建特色小镇的目的，把人才作为一种战略资源，对人才培养、吸引和任用做出的重大的、宏观的、全局性构想与安排。

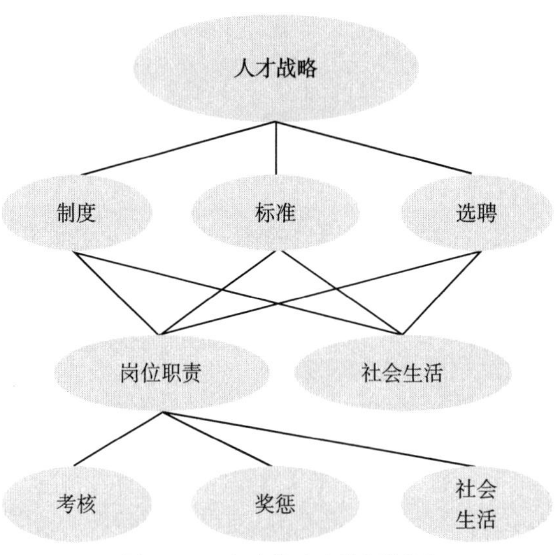

图 11-1　人才战略实施逻辑图

资料来源：笔者自制。

“产业建镇”的第一步是“人才发展战略”，“人才发展战略”的第一步是“用人制度改革”，“用人制度改革”的第一步是建立真正的、突出的、有效的、坚定的“人才激励机制”。这是自身改革最大也是最体现效益的一步。在创建特色小镇工作中，或特色小镇的运行建设中，可以大胆、坚定地下定结论并以行动积极响应——兼顾公平，优先发展原则！孟尝君千人门客传为佳话，萧何月下追韩信终得厚报，刘备三顾茅庐后成大事，而今王坚在云栖特色小镇的突出贡献都会让我们更加坚信人才的作用。

二、特色小镇应有的产业人才观念

人才观念，是指人们对人才的识别、选拔、管理、培养、保护等方面的根本看法，决定着人才选拔的标准和用人制度的基本导向。不同系统、不同时间、不同任务目标条件下，具有不同的人才观念。特色小镇作为完全创新的发展空间，对决定成败的产业人才应有独特的创新观念。

（1）将特色小镇作为共同发展平台。特色小镇的企业、管委会要与产业人才共同创业、共享发展成果。企业或特色小镇是主体，产业人才是市场标的，用价值衡量、货币驱使一般商品的观点是错误的。正确的观点是，人才与用人企业平等，用人企业以货币购买的是人才的劳动，而不是劳动者，因此不能视人才关系为产权关系。要树立产业人才的劳动是为己所用，而非为他人所用的思想。特色小镇是包括人才在内的大家共同的小镇。

（2）合作发展是人才战略的核心内容。应该摈除特色小镇先发展、产业人才后发展的认识，应确立产业人才率先发展，特色小镇紧跟发展，人才先成功、小镇同发展的观念。

（3）人才的层次要适用为好，不是越高越好。既要高屋建瓴，又要低屋见瓦。让各层次产业人才为业而往，择镇而栖，形成产业人才惺惺相惜的人才群。

（4）处理好重用与重奖、使用与服务的关系。对产业人才来讲，工作担子重于工资单子；对用人单位来讲，工资单子大于工作担子。这样处理劳资关系，就一定能成功。

（5）最大限度货币化关爱。对社会、市场可以实现的服务，用人单位应一概用货币表示，而对特殊的医疗、教育等难以用货币购买的服务，要通过政府这只“看得见的手”帮忙。

三、人才高地原则

特色小镇要通过创新实现快速发展，必须将自己的区域建成专业化的人才高地。特色小镇的人才高地主要表现为：

（1）高薪水聘高学历、高能力人员走上岗位。

（2）高奖励保高效率，让高产出行为创造辉煌。

（3）高目标推高素质，助高抱负人才体现价值。[①]

四、创新用人机制

（1）特色小镇产业人才的委企协同机制。特色小镇管委会无论是行政机关的派出单位，还是事业编的全额（或部分）预算拨款单位，其职责是负责整个小镇的发展，而入驻特色小镇的企业是以自己企业发展作为目标的，在人才的聘请、任用、共享上有一致的方面，也有不一致的方面。因此，建立委企共敬机制，让人才发挥最大的作用，对特色小镇建设意义极大。人才的劳动，通过劳动成果体现价值贡献，最有代表性的是知识产权价值使用，即多次使用、反复使用，增加的成本很少。企业已付产业人才工薪，特色小镇管委会再适当表示即可。

委企共敬机制主要包括：

1）组织，如协会、联谊会、研究会、同业会等。

2）宗旨，以休闲、娱乐、慢生活为好。

3）经费，一定由特色小镇管委会支付，不要收费。

4）活动，生活与工作之比为6∶4。

5）领导，特色小镇管委会要派专职秘书，要有分管领导，但会长或理事长要来自企业的德高望重者。

6）性质，特色小镇的人才俱乐部，沟通政府与产业人才的桥梁。

7）目的，使人才感到除所在企业外，还有工作和社交渠道。

（2）设立、委任特色小镇的特别职位。设立资政、名誉镇董、首席科学家、荣誉镇民、小镇功臣等，让产业人才对特色小镇产生厚爱，自觉贡献力量，使特色小镇更具人情味。

（3）设立特色小镇镇饷。对产业人才，实行镇饷制，让产业人才充分享受特色小镇的发展成果，让产业人才的收入在劳动之外，还有机遇收入和资产收入。镇饷制的主要内容为：

1）特色小镇的产业基金和最有盈利可能的运行公司对产业人才开放。

2）对产业人才实行优惠的增、购双轨待遇：增，体现发展收入，购，体现财产收入。

3）管委会保底所购基金或入股资金，实质是对产业人才的入镇优惠。

4）产业人才购买的股权随时可以变现，受赠的要有3~5年禁期。

5）镇饷的来源是运行公司的盈利、土地收益和上级行政机关的税收奖励。

---

① 张鸿儒：《产业园区的经营管理》，经济管理出版社2013年版。

(4) 打造人才镇。以顶级人才的影响力，一般人才的数量比例，收入贡献，津贴待遇，生活学习环境和满意度为特色小镇的补充评价指标。人才集聚是真正的特色。通过人才镇的建设，将人才环境具体化。

第三节　特色小镇产业招商引资的人员

一、产业招商引资人才决定产业发展

一个特色小镇确定了正确的产业方向，明确了产业招商的行政和业务机构，那么，特色小镇能否建好的决定因素就是产业招商引资的人才了。毛泽东曾讲“正确的路线确定之后，干部就是决定的因素”。[①] 习近平总书记讲，人是决定的因素。[②] 特色小镇的成败、好坏、快慢、水平、贡献和影响力取决于产业发展，而产业发展取决于产业人才，产业人才首要的是产业招商引资人才。

二、人才的三观和前提

谈及产业招商引资的工作人员，涉及人的本性，如世界观、价值观、人生观等最根本也最难说清的问题。胡锦涛提出的党员三观，即事业观、工作观、政绩观，佛教中的三观，即空观、假观、中观，都是讲人的生活、工作、处世观点和原则。因为只讨论产业招商引资人才问题，因此假设一些有关人的前提：

(1) 人是自私的。

(2) 人是为谋生，即为报酬工作的。

(3) 在讨论的特色小镇产业招商引资公司人员中，暂不包括腐败分子，但要坚持反腐败工作和各种监督。

(4) 在讨论的特色小镇产业招商引资（单位）公司工作人员中，暂没有雷锋式的人物，但要坚持学习雷锋。

(5) 因为时间等原因暂时无法改变特色小镇产业招商引资公司工作人员的三观和习惯、生活规律等。

(6) 人的智商、情商、长相、家庭条件、人脉、机遇、胆识、追求等是不同的。

---

① 毛泽东：《中国共产党在民族战争中的地位》，1983 年 10 月 14 日。

② 黄迎旭：《学习习主席国防和军队建设重要论述贯穿的军事辩证法思想之三》，中国军网、国防部网，2017 年 1 月 9 日。

（7）成功的原因和条件：20%的智商、40%的情商、40%的机遇条件。

在上述的前提条件下，讨论产业招商引资人员。

三、产业招商引资人员选聘

司马迁2000多年前讲过“天下熙熙皆为利来，天下攘攘皆为利往”。[①] 公司和应聘者是人力资源市场的双方，以合同约定各项，比较简单，主要是价格（工薪）和标的（劳动成果）标准。

由于产业招商引资工作的复杂和不规范，所以为选聘带来难度。选聘人员的难点是认清人的外在条件和潜能与岗位的关系。笔者在实践中简单总结了选聘招商引资人员条件因素，见表11–1。

表11–1 选聘招商引资人员条件因素简表

性格	脾气	形象	表达能力	沟通能力	工作经历	人脉关系	学历	专业	水平	适合职业	评价
外向	急	善美	优秀	优秀	两大（机关、单位）	极强	留学博士	MBA	高	经商	最好
外向	慢	善	良好	良好	一大	广泛	名校	商法工	高	当官，可能错失机会	好
外向	急	美	一般	一般	一大	一般	重点	一般	低	一事无成	一般
内向	慢	一般	困难	困难	一中	一点	一般	其他应用专业	高	幕僚	一般
内向	急	恶	较差	较差	一小	弱	业务	一般	高	教师	最差
内向	急	丑	缺陷	缺陷	无	无	无	一般	低	后勤服务	最差

选聘人员要处理好以下问题：

（1）学历越高越好。在能力既定、能力相同或无法证明的情况下，只要能够承受工薪，越高越好。

（2）专业越准越好。如在中医药小镇招聘产业招商人员，公共卫生、中医、护理、牙医、医疗器械、医院管理等专业不如药学专业，最好是中药专业。在智能制造小镇招产业招商人员，机电一体化、机械自动化、仪器仪表等专业就更好些。

（3）经历越近越好。招聘人员的经历越接近岗位越好。

实践中对以下不适合岗位的人应特别谨慎：

（1）性格与脾气搭配上不适合，如内向、急脾气。

---

①《史记》第一百二十九章“货殖列传”。

(2) 外在形象不适合，如较特殊，过低、过高、过胖的人。

(3) 行为举止不适合，如有眨眼、抽鼻、耸肩等习惯的人。

(4) 职业条件不具备，如口吃及不说普通话的人，晕车、船、机的人。

(5) 职业认识不清晰，如没有职业设计，连续跳槽 3 次，每次短于 2 年的人。

四、产业招商引资人才的岗位责任

正确认识产业招商引资的行业状况，是确定产业招商引资人员的基础条件。产业招商引资行业，由行为性质、客户特点、项目规模和复杂程度等因素决定，业务工作的特点是以业务领导为核心。在项目信息寻找、具体项目推进中，领导像持刀骑马的大将，一般的人员像站在后方的士兵，大将胜项目成，士兵高喊向前冲。这种现状短期不会改变。明确行业现状，得出两点启示：一是业务领导更要发挥表率作用；二是一般员工的工作更要深入、扎实。

一般项目经理、项目主管人员的任务职责如下：

(1) 项目信息开发。虽然大中项目的信息 95%来自政府和领导，但余下的 5%是 100%的努力目标，而且应占工作时间和工作量的 70%，具体方法参见本书的第二十四章。

(2) 接待、安排事务性工作。如提交接待日程、座谈议程、洽谈议程、考察方案等并进行工作记录、文件归档。

(3) 收集材料。主动、有系统收集与项目有关的各种资料。

(4) 项目调查。

(5) 拟定项目推进方案。找出项目推进的重点、关键、主要困难和问题，并提出分析和对策，制定项目方案。

(6) 起草项目工作文件。建议书、商业建议书、可行性研究等文件草案。

五、产业招商引资人才的培训

既定的前提是短期不能改变人才，但对人才特别是产业招商引资人才很重要，因为这一行业时间较短，大多数人都是第一次做这一工作，培训和帮助其提升是非常重要的。

(1) 必要的理论和基础知识。如产业经济学、区域经济学、投资学、国家特色小镇政策和情况等。

(2) 针对性培训。市场上和商务部门、高等院校的产业招商引资培训也不少，但大多都是讲情况、政策，至多讲些经验和做法，比如讲上海、青岛、天津、苏州、广州、大连的经验，虽有启示，但多不能用。特色小镇需要的是可以最大程度借鉴的经验和直接可用，或稍作调整就可用的技术、方法。比如特色小镇的产业决定，精准化招商网站建设，展厅的精准化招商作用，项目推介资料的编制等。

（3）工艺性培训。欧美国家喜欢将作业指导书（Work Instruction）当成我们说的工艺文件，即将工作拆解成不同的阶段，再划分成为更小的单位，然后规定具体的方法和目标标准。比如：①项目信息寻找；②项目研究判断；③项目潜在投资人确定；④项目联系与接洽；⑤项目难点解决；⑥项目推介方案制定；⑦项目洽谈方案制定；⑧项目建议书、商业建议书、可行性研究报告等的撰写；⑨项目签约后服务等。

（4）以干代训。产业招商引资人员的培训最主要的还是工作中的以干带训。这就要求：①在不引起反感的情况下，参加工作的人员尽量多；②及时召集分析会，多吸收人员参加；③项目成功失败都开总结会。

六、产业招商引资人才的工作作风

在特色小镇的产业招商引资部门，通过培训和工作，要较快养成与特色小镇建设发展相适应的、与所要发展的产业有联系的一种特有作风。这种作风要包括：

（1）想项目要废寝忘食。

（2）找项目要千方百计。

（3）投项目要全神贯注。

（4）拼项目要狠过猛兽。

（5）抢项目要快如鹰兔。

（6）笑项目要成败有韵。

第十二章　特色小镇产业招商引资的机构和体制

一、要点

（1）特色小镇产业招商引资的体制是指从事产业招商引资单位的组织性质，即资本性质、主要制度和运营的主要规定。

（2）特色小镇产业招商引资的实施机构是指从事和完成产业招商引资工作的单位，以特色小镇运营公司为好。

（3）特色小镇运营公司的性质由该公司投资的资本性质决定。

（4）最优的体制即最优的资本结构或资本组合。应该表现为所有投资人优势的集合、所有投资人劣势的避免。

（5）判断民营资本的因素：①实力因素，资产200亿元左右；②历史因素，经营期5年左右；③管理因素，形象、责任、违规和涉诉情况等；④效益因素，有良好的经济效益；⑤关联因素，特色小镇应与该公司的业务有这样或那样的联系，最好是产业的联系；⑥法定代表人和主要管理人因素。

二、思考题

（1）划分特色小镇产业招商行政工作和业务实施的依据、必要性与目的是什么？

（2）对特色小镇运营商的投资，从空间范围上可以分为哪几种来源？

（3）对特色小镇运营商的投资，从资本性质上划分有什么不同？

（4）特色小镇运营商的不同投资者的目的是什么？

（5）为什么要限制特色小镇运营商中的国有资本比例？

（6）为什么要民营资本作为特色小镇运营商的大股东？

（7）特色小镇运营商的最优体制和合理体制的区别是什么？

（8）让民营资本成为特色小镇运营商股东一般要满足哪些条件？

（9）为了让民营资本成为特色小镇运营商股东，可以采取哪些措施？

（10）为什么说争取外资成为特色小镇运营商的股东是可能的？

(11) 全融资本成为特色小镇运营商股东的意义有哪些?

(12) 什么情况下可以接受风险资本成为特色小镇运营商股东?

(13) 比较国企、民企、外企和上市公司各自在特色小镇运营商做股东的突出优势。

(14) 为什么说体制优势的作用是可能的、潜在的?

(15) 怎样认识体制优势作用的度?

第一节　特色小镇产业招商引资的机构

根据工作自身的性质，为分析得更加透彻有利于推动工作发展，本书坚持将产业招商引资工作分为行政管理和业务实施两方面。

一、特色小镇产业招商引资的行政管理机构是特色小镇管理委员会

(1) 其行政权力来源于为所在地县市政府授权。

(2) 其职责如下：

1) 代表政府对产业招商引资工作实施领导、部署、督促、检查；

2) 向上级单位汇报、反映产业招商引资工作情况；

3) 代表政府，在权限内制定小镇的产业政策；

4) 代表政府，在权限内确定有关资源价格和投资优惠条件；

5) 衔接土地、环保等行政部门工作；

6) 一定的造势、宣介、公关工作；

7) 衔接政府领导参加接待、考察、洽谈事项。

(3) 其工作目标是以行政手段促进产业招商引资工作，特别是项目推进。

(4) 其核心是让投资者“最多跑一次”的系列改革创新举措。

特色小镇产业招商引资业务的实施机构根据小镇的具体情况可以采取以下设置：

(1) 特色小镇管委会负责产业招商引资的实施，身兼产业招商引资行政与业务，即管理与项目双重职责。这种情况是比较多的情况，但不是最佳方案，也不符合发展趋势。

(2) 由投资开发特色小镇的企业，或其下属（全资、控股）企业负责产业招商引资的实施。这种方案好于第一种，利于专业化、市场化。像华夏幸福、碧桂园、绿城、恒大等地产兴办的特色小镇都是如此，但不可迷信这些地产大鳄，他们搞房地产的确非常成功，但面对产业招商也是全新课题。

（3）外包给专门的产业招商引资公司。这种方案则要求承包的公司具有卓越的能力，一般要以过往业绩证明能力具有现实可能，应避免由该公司决定特色小镇成败的情况。

（4）设立政府和投资开发特色小镇企业的合资公司，承担产业招商引资任务。

（5）其他方式。

二、特色小镇产业招商引资机构的名称

第一，充分体现产业内容和主营范围。行业以产业促进为好，产业促进最能反映产业招商引资的本质属性，产业发展、产业服务、产业咨询等均可。如×××（行政区域地名）×××（特色小镇字号）铝制品产业促进有限公司。

第二，直接表示与特色小镇关系，行业表示为特色小镇运行服务有限公司。可简称为特色小镇运营商。

第二节　特色小镇运营商的投资者分类

浙江特色小镇评定规范中讲的“企业主体”指的是特色小镇运营公司，它的体制即资本性质，是特色小镇的最重要问题之一，也是产业招商引资的首要问题。从现象上看，特色小镇发展得好坏取决于运营商的行为。从本质上分析，特色小镇运营商的行为取决于其体制的合理。特色小镇运营公司的投资者对其体制具有决定性的作用，这种决定性作用是投资者权力的体现，因此，认真研究、正确选择特色小镇运营商的投资者是决定特色小镇运营商体制，进而影响产业招商引资工作的一个重要理论和实际问题。特色小镇运营商投资者按不同的标准有如下划分：

一、按照投资的性质分类

（1）国有资本。包括中央企业、省属国有企业、地市县国有企业以及县级政府在开发区用于发展的资本。

（2）境外资本。指境外公司、自然人的资本。准确地讲，不包括性质是中国资本，但已出境，又从境外回投的资本。

（3）上市公司资本。指公司已上市的投资。

（4）自然人资本。绝大多数情况下，表现为单个自然人或几个自然人合作的投资。

（5）民营资本。有可能是自然人的资本，也有可能表现为自然人投资企业与企业的

合作投资或自然人投资企业与自然人的合作投资的资本。

（6）混合资本。以上五种资本按不同的种类和数量的组合资本。

二、按照投资来源的分类

（1）本地资本（也称地缘资本）。包括本省（市、县）的国有资本、民营资本、私有资本和外商在本地的资本。

（2）外地资本（也称省外境内）。本国境内，但本省（市、县）以外的资本。

（3）境外资本（简称“外资”）。包括港、澳、台资本，也包括性质是中国资本，但已出境，又从境外回投的资本。

三、按照投资的直接目的分类

（1）为产业拓展目的的资本。这类资本大多来源于原产业，但也有其他产业想进入该产业而取得发展的资本。这类资本是通过产业拓展方式实现盈利，有的是为了直接盈利，有的是为了从整个产业布局或产业链上其他环节的盈利而考虑的。

（2）以盈利为唯一目的的金融资本。这类资本来源于金融机构，唯一目的是盈利，对其他因素并不关心。这类资本的投资人主要出于对该产业的偏好。

（3）以抓住机遇为目的的投机性资本。这类资本是投资人看到了特色小镇的建立和发展会有较大的边际收益率，较高的投资回报率，以抓住机遇为目的的投入。这类资本关注的重点是特色小镇的发展速度和由此决定的运营商利润。

（4）以土地机遇为目的的房地产资本。这类资本首先出于国家对商业房地产政策的调整，其次出于自己产业发展的战略考虑。投资特色小镇，一是寻找将来有可能得到的商业机会，拓展自己的业务；二是建设一定数量的标准厂房用来出租或出让，开展工业地产业务；三是有可能得到的土地一级开发整理业务。

（5）以跟上快速发展、赚取更多利润为目的的自然人或民营资本。这类自然人或民营企业得到特色小镇建立的信息和机遇后，有资金实力，也有实现渠道，或以自然人或以民营企业投资特色小镇运营商。这类资本虽然比例不大，但因为与自然人联系紧密，且这类自然人与特色小镇所在地有这样、那样的关系，因此对特色小镇运营商的作用很大。

第三节　特色小镇运营商的合理体制

一、最优结构与合理结构

各种资本结合的不同比例、不同方式，对特色小镇运营商的决定作用不同。最优的体制即最优的资本结构或资本组合应该表现的作用是所有投资人优势的集合、所有投资人劣势的避免。而在现实中最优几乎是无法实现的，只是一个理想或理论状态。在现实中能够选择合理的体制即合理的资本结构或资本组合是特色小镇运营商必须掌握的。

二、合理的资本性质结构，是特色小镇运营商决定体制的根本原因

（1）国有资本比例的控制。国有资本主要是以国有企业为代表的，一定的国有资本可以保证特色小镇运营商与政府之间的紧密关系，特别是可以得到政府的各种优惠。因为政府把优惠给国有企业，从性质上说国有资产没有流失，这是其他性质资本所不具备的。但国有资本如果控股，那国有企业的一些弊端可能会带入特色小镇运营商，使特色小镇运营商先天带有一些问题，且一般投资特色小镇的国企，大多为地方国企，处于资源、行业垄断地位，技术领先，具有市场渠道、品牌等优势。所以，要严格限制国有资本的比例。尽量不要把特色小镇运营商建成国有企业或国有控股企业。如果特色小镇内都是国有企业或国有控股企业，就与开发区雷同，难有任何新的机制和亮点。因此，特色小镇运营商最佳选择是有国有成分，有较大比例但不控股。

（2）民营资本比例的保证。民营资本应在特色小镇运营商中占有较大比例。但对投资特色小镇的民营资本一定要进行筛选和甄别，要考虑以下重要条件：

1）实力因素，资产规模应该在200亿元以上；

2）历史因素，经营期应该在5年左右；

3）管理因素，公司形象、社会责任、违规和涉诉情况等；

4）效益因素，公司应有良好的经济效益，最近三年连续盈利；

5）关联因素，特色小镇应与该公司的业务有这样或那样的联系，最好是产业的联系；

6）法定代表人和主要管理人因素，信用记录良好、在当地有一定影响，受到企业员工好评，特别是能与其他人合作。

为了让民营资本占有较大比例，可以采取以下措施：

1）借资金给民营企业，让其以股权质押担保，增加其投资；

2）允许民营资本投资分期到位或以分红补足投资，或以固定资产、专利技术等折价入股；

3）民营的资本直接溢价应占一定比例；

4）向其在特色小镇的其他业务提供优惠。

（3）外资比例的争取。对特色小镇运营商的筹备人来说，说服外资投资于特色小镇是十分困难的。最主要的难点在于，外资对特色小镇运营商的业务难以理解。但并不是一定没有希望：一是可以用近 3 年来特色小镇的发展实践说明；二是华侨、外资代理人对特色小镇的业务并不难理解。

（4）混合资本，最好是上市公司资本。

三、合理的资本来源及目的结构，是特色小镇运营商决定体制的重要条件

资本的来源决定资本的特征和偏好。在特色小镇运营商体制决定过程中，资本的来源和目的是重要的条件。

（1）最大限度地争取和保证产业资本比例。如本书多处章节所述，特色小镇发展的根本原因是产业发展能满足产业资本的回报要求，因此，以产业资本吸引的方式是最有效的，这是因为它们的性质、出处、要求的回报、追求的速度、发展的方式和目的接近或一致。彼此之间或紧密联系，或相互补充，只是地域或规模上的不同，是可以完全相信的。相互间可能存在竞争，但因为特色小镇运营商有了新的发展角度，转变成服务商，竞争关系随之转变成服务关系。特别是目前情况下，一方面要严格限制国有资本比例，另一方面要最大限度地争取和保证产业资本比例。

（2）一定的金融资本比例。金融资本是最高级的资本形态，最典型地代表资本的一般属性，它的投入可以使特色小镇运营商提高品位，包括知名度、形象、可信度、实力、代表等。它的投入在一定意义上表达了特色小镇运营商的业务具有安全性、行业成长性和预期投资回报率的保证性。

（3）按规模确定的房地产资本比例。一定的房地产资本投资特色小镇运营商可以有效地解决一级土地开发和二级房产开发、起步期的投资者问题，比如标准工业厂房建设的投资者，即可能是特色小镇运营商的投资者。但一定要按照特色小镇建设的规模确定房地产资本所占的比例，严格防止房地产资本比例过大，使特色小镇发展偏向于房地产。房地产资本比例过大一定会严重影响特色小镇产业的发展，甚至难以使特色小镇的产业发展，或发展缓慢，如河北×县××工业园是 100%的房地产资本作为特色

小镇运营商，该特色小镇近 15 年来除了一定的标准厂房建设和出让、转让外，其他产业招商引资近乎于零。

（4）严格限制风险资本比例。风险资本只是为了赚取资本的高回报，在短期内取得收益后会通过股权转让方式退出。特色小镇运营商应将风险资本视作资本调节的工具，在实际资本出资无法满足计划时，可适当吸收少量风险资本，但最多不超过 10%。当该资本要退出时，可以由其他投资者受让，也可以介绍相关的产业资本或特色小镇内资本受让。

（5）可以考虑的较小民营资本比例。民营资本特别是较小的民营资本与自然人的联系往往是终生的，在特色小镇运营商中，应适当地吸收这样的民营资本。最重要的是，代表民营资本的自然人会为特色小镇发展提供一定特别的作用，但这样的资本不宜过大，一般也不应超过 10%，而且要严格满足前述条件。

四、合理的体制

特色小镇运营商最合理的体制，从资本性质上说，应该是国有资本是大股东而不控股，上市公司是大股东也不控股，外资和民营为小股东。从资本的来源和目的上说，产业资本应该是大股东而且主导经营，金融资本、地产资本为中股较好，风险资本可有可无。如本书多次提到的某汽车零部件产业园有限公司，它的资本构成是国有企业、上市公司、外企和民营四方，按照 4∶4∶1∶1 的比例出资。几年的实践表明，这种体制在发展中起到决定性的作用。

五、合理体制表现的优势

4∶4∶1∶1 的出资比例，所构成的几何图形是两个短边比长边为 1∶2 的矩形，这种几何图形是接近黄金分割法的图形，是最常见、最实用的图形，也有人称之为黄金形状。上长边表示目标、方向、发展；下长边表示基础、原则、红线；左、右短边分别表示机制、效率。

以天津某汽车零部件产业园有限公司为例，该公司的优势表现为：国有资本带来的资源、资格、资质；外资带来的规范、严格、清晰；民营资本带来的灵活、多变、高效；上市公司资本带来的公开、透明、依法。

第四节　特色小镇运营商体制优势的发挥

一、充分认识体制的构成是发挥体制优势的基本要求

特色小镇运营商及其员工特别是运营商的领导，要十分清楚认识自己所在公司的体制结构，特别是决定体制结构投资的性质、来源、目的和比例。不但要在定量上、性质上有所认识，而且还要在历史上、过程上越详细了解、认识越好。只有充分地认识才有可能将体制的优势作用发挥出来。

二、准确理解体制的优势是发挥体制作用的前提条件

对特色小镇运营商来说，合理的体制一旦确定，就应该明确理解在这种合理体制下，体制优势到底有哪些，允许程度是什么，表现形式是什么。只有准确理解才有可能发挥，否则，体制优势只是一般存在；笼统认识，永远停留在可能和潜在的层面上，不能得到发挥。

三、准确把握体制的允许程度是发挥体制优势的原则和标准

像任何事物一样，体制优势也有度的问题，过度不仅导致质变而且导致荒谬。特色小镇运营商体制优势度的确定，首先，可以把各出资人所在方面（如性质、业务、经营管理方式等）优势作为参考标准。其次，可以超过各出资人所在方面的优势程度，这方面如果仅仅是达到而没有超过，就不能说是充分发挥了体制的作用。最后，超过而以各出资人能够接受程度为限。如果超越到出资人都不能接受的程度，则为过度。

四、解放思想、创新观念是发挥体制优势的精神指导

体制的优势和作用是明显的，关键在于解放思想，把体制的潜在作用发挥出来。这种作用的发挥，要理论联系实际，要特别注重实际的需要和实际情况的允许，注意不要导致各方面的反感，引起负面作用。

第十三章　特色小镇产业招商引资的机制和体现

一、要点

（1）特色小镇产业招商引资的机制是指：①产业招商引资的行政管理机构和业务实施机构的设置；②两个机构的职责；③两个机构的协调与运行。

（2）确定产业方向的主体是指以特色小镇管委会代表政府和以特色小镇运营商的主要投资人为主所共同确定的特色小镇发展的道路。

（3）特色小镇本质是创新创业平台。

（4）技术创新是指：①产品技术；②工艺技术，以设备和使用材料、工艺方法为主要内容；③实用新型和高效率、低成本。

（5）社会形态创新是更高的创新形态，是将科技、市场、社会因素结合的创新，这种创新可能通过创新突破原有形态，为社会生活提供更高级方式，比如特色小镇建设和扶贫脱贫等。

（6）先进的文化取向指：①乐见的形式；②科学的内容；③开放的取向；④指导的作用。

二、思考题

（1）为什么特色小镇运营商的机制是体制的表现和实施保证？

（2）先进的特色小镇运营商体制一定有先进的机制吗？

（3）为什么特色小镇运营商必须与当地政府关系协调？

（4）特色小镇管委会与运营商关系应注意哪些问题？

（5）特色小镇管委会和特色小镇运营商在招商选资工作上应怎样分工？

（6）怎样理解商业创新是实现技术创新的“最后一公里”？

（7）理念的喜闻乐见表现形式对特色小镇运营商来说有何作用？

第一节　确立指导服务的机制

一、特色小镇的产业招商引资机制

机制指有机体的构造、功能及其相互关系。特色小镇产业招商引资的机制是指：①产业招商引资的行政管理机构和业务实施机构的设置；②两个机构的职责；③两个机构的协调与运行。特色小镇运营商的合理体制为特色小镇运营商行为的科学、高效，进而为特色小镇的快速发展提供了可能。但合理体制的作用不是必然、自动发挥的，需要特色小镇运营商结合自己的具体情况如重点、特点、目的、要求，将体制可能的优势作为制度规范、机构设置、文化理念、工作习惯、目的指标等具体内容体现出来。只有将体制以机制的作用表现出来时，体制的优势才从可能变为现实。

特色小镇产业招商引资的运行机制是指导、服务为主的方式。虽然特色小镇管委会是产业招商引资的行政主管机构，但其实施的主要行为除较少的管理性工作外，更多的是指导性工作。而特色小镇运营商实施的行为都是具体的招商引资业务行为。

二、两个决定性的部门

特色小镇管委会和运营商是两个决定性及招商引资的主要部门，这两个部门的设置和运行情况，以及相互配合情况决定特色小镇产业招商引资的成败、好坏和快慢。因此在实践中要特别注意以下五点：

（1）特色小镇管委会要最大限度地授权于特色小镇运营商，在确定产业、规定入园项目条件与标准的前提下，不干涉运营商的其他任何工作。

（2）特色小镇管委会不要把特色小镇运营商视为自己的隶属公司，像对控股公司那样发号施令，甚至于任命干部、调整业务，更不要把特色小镇运营商视为对头或竞争对手，担心特色小镇的发展超过自己的发展速度而难堪，因此，对特色小镇发展设置障碍。

（3）特色小镇管委会应在行政管理等方面指导特色小镇运营商，促进其在政治上密切与所在地上级机关联系；在资源配置上尽可能地倾斜支持；在感情上给予更多的关爱和感谢；在重大问题处理时，给予充分的协调和关照。

（4）特色小镇运营商对特色小镇内的任何事务，不论有无授权都应以积极的态度，以负责的精神对待。有权处理的依权处理，无权处理的请示协调，及时推动处理。对有权处理的重大问题也要再协调和请示，以免给所在地造成不良影响和重大的社会资源浪费。

（5）特色小镇运营商应当视特色小镇管委会为最直接的主管上级，应该做到有令则行，有禁则止，也要把特色小镇管委会作为密切的合作伙伴，互相配合，互助发展。

三、管促结合，目标一致

特色小镇运营商的职责和使命是特色小镇发展，最主要工作是产业招商引资与特色小镇管委会的职责和使命是相同的。在特色小镇内，应该把全部的招商引资工作交给特色小镇运营商，而对各项管理工作能授权、委托的也交给特色小镇运营商。那些最重要的，诸如项目审批、用地审批、重要资源配置等，作为特色小镇管委会的工作重点或在权限内审批，或协调、推动。

四、虚实结合

特色小镇建设工作在不同的时点和阶段上重点不同，因此需要的着力角度也不同。特色小镇管委会和特色小镇运营商应该密切配合，确保重点工作的完成。实践表明，政企之间紧密结合可以有效地解决发展中的问题。

第二节　明确产业发展的目标

一、产业目标明确

以特色小镇管委会代表政府和以特色小镇运营商的主要投资人为主而共同确定的产业方向是特色小镇发展的道路。对特色小镇运营商来说，不但要明确方向，还要对产业发展的具体途径、方式、结构、先进水平等尽量清晰，这样才有可能快速发展。浙江的云栖小镇就确定了明确目标：以云生态为主导的产业小镇，通过3~5年的发展，在小镇集聚上千家涉云企业，涵盖云计算应用，如APP开发、游戏、互联网金融、移动互联网、数据挖掘等领域，形成完整的云计算产业链条，实现产值100亿元，税收5亿元以上。

（1）产业目标的内容：①产业集聚和企业集群规模，主要转出地；②产业技术水平；③资源、原料、配件来源；④市场和最终客户所在地；⑤人力资源优势和来源；⑥生态和环保等社会条件和行政许可。

（2）决定产业目标的条件：①由最终消费品决定的生产资本投资总额，比如汽车（含零部件）的投资是由汽车需求决定的，不同的产业还要考虑产业资本和产品比，以及产品生命周期；②由技术水平决定的竞争优势和市场份额；③由产品特点和地理位置、环境决定的市场区域结构，如必需品、奢侈品和一般低价品；④招商引资的优惠力度，产业基金入股，资金扶植、政府购买或促销、奖励、特别服务等；⑤可能实现的市场份额所决定的资本额。

二、空间规划明确

这里主要指占地面积和建筑面积。如浙江的云栖小镇就明确：①3.5 平方千米，包括 2016 年已投入使用 20 万平方米产业空间，规划 3 年内逐步打造 100 万平方米；②一个面积约 5000 平方米的 IT 信息产业历史博物馆；③一个阿里云技术学院（云栖学院）；④“云栖大会”永久地。

三、时间明确

3~5 年时间。

四、服务配套明确

按照产业发展要求，增加居住、服务设施、文化设施等配套，以人文的环境吸引高端人才落户于此。利用尚未出让的用地调整功能，新增邻里中心和文化设施用地，同时引导已出让产业用地分别承担服务于企业人员的配套设施建设，包括运动场所、休闲场所、餐饮食堂。

第三节　推动创新集聚的特区

一、特色小镇本质是创新创业的平台

浙江特色小镇评定规范给出的定义中，特色小镇的核心词是“创新创业发展平台”。设立特色小镇集聚产业资源，就是要集聚创新条件。20 世纪 50 年代，法国经济学家弗朗索瓦·佩鲁（Francois Perroux）提出经济发展的主要动力是技术进步与创新。创业创新首要的条件是人才集聚，这在本书第九章已经进行了比较全面的论述。

二、技术创新是主要的发展动力

产品技术是特色小镇追求的第一建设目标，当然，新材料也是产品；第二建设目标是以设备和使用材料为代表的工艺技术；第三建设目标是实用新型和高效率、低成本。在生产性服务日益提升的今天，集聚和培育在生产性服务方面有创新的企业意义更大。

三、商业创新是实现技术创新的“最后一公里”

商业创新通常与技术创新融合在一起，像天猫、京东、支付宝、微信支付、滴滴、美团等业态就是以商业创新为主的创新，这种创新又与网络、计算机、大数据等先进技术分不开。在特色小镇中要高度重视商业创新，商业创新是技术创新的“最后一公里”，是技术创新的实现模式，是跨越科技死亡之谷的桥梁。

四、社会创新是更高的创新形态

这里主要将科技、市场、社会因素结合的创新，如生活方式，教育方式，医疗、保健、家庭生活方式等与新技术、新市场相结合，则可能通过创新突破原有形态，为社会生活提供更高级的方式。比如，将特色小镇建设与扶贫结合就是最简单的社会创新。在特色小镇的社区，创立换子教育、子女扩家生活、结伴旅游、搭伙养老等方式，有利于社区发展，也是特色小镇的贡献。比如，特色小镇建设和扶贫脱贫，城镇化建设都是社会形态的创新。

五、体制基础和机制先进一定会打造最好的空间环境

中国创新第一村是中关村，浙江云栖小镇提出要建成创新第一镇。特色小镇赋予了年轻人职业实现空间和诗情画意的梦境，特别是体制基础和机制先进的条件，一定会打造最好的创新空间氛围。浙江云栖特色小镇紧紧围绕创新创业，构建了“创新牧场—产业黑土—科技蓝天”的创新生态圈。“创新牧场”就是草根创业者的舞台，整合世界一流的设计、研发、制造、检测、电商、融资等基础服务，专注于扶持和帮助创业创新的中小企业成长，并通过全新的服务体系，让云栖小镇真正成为“大众创业、万众创新”的沃土。云栖特色小镇提出，要发挥历史文化、区域空间、产业基础、发展环境等独特优势，建成创业创新的胜地、创新人才集聚的高地、科技人文的传承地、云计算大数据科技的发源地。“胜地、高地、传承地、发源地”这四地聚一镇必将大力推动各种创新。

第四节 体现文化先进的特点

特色小镇运营商所从事的工作是资本服务，所面对的对象主要是产业资本的代表，而且有一定比例的外资，以及对该产业有偏好资本的代表、技术资本的代表、工业地产资本的代表。代表资本的人通常具有较高的素质，因此，要求特色小镇运营商具有独到的、先进的、有效的理念，以此指导工作，解决制度缺欠的问题。

一、乐见的形式

理念是文化的锤炼、提升和概括。形式上不应长篇累牍、费解难记，而应短小精悍、上口易记。如某汽车零部件特色小镇在自己的各种印刷品和会议室里都标有“接手 OK、出手精品”和“说到做到，胜过广告”的信条。这种形式表达的理念已经深入到公司全体人员，而且影响了许多特色小镇内的企业领导。从根本上说，这种高效、务实是由民营企业投资的公司体制而决定。

二、科学的内容

科学性是先进性的具体体现。先进理念中一定要有反映科学的内容和因素，如某汽车零部件特色小镇为工程部定的要则内容是：“实为基、固为本、真为魂、省为高、美为形”，一定程度上反映了科学在建筑项目上的要求。

三、开放的取向

作为特色小镇运营商，工作内容是招商引资，决不可以内向、含蓄，在一切工作中都应该以对外、开放、张扬为取向。如某汽车零部件特色小镇对项目部的要则：见面显热情、洽谈讲诚意、落实求效率、成功见水平，就表达了开放的取向。

四、指导的作用

理念属于文化范畴，具有不具体的特点，但理念绝不是虚无缥缈的。“五饼二鱼”的故事，主要讲的是理念的作用（见图 13–1）。像某汽车零部件特色小镇，经常在工作中强调“接手 OK，出手精品”“说到做到，胜过广告”，虽然不是制度，但作用绝不小于制度。

图 13-1 耶稣的"五饼二鱼"

资料来源：百度百科。

第十四章　特色小镇产业招商引资的模式

一、要点

（1）特色小镇产业招商引资模式是招商引资的一般方式，具有简单性、重复性、结构性、稳定性、可操作性的特征。

（2）模式的特点：①独特价值，即体现自己的核心竞争力；②长期存在，特色小镇的建设需要10年左右，产业招商引资模式一般是不变的；③实际作用大。

（3）招商引资模式构成因素：①利润点；②利润对象；③利润源；④利润杠杆；⑤利润障碍。

（4）市场化的产业招商引资模式指将项目信息作为信息产权以买代奖。

（5）专业化的产业招商引资模式指按照市场要求，以专业的公司从事产业招商引资。

（6）国际化的产业招商引资模主要是商务行为、VI等按国际惯例进行。

（7）精准化的产业招商引资模式是产业方向、技术水平、产业链长、集聚规模、资源价格、服务约定、资本结构、企业结构、集聚时间、项目来源、项目对价等内容均量化的模式。这一模式是以市场化为前提，专业化为保证，反映了经济集约、精准的本质要求。

二、思考题

（1）为何要确定产业招商引资的模式？

（2）特色小镇产业招商引资的体制、机制和模式是什么关系？

（3）哪些内外因素影响招商模式的确定？

（4）30多年来，产业招商引资模式有哪些变化？

（5）如何推动招商机构的市场化、专业化、国际化建设？

（6）精准化产业招商引资包括哪些主要内容？

第一节　产业招商引资模式的含义

一、特色小镇产业招商引资模式（Pattern）含义

模式是主体行为的一般方式，指事物的标准样式，具有一般性、简单性、重复性、结构性、稳定性、可操作性的特征。特色小镇管委会或运营公司借以将实现小镇产业发展的主要招商引资行为确定化。

二、特色小镇产业招商引资模式形成的方式

按照模式形成的方式，分为自发的模式和自觉的模式两种，前者对自己的行为缺乏清醒的认识，处在不明确、不清晰状态，行为的效果和目标具有隐蔽性、模糊性、缺乏灵活性的特点；而后者是通过自己经验的总结和他人经验的学习，结合自己情况和目标自觉确定的，具有清晰性、针对性、相对稳定性、环境适应性和灵活性的特征。特色小镇的产业招商引资模式基本是自觉确定的。

三、特色小镇产业招商引资模式的性质

模式是核心知识的概括，它将行为目标和行为主体的优势联系起来。特色小镇产业招商引资模式概括了产业目标和实现的一般条件，将产业理论和产业招商实践有机结合起来。

四、特色小镇产业招商引资模式的作用

模式是主要行为的样式、模子，能够在一定程度上规范行为，使多次、反复的行为趋于一致，最大程度保证行为目标的实现。此外，特色小镇产业招商引资的模式还具有对外宣介和感召的作用。

第二节　科学确定特色小镇产业招商引资模式

一、特色小镇产业招商引资模式的主要特点

美国学者 Gary P. Scheneider 认为，盈利模式是公司从客户那里获得现金流的策略和技术。通过对 70 多家公司的研究，笔者认为盈利模式具有以下共同特点：

（1）独特价值。认为盈利模式能为客户提供独特的价值，即体现自己的核心竞争力。如本书所述，核心竞争力是地区、企业得以发展的真正原因。在产业招商引资工作中，就一般规律而言，只有招商主体找到了给投资企业的独特价值，投资者才会投资。

（2）长期存在。特色小镇的建设需要 10 年左右，产业招商引资模式一般是不变的，基本也会坚持 3~5 年。

（3）实际作用。产业招商引资模式的使用性是第一位的，如果有用性差就应该调整。

二、影响招商模式的主要因素

要确定产业招商引资模式，就要清晰明确分析各种影响因素，以及这些因素的客观情况和影响作用。

（1）产业目标。这是最主要的引力，产业招商引资的模式、方法都是为实现这一目标服务的。产业发展目标要具体，比如规模、技术、市场占有率、业内影响力、人才水准和时限等，目标越具体，吸引越有效。

（2）自身条件。这是主要的推力，如地理位置、交通条件、资源禀赋、价格、比较优势、产业历史、文化特点、人力资源、招商引资的核心竞争力等。

（3）外部竞争情况。本省同产业的小镇、园区情况，全国的情况。这是分散力。

（4）外部环境情况。国家的政治、经济、科技、文化、国防、外交等。这是可用的外力。

（5）决断力。这是最核心的原动力，主要指招商引资主体准备对产业招商引资给予的政策倾斜度。像云南提出，投资电解铝产业的电价补贴至 0.3 元/千瓦时。招商引资决断力是对外竞争、对内增加吸引力的关键，它是资源禀赋的变压器，是比较优势的增加器。

三、产业招商引资模式构成要素

产业招商引资模式构成要素如表 14–1 所示。

表 14–1 产业招商引资模式构成要素

构成要素	相关内容	解决问题
利润点	项目投资带来的贡献率税、就业和经济拉动	提供独特价值，招商成果
利润对象	产业内的客户和金融、社会资本	项目寻找
利润源	投资项目自身运营成功	项目后服
利润杠杆	产业链的招商作用和外部规模经济的作用	做好以商招商和项目后服
利润障碍	产品周期、企业周期和经济周期	做好项目后服、特服准备，困难时期休戚与共

第三节 产业招商引资主要模式的分类和分析

一、优惠政策为主的招商引资模式

从 1979 年建设 4 个经济特区开始，到 1984 年在东部沿海设立 14 个国家级开发区，再到 1992 年较大面积建设产业园，主要招商引资模式大部分靠优惠政策。优惠政策主要是土地出让价格和税收。零地价和象征性地价较多，企业所得税从外资进而到内资，从盈利年度起 2 年免，3~5 年按 15%征收。这种模式具有很大的作用，从 2000 年以后，逐步减小，这个模式现已基本不用，但有些内容还在利用。

二、全员招商的招商引资模式

这是 1998 年到 2005 年前后，在较多的县市提出的模式。全员是指县市的全体公务人员，包括党政军（武装部）、公检法，工青妇各机关的工作人员，都动员起来，各部门领导都有招商引资指标。这个模式不符合经济规律，效果很差，生命力也不长，在逐渐自熄自灭。

三、市场化的招商引资模式

这是在 2010 年前后，在经济比较发达、产业招商较好的地区提出的一种模式。它将招商引资工作回归到市场行为，有根本性的提升，也是产业招商走上正轨的第一步。

（1）项目介绍奖励变赎买。表面看来，介绍项目和得到现金是结果一样的两种行为，但后者更符合市场原则，本质上承认了项目信息是一种有价格的信息产权。这种产权的价格可以按照项目的贡献扣除时间成本，即将项目贡献扣除风险再折现至今的价格。

（2）专业招商及产业服务公司的出现。如 1998 年的华夏幸福基业有限公司（股票代码：600340）、广州昊信工业地产公司，2003 年的联东 U 谷，2009 年的滨海汽车零部件产业园有限公司，转型的中南集团（股票代码：SZ000961）、深圳产业转移促进有限公司等。

（3）外包招商。上海东方龙苑商务咨询公司等致力于为地方政府承包招商引资服务。

（4）公司园区、公司镇的出现。滨海汽车零部件产业园为政府建设公司化园区，华夏幸福为政府建设产业新城都是市场的效果。特色小镇明确提出，政府引导、企业主体、市场规则就是市场化。

市场化的产业招商引资模式是经济本质的反映，找准了问题焦点。特色小镇确定自己的招商模式时还要再具体。

四、专业化的招商引资模式

将产业招商引资作为一种专业工作，找出其特别的规律性，以较快、较好实现目标。比如华夏幸福提出的大城市 70 里建城模式；中南科技提出的“三快四不招”，即快招商，快入园，快开业，而污染、产业不对、生态不好、不入园区注册的不招商；碧桂园与业内巨头联合建镇模式等都是很专业的。“万达广场”通常选在一个城市的副中心或新开发区，一站式满足顾客吃喝玩乐、商务休闲等需求，整合区内落后零散的商业格局，并通过“以售养租模式”持续扩张。

五、国际化的招商引资模式

这种模式早在 20 世纪 80 年代初，即在特区、开发区建设初期就曾提出，主要是要求招商引资各项工作按照国际惯例进行。像着装、会议室、会议议程、洽谈、宴请、合影、文件、联络、签约、接送等按照国际惯例进行。

六、产业链的招商引资模式

这种模式提出得较晚，是在产业理论趋于成熟后，在产业发展水平较高地区提出的，时间应是 2000 年前后。产业链招商引资是产业发展内在联系的本质反映，也是最经济的方法。现实中存在的主要问题是，首先，市场趋向高科技的轻资产和文化产业，而产业链更突出的表现是重化产业。其次，产业链需要一定的时间，待产业成熟时链接的需求才突出表现，而特色小镇的时间都比较短。最后，随着互联网、物联网、大数据的应用，以及高速公路、高铁、国际班列以及航运的发展，产业链的要求在一定程度上得到缓解。

七、资本化的招商引资模式

2017 年资本招商风头正劲，风光无限。政府出资成立引导基金，体现招商地政府发展某产业的政策意图，这种意图一般并不在于获得高额投资回报，更为重要的是通过引导基金扶持当地产业发展，利用资本的催化和杠杆作用，以股权投资和其他优惠政策，吸引其他地区的优质企业转移至当地。发展的真正动力是科技进步，但科技不能自行，需要资本的助力。在产业政策引导下以资引资是最好的模式，即产业政策→项目技术→金融资本→快速发展。

八、飞地招商模式

虽然早在 20 世纪 80 年代江苏常州就开始尝试“飞地经济”模式，但到 2017 年 6 月，国家部委层面首次就“飞地经济”和“飞地园区”进行联合发文和高调支持，才算“名正言顺”。这个模式打破了招商中的行政界线，意在促进各市县之间的资源流动。由于土地资源紧张，区域中心城市普遍面临着寻找产业外溢空间的诉求。当经济发展和资源局限形成矛盾时，飞地经济模式可以让某些发达区域在不改变行政体制框架的情况下，把一些项目、资金、技术从发达地区转移到欠发达地区的产业园区。双方在产业规划、基础设施建设、税收分配等方面制定某种合作机制，实现双赢。

九、大数据和网站招商模式

阿里巴巴董事局主席马云认为，大数据将会成为未来招商引资的基础设施。①

2017 年，有些园区已经开始着手建立基于大数据的招商引资决策平台，通过对数据的统筹和分析，已经可以做到精准筛选潜在投资企业以及分析企业的投资概率，让产业园区实现专业化、精准化招商。臣通顾问推出的大数据园区招商系统，直接为合作园区提升了 30%的招商率。

深圳产业转移促进有限公司与华中师范大学建立的产业转移大数据库，在实践中起到了很好的作用。

---

① 参见六大产业园区招商引资模式，来源百度文库，2018 年 7 月 8 日。

十、精准化的招商引资模式

2016年以后，云南、山西阳泉等提出精准化招商。精准是经济工作的本质要求，资源配置的效率、效果、效益基本概括了经济活动的全部要求，确定精准化招商引资模式，比飞地、大数据等模式更有高度，比国际化、专业化更有内涵。关键是要让这一模式能够在实践中有用，而且用出成果。以下内容应该强调：

（1）明确政府招商和企业招商的原则、要求、方法，特别是特色小镇管委会所属的国企招商公司的管理和其职责、定位等。

（2）尽力分清产业招商引资业务工作和招商引资行政管理工作以及行政服务工作的区别。比如有的地方成立了招商委和招商局两套机构，一套负责协调，一套负责服务，而最重要的项目寻找则无人负责。这就是分工不精准。

（3）项目标准不精准。特色小镇的项目数量、来源、时间、规模几乎不清，根本谈不上精准。

（4）项目对价即政策和资源补贴不精确，比如用地的位置、价格都不确定，要有了项目再谈。“卖地+买政策+卖环境+卖服务”是产业招商引资的全部。作为买方市场的条件下，就要精准各种条件，像柜台那样，标清价格，让买主看后驻足留步、洽谈。

（5）每个项目的对策不精准。

世界银行所属的国际金融公司的外国投资咨询服务机构推介的《国家营销——招商引资作为吸引外资的工具》[①]一书中，路易斯·威尔斯（Louis T. Wells）和温特（Alvin G. Wint）给政府招商引资下的定义是：

（1）以下行为不是（政府的）招商引资行为：①对外国投资者的激励授权；②筛选外资；③与外商谈判。

（2）以下行为是（政府的）招商引资行为：①广告；②直接邮寄；③招商会、研讨会、培训会；④招商代表团；⑤参加贸易展销会；⑥分发有关文献资料；⑦一对一直接推介；⑧安排潜在投资者考察行程；⑨为潜在投资者介绍、推介地方适合的可能合作投资人；⑩从政府有关部门获许或获批；⑪准备项目建议书、可行性研究报告；⑫项目建成后的运营服务准备。

① Louse T. Wells, Jr. & Alvin G. Wint, Marketing a Country—Promotion as a Tool for Attracting Foreign Investment Revised Edition, Difinition of Promotion, 2008.

第四节　确定特色小镇产业招商引资模式要注意的问题

（1）虚化问题。根本不了解，或不重视产业招商引资的模式问题，这是错误的，也是外行的做法。

（2）自发问题。让实践慢慢形成产业招商引资的模式，这种做法是消极的，不作为的，不负责任的。

（3）口号问题。这种做法比较普遍，主要是形式主义影响，好大喜功，让领导高兴。

（4）效仿问题。不加研究，只凭经验，效仿他人，这也是不负责任的行为。

（5）方法替代问题。在特色小镇的100多个项目入镇过程中，会创造出很多招商引资方法，但方法并不是模式，只有反复使用的方法才是模式。用方法代替模式，是低水平的做法。

（6）调整问题。产业招商引资模式一旦确定就会稳定适用一个阶段，但产业招商引资模式绝不是一成不变的，在以下情况下就要调整：

1）随着产业发展方向调整而调整。比如浙江杭州的云栖小镇，就三次调整产业：①2002年定位传统产业；②2005年调整为生物制药等产业；③2012年定位为信息技术。产业方向调整，产业招商引资模式一定要调整。

2）随着自己的优势新发现而调整。

3）因为确定错误或无效而调整。

第十五章　特色小镇产业招商引资的环境建设

一、要点

（1）投资环境是影响投资的情况和条件。

（2）特色小镇的所有工作和建设结果都是产业招商引资工作。

（3）产业环境是第一位的招商引资环境。

（4）产业方向是产业环境中最重要的问题。

（5）产业方向是比较难确定的因素。

二、思考题

（1）为何讲特色小镇本身就是投资环境？

（2）如何理解特色小镇的任何工作和建设成绩都是投资环境？

（3）为什么投资环境要他人评价？

（4）是否同意选择的作用大于努力？

（5）能否以特色小镇评价方法代替投资环境评价方法？

（6）项目后服是投资环境的综合检验吗？

（7）为何发展慢的特色小镇不可能投资环境好？

第一节　特色小镇投资环境的含义和分类

一、特色小镇投资环境的含义

特色小镇投资者所面临各种外部情况和条件，就是特色小镇投资环境。例如，特色小镇投资者在投资前的考察、了解，投资中的手续办理和建设施工，以及投资完成后项目运营中的各种影响因素、服务水平、对待态度、要求条件，包括行政管理人员的素质和业务能力等，现在许多省市在抓的营商环境都是投资环境。

二、特色小镇投资环境的特点

（1）小而全的特点。3 平方千米的特色小镇同样有政治环境、经济环境、自然生态环境、法律环境、社会文化环境的因素。

（2）具体展现的特点。特色小镇展现的投资环境十分具体，都是以一个个事例表示的。

（3）可能优越的特点。特色小镇作为快速发展的平台，投资环境一定优越于所在地区。

三、特色小镇投资环境的分类

（1）在宏观投资环境和微观投资环境分类中，属于微观投资环境，即特色小镇范围内影响投资的各种要素的总和。

（2）在广义的投资环境和狭义的投资环境分类中，主要指狭义的投资环境，即经济环境，但也包括少量的广义因素，比如政治、法律、社会文化等。

（3）包括软、硬两方面的环境，软投资环境指法规、政策、管理水平；硬投资环境指具有物质形态的交通运输、邮电通信、水电气、环保、生活、服务等设备设施。

（4）兼具自然环境和人为环境，自然地理条件、山水等为自然环境；人为环境是人工建设的环境。

（5）一般环境和产业环境，一般环境是指产业环境以外的各种环境，产业环境是指对处于某一特定产业内的企业以及与该产业存在业务关系的企业发生的影响，主要是竞争和位置影响（参见本书第二章）。有的学者将产业环境称为第一类外部环境。

四、特色小镇投资环境的重要性

投资环境是短期内不为投资者高层管理人员所控制的变量构成的客观条件和影响因素，投资者只有接受或离开（不接受）两种选择。对产业招商引资来讲，建设投资环境就是广义的产业招商引资工作。

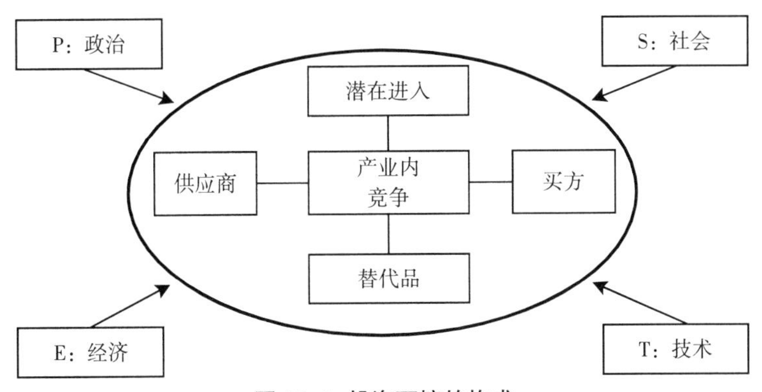

图 15–1 投资环境的构成

资料来源：百度。

第二节 特色小镇投资环境的评价

一、特色小镇投资环境的评价者

产业环境是投资环境的首要问题，而产业方向是产业环境第一位的问题，因此，特色小镇发展得好是最根本的评价；发展不好、发展很慢就是否定性评价。特色小镇投资环境是客观的，不要主观自己评价投资环境。客观公允的评价者如下：

（1）入驻企业评价。

（2）专业咨询公司评价。

（3）上级政府评价。

（4）产业、行业协会评价。

（5）其他社会机构评价。

二、评价原则

（1）实用客观原则。

（2）系统性原则。

（3）时效性原则。

（4）定量性原则。

（5）比较性原则。

三、评价方法

可以说，特色小镇整体创建工作就是投资环境建设工作，但特色小镇的评价方法与投资环境的评价方法还是有区别的。前者已经有了浙江的地方标准，后者主要内容如表 15-1 至表 15-4 所示。

表 15-1　投资环境评分

考察因素	单项分数
①币值稳定	
自由兑换外币	20
官价与黑市价之差不超过 10%	18
官价与黑市价之差在 10%~40%	14
官价与黑市价之差在 40%~100%	8
官价与黑市价之差超过 100%	4
②每年通货膨胀率	
（过去五年）低于 1%	14
1%~3%	12
3%~7%	10
7%~10%	8
10%~15%	6
15%~35%	4
超过 35%	2
③资本外调	
无限制	12
有时间限制	8
对资本外调有限制	6
对资本与利润收入外调有限制	4
严格限制	2
完全不允许外调	0
④允许外国所有权的比例	
允许占 100%，并表示欢迎	12
允许占 100%，但不表示欢迎	10
允许占多数所有权	8
允许最多占 50%	6
允许占 30%~50%	4
只允许占 30%以下	2
完全不允许外国所有权	0
⑤外国企业与本地企业之间的差别待遇和控制	
外国与本地企业一视同仁	12
对外国企业略有限制但无控制	10
对外国企业不限制但有若干控制	8
对外国企业有限制并有控制	6
对外国企业有些限制，且有严格控制	4
严格限制与控制	2
根本不允许外国人投资	0

续表

考察因素	单项分数
⑥政治稳定程度	
长期稳定	12
稳定，不过要依赖某一重要人物	10
稳定，但要依赖邻国的政策	8
内部有纠纷，但政府有控制局面的能力	6
来自国内外的强大压力对政策有影响	4
有政变发生的可能	2
不稳定，极有可能发生政变	0
⑦当地资本的供应能力	
有发达的资本市场和公开的证券交易	10
有部分资本市场和证券投资市场	8
有限的资本市场，资本缺乏	6
有短期资本供给	4
对资本有严格限制	2
资本纷纷外逃	0
⑧给予关税保护的程度	
全力保护	8
有相当的保护	6
有些保护	4
非常少或无保护	2
总　计	8~100

资料来源：张旭等：《资本流动与招商引资》，中信出版社 2013 年版。

表 15-2　投资环境要素评价分类

项目要素	内涵	评分
投资环境的激励系数（A）	政治经济稳定 资本自由汇出 投资外交完善程度 立法完备性 优惠政策 对外资兴趣度 币值稳定程度	0~10
城市规划完善因子（B）	有整体经济发展战略 利用外资中长期规划 总体布局配套性	0~1
税利因子（C）	税收标准 合理收费 金融市场	0.5~2
劳动生产力因子（D）	工人劳动素质 社会平均文化素质 熟练技术人员和技术工人的数量	0~1

续表

项目要素	内涵	评分
地区基础因子（E）	基础设施 工业用地、制造基地 科技水平 外汇资金充裕程度 第三产业 自然条件	1~10
效率因子（F）	政府机构管理科学化程度 涉外服务体系 咨询、信息及配套服务系统	2~2.5
市场因子（G）	市场规模 市场占有率 进出口限制 生产资料和劳动力市场开放度	
管理权因子（H）	开放城市自主权范围 股权限额 外国投资者经营自主权程度	0~2

资料来源：张旭等：《资本流动与招商引资》，中信出版社 2013 年版。

表 15–3　投资环境构成因素和权数

政治的连续性	3.0
对外国投资者和盈利的态度	1.5
国有化	1.5
通货膨胀	1.5
国际收支	1.5
官僚拖延	1.0
经济增长	2.5
货币的兑换性	2.5
合同的履行	1.5
劳动力成本/生产率	2.0
专门服务和承包商	0.5
通信和交通	1.0
当地的管理与合伙人	1.0
短期信贷	2.0
长期信贷和风险资本	2.0

资料来源：张旭等：《资本流动与招商引资》，中信出版社 2013 年版。

表 15-4 特色小镇投资环境评分

内容	标准	分值	备注
产业方向	明确具体，越具体越好	15~5	
市场定位	竞争与特色错位	8~5	
客户确定	偏好与价格	10~5	
技术水平	专利、创新	8~5	
资源联系	特、强、弱	8~5	
比较优势	强、中、弱	9~5	
领衔企业	强、中、弱	9~5	可行计划
集群规模	百、八十、五十	10~5	可行计划
发展速度	5 年、8 年、10 年	9~5	可行计划
区位优势	与大城市距离	8~5	
后发优势	与大城市 GDP 差距	8~5	
基础设施	优秀、一般	8~5	参见本书第十章第八节
产业基金	30 亿元、20 亿元、10 亿元、0	10~0	参见本书第十章第六节
促销服务	强、平、无	8~0	
资金支持	多、少、无	10~0	
用地优惠	多、少、无	10~0	
用房优惠	多、少、无	5~0	
产业链支撑	紧、松、无	8~0	
奖励优惠	多、少、无	10~0	
项目后服	好、中、差	10~0	

注：表中满分为 180 分，优秀为 150 分以上，良好为 110-150 分，及格为 60 分。
资料来源：张旭等：《资本流动与招商引资》，中信出版社 2013 年版。

第三节 特色小镇投资环境的建设

(1) 投资环境建设的重要性。当前，我国市场机制还不健全，要抓市场建设，不能“头痛医头，脚痛医脚”。现在许多省市县都在抓营商环境，党和政府抓的方向很准，但做法值得商榷。如某省决定，只要来该省投资，就有一位省领导负责服务。让人深思：

1) 省领导是否有自己的岗位责任？

2) 没有省领导出头就办不了、办不好项目服务吗？

3）该省公务员的觉悟、水平是否值得怀疑?

4）这种做法是法制化、现代化的体现吗?

该省一个二线城市提出，让企业“最多跑一次”的行政服务要求，结果下边有的部门把一项工作拆成几项，每次都“跑一次”就成一项。

（2）谁来抓，特色小镇最高领导、领导班子成员，乃至全体人员，包括企业员工、居民参加。

（3）抓什么，就抓投资为何不来的事。

（4）怎么抓，不违法的前提下，怎么解决问题怎么抓。要快抓、狠抓，特色小镇的投资环境事关生死。

特色小镇作为一个快速发展特色产业的平台，总体发展水平和各方面发展都应好于一般地区，因此，投资环境建设一定会率先发展。

第十六章　特色小镇产业招商引资的文件

一、要点

（1）特色小镇的产业招商引资文件是指特色小镇管委会和产业招商运营公司依职权对有关产业招商引资工作所做的各种决定、规定、对策用公文记载。

（2）特色小镇产业招商引资文件的性质：①本级行政机关或本公司的意见；②有效的意见；③明确的、确定的意见；④有关产业具体内容表达。

（3）招商引资规范性文件指文件内容具有约束和规范招商引资行为、规范产业招商引资行政管理事务，反复适用的，具有普遍约束力的文件。

（4）项目文件指关于项目寻找、项目调查、项目调度、项目优惠、项目对价、项目协议等文件，既包括具体项目的文件，也包括设计一般项目的准备、管理文件，比如项目信息介绍奖励办法、项目登记制度等文件。

二、思考题

（1）为何说产业招商引资文件制定本身就是产业招商引资工作的深入研究？

（2）为什么招商引资工作须臾不可离开有关文件？

（3）产业招商引资文件具体有何作用？

（4）为何说项目文件不一定全是对外文件？

（5）如何认识协议合同也是文件的一种？

第一节　特色小镇产业招商引资文件的含义

一、特色小镇产业招商引资文件

文件是一定单位行政部门对某些事项确定性意见记载的公文，它将确定的政策、意见以明确的文字记载，书面或电子承载是行政工作主要的执行依据。特色小镇管委会依职权对有关产业招商引资工作所做的各种决定、规定、对策用公文记载，就是特色小镇的产业招商引资文件。产业招商引资文件制定本身就是产业招商引资工作的深入研究，在招商引资工作实践中不可离开这些文件，它们具有指导、领导、标准的作用。

二、特色小镇产业招商引资文件的性质

（1）它是本级行政机关的意见。

（2）它是有效的意见。

（3）它是明确的、确定的意见。

（4）它是有关产业招商引资方面的意见。

三、特色小镇产业招商引资文件的内容

特色小镇内有关招商引资的一切重要和主要政策、规范、事项等。

四、特色小镇产业招商引资文件的作用

（1）领导、指引、指导的作用。

（2）统一认识的作用。

（3）尺度标准的作用。

（4）避免异议和纠纷的作用。

（5）督促、检查、考核的作用。

五、特色小镇产业招商引资文件的制定

可分为以下主要步骤：

（1）调研准备。

（2）起草和征求意见。

（3）权力机构通过、用章、公布。

（4）生效实施。

（5）由原权力机构修改。

（6）废止。

第二节 特色小镇产业招商引资文件的分类

将特色小镇产业招商引资文件按照不同的标准分类，是制定和使用这类文件的需要。

(1) 按照特色小镇产业招商引资文件的适用对象，可以将其划分为对内适用的文件和对外适用的文件。

1) 对内适用的文件。它主要是产业招商引资的内部工作文件，包括机构、人员、学习、训练、文化、工作制度、奖惩规定等。

2) 对外适用的文件。招商优惠政策、宣介文件、洽谈纪要、备忘录、沟通函、项目投资协议书等。

(2) 按照特色小镇产业招商引资文件自身的性质，可以将其划分规范性文件和非规范性文件。

1) 规范性文件。文件内容具有约束和规范招商引资行为、规范产业招商引资行政管理事务，反复适用的，具有普遍约束力的文件。

2) 非规范性文件。文件仅一次性适用，比如对某个具体项目的优惠决定、具体项目的投资协议等。需要强调的是，在产业招商引资工作中，非规范性文件的作用，比起其他工作领域使用的频率高、作用大。因此，非规范性文件，比如项目投资协议书要与规范性文件一致，如要与项目投资优惠的规定一致，在原则、方向一致的前提下，数量和标准应该更具体并可以突破。

(3) 按照特色小镇产业招商引资文件内容是否涉及项目，包括一般项目工作和具体项目，可以将文件划分为项目文件和非项目文件。

1) 项目文件。关于项目寻找、项目调查、项目调度、项目优惠、项目对价、项目协议等文件，既包括具体项目的文件，也包括设计一般项目的准备、管理文件，比如项目信息介绍奖励办法、项目登记制度等文件。

2) 非项目文件。指主要内容不是针对项目而是针对其他招商引资工作的文件，比如建设和运行招商网站的文件等。

第三节　特色小镇产业招商引资对内的几种主要文件

特色小镇产业招商引资工作的基础、体制、机制、组织、人员管理、项目调度、项目推进、项目对价等都要靠内部文件的确定。特色小镇产业招商引资工作的内部文件大部分是规范性文件，但像对具体组织、人员的奖惩，重大节日的规定，VI、Logo的确定等文件是非规范性文件。表16–1列出了内部常用主要文件。

表16–1　特色小镇产业招商引资内部常用主要文件

文件	体裁	重要性	主要内容	注意问题
机构分工	决定、通知	非常重要	机构性质、名称、隶属、具体责任、运行原则	不具体。丢责任，如项目寻找、项目推动、项目实现的责任人
机制运行	决定、意见	重要	人员管理和权限、运行原则、经费来源和使用	不具体、不落实
项目信息报告	报告	比较重要	项目信息来源、简单判断	不认真执行
项目调度会制度	制度	一般	研究的事项、推动的方法、结论等	流于形式，不执行
项目调查报告	报告	一般	重点是核实投资人提供的情况及不同	不一致的细节与原因
项目分析报告	报告	一般	项目比较、发展可能	原因分析、结果预测
项目（停止）报告	报告	一般	推进的难点、重点，停止推进的原因	找出推不动原因
项目方案的请示	请示	比较重要	请示的具体内容，要求的条件	找准问题，避免批准后还不能成
项目成功总结报告	报告	一般	找出可以复制、推广的经验	不找、找不准
项目失败分析报告	报告	比较重要	真正找到项目异地投，或不投的原因。招商方的原因	不找、找不准
企业经营发展年度报告	报告	一般	企业数量、规上企业数量、产值、销售、用工、纳税、出口、业内份额、主要技术水平、影响力、发展趋势、主要问题、措施建议等	不重视、不服务、不分析
企业服务报告	报告	一般	企业困难、困难原因、服务措施、结果	不主动服务
产业招商引资工作年度报告	报告	重要	年度签约数、签约资本额、开工企业数、开业企业数、重大投资者、重大项目、发展变化、成绩、原因、不足、问题、改进措施等	找不足、找原因、找措施

资料来源：笔者自制。

第四节　特色小镇产业招商引资对外的几种主要文件

特色小镇产业招商引资工作的对外宣传、推介、发展方向决定、优惠政策等规范性文件和针对具体项目的非规范性文件都是非常重要的。可以将特色小镇产业招商引资文件分为特色小镇管委会单方制定的文件和特色小镇管委会或运营公司与投资者双方共同签字的文件两种。表 16–2、表 16–3 分别列出特色小镇管委会单方对外和与投资者共同签署的主要文件。

表 16–2　特色小镇管委会单方对外的主要文件

文件	体裁	重要性	主要内容	注意问题
建设特色小镇的决定	决定	重要	决定机关、原因、目标、条件、措施、投入、优势、作用意义	务实，必要与可能兼顾
特色小镇简介	介绍文	重要	位置、面积、功能、投资总额、资金来源、资源、条件、优势、建设者	特色，避免雷同
特色小镇产业发展决定	决定	重要	产业、产业作用、意义、小镇特点、优势、资源	没有特点，哪都适用
特色小镇产业优惠政策决定	决定	重要	内容具体，标准明确，程序清晰，可操作性强	具体化
招商政策文件	规定	重要	可操作性强、联系人、方式明确	操作性

表 16–3　特色小镇管委会与投资者共同使用的主要文件

文件	体裁	重要性	主要内容	注意问题	备注
洽谈纪要	书面纪要	重要	重要人物、重要内容的洽谈，包括项目、项目产业、方向、规模、原因考虑等	投资方应知	可以不签字
洽谈、谅解备忘录	书面记录	重要	对具体事项的明确和重新约定	双方一致	双方签字
项目建议书	书面建议	重要	书面建议确定：项目投资人、投资额、投资时间、开工时间、开业时间、位置、占地规模、产品、技术、品牌、产出、用工、纳税额等	代表双方	不一定双方签字
项目商业建议书	书面建议	重要	除以上内容外，增加投资回报率、内部收益率、现金流、销售利润率、年度销售额、年度利润率，增长额、增长率等	代表双方，用于融资	争取签字
项目可行性研究报告	书面报告	很重要	除以上内容外，增加法律、政策依据，产业情况、产业政策、行业依据，内外优劣势机遇与威胁分析，主要竞争对手分析、主要风险与对策等	代表双方	可由投资方编制

续表

文件	体裁	重要性	主要内容	注意问题	备注
项目投资协议书	书面协议	很重要	是主要投资条件和优惠条件的确定性意见，标准明确、时间明确、程序明确，具有可操作性	防止不具体	双方签字
项目投资协议书的修改协议	书面协议	很重要	简单明确。变动的原因、内容和新的规定	防止不清楚	双方签字
产业基金入股项目协议书	书面协议	很重要	入股的原因、金额、股权比例、出资条件、出资步骤和程序、时间约定、管理约定、特别约定等	代表双方	双方签字
企业服务及特别帮扶协议书	书面协议	重要	企业困难、帮扶措施、要求条件、时间约定、资金监管、违约责任等	滥用和不兑现	双方签字

第十七章　特色小镇产业招商引资的商街

一、要点

（1）小镇客厅是指有展示特色小镇基本情况，提供创业服务、商务商贸、文化展示、旅游集散等综合功能的公共开发场馆。

（2）小镇商街是指特色小镇的商业集中区，主要满足小镇居民和外来游客的金融、餐饮、购物、休闲和旅游集散、来访接待的需要。在特色小镇建设中期部分替代小镇客厅的作用。

（3）小镇商街的产业招商引资功能是指以商街上每一单独建筑的形体、功能和各个建筑形体、功能集合，以及各个建筑的联系，辅助建筑物、构筑物的匹配，各个商业单位的运行过程体现的功能。

二、思考题

（1）小镇客厅在建镇初期作用很大的原因是什么？

（2）怎样理解“小镇客厅是观看产业招商，小镇商街是体验产业招商”？

（3）为何讲小镇商街的 Logo、VI 一定要与产业方向联系？

（4）为什么小镇商街选址要综合考虑居民生活、旅游集散、产业园区以及交通等因素？

（5）如何让特色小镇标志物鲜明、醒目、众多，让客人一次来访终身不忘？

第一节　小镇客厅与小镇商街

一、小镇客厅

浙江特色小镇评定规范“3.2”对小镇客厅明确规定，“要具有展示特色小镇基本情况，提供创业服务、商务商贸、文化展示、旅游集散等综合功能的公共开发场馆”，而且规定分值为 10 分。小镇客厅是特色小镇必有的建筑内容。本书在第十九章介绍产业招商引资展厅时，将详细介绍。

二、小镇商街

小镇商街是特色小镇的商业集中区，主要满足小镇居民和外来游客的金融、餐饮、购物、休闲和旅游集散、来访接待的需要。小镇客厅在特色小镇创建初期是十分必要的。随着特色小镇建设的发展，小镇客厅的各项功能被逐一分离，独立建设，比如规划馆，产业发展促进中心，专门服务产业的孵化器、转化器、加速器，商务中心、文化中心、旅游中心以及体验中心、居民广场、市民大厦、购物超市等建成，就将小镇客厅展示的规划变成了现实小镇商街。特色小镇创建初期，只有小镇客厅，中期小镇客厅与商街并存，后期小镇客厅转变职能，作为某类产品的营销场所。小镇商街除了一般商业街区的功能特点外，还有一个重要的功能，就是为产业招商引资服务。像浙江诸暨大唐袜业小镇一条商街两边，不是袜业企业门市部，就是各类袜子直销店，销售袜子，招纳袜业资本。

三、小镇客厅和小镇商街在产业招商引资上的分工

小镇客厅和小镇商街都应以产业招商引资为重点，努力体现特色小镇产业发展的特点，充分展示小镇产业发展水平，尽力吸引产业资本、金融资本和社会资本投资，但小镇客厅和小镇商街发挥作用时间不同，前者早，后者晚；前者是一次建成，一次投入使用，而后者需要几年内一个个建成，一个个发挥作用；前者规模小，投资少，一个投资人，后者几十上百倍大，投资额多，投资主体多。此外，在产业招商引资的作用上，也有很大不同，如表 17–1 所示。

表 17–1　小镇客厅与小镇商街的不同作用简表

比较主体	建设依据	内容	接纳	存在	作用
小镇客厅	浙江特色小镇评定规范	虚幻	听看	理论逻辑，图纸照片	认知
小镇商街	实践	现实	实践	具体存在客观现实	参与

资料来源：笔者自制。

第二节 特色小镇商街 Logo 与产业招商引资

特色小镇商街的产业招商引资功能是以商街上每一单独建筑的形体、功能和各个建筑形体、功能集合，以及各个建筑的联系，辅助建筑物、构筑物的匹配，各个商业单位的运行过程体现的。特色小镇要建立整个商街企业形象识别系统（Corporate Identity System，CIS），有计划地将特色小镇的企业特征向社会公众主动地展示与传播，使公众在市场环境中对特色小镇有一个标准化、差别化的印象和认识，以便更好地识别并留下良好的印象。特色小镇一定要在商街做好公司识别（Corporate Identity，CI）、理念识别（Mind Identity，MI）、行为识别（Behavior Identity，BI）和视觉识别（Visual Identity，VI）。特色小镇的 Logo 和有关标识，能直接反映特色小镇的产业特征或产品特点，同时也要有直接联系，在特色小镇统一的识别条件下，再标注各入驻企业的标识，基本应要同时体现，能做到这一点，实际上就为产业招商引资做出了重要贡献。要实现特色小镇在商街和产品上加注标识，还要努力做好以下各项工作：

（1）选好 Logo 吉祥物（标识物），像美国好时镇的巧克力世界，瑞士日内瓦街头的石牛，达到看一次忘不了的水准。

图 17-1 美国好时镇标志物

（2）最大限度地使用 Logo，在街头椅、路灯杆、垃圾桶、早餐车等可用的造型上充分体现，让 Logo、VI 成为系统。

图 17-2 瑞士日内瓦街头石牛

第三节 街区的规划建设与产业招商引资

特色小镇的商街在规划上要考虑产业招商引资的需要，要点如下：

（1）选址：最好兼顾礼宾待客、方便顾客和产业招商需要，比如在入镇主干道最近处，兼顾离居民区和产业园区的距离。

（2）便捷：兼顾商街步行和潜在投资者驱车可达性。

（3）主建筑的标志性：主建筑要突出、有特点，且能反映产业、联系产业最好。

（4）建好中央大道，但不应是商街，两侧展牌体现产业。

（5）建好迎宾牌坊，要充分反映产业。

（6）一个旗帜广场，汇集入镇企业旗帜。

（7）一个中心花园，注意将产业、产品、企业作为小品、服务设施融入。

（8）一个成果展，充分展现入镇企业、产品等成果让入驻企业自豪，让他人羡慕，让投资者动心。

（9）一条成功大道，让潜在投资者沿道看到成功、走向成功。

（10）人物蜡像馆，将投资者、曾经考察小镇的重要企业家、重要领导做成蜡像宣介，来访者可在电脑上任意设计，用 3D 打印出自己与有关人物的模型。

第四节　文化活动与产业招商引资

特色小镇商街不仅要在建筑外形与 Logo、VI 等方面最大限度地表现产业，促进产业招商引资，而且要在商街的商贸业务中，特别是大型活动中推进产业招商引资。

云栖大会永久落户西湖区云栖小镇，已经成为国际网络会议，这种会展经济与云栖小镇的产业招商可以说是绝配。会展、文化、商业、产业的结合，是最难得的产业招商引资契机，某围棋文旅产业特色小镇，以电子围棋产品拓展到文化体育设备设施产业，以每年的段位级挑战与晋升为契机，横向拓展到国际，内容挖掘到武术、足球，纵向从青少年延伸到父母的禅修，如此比较广泛的活动内容，又不离开主题，会展结合赛事，子女牵动父母形成活动链，拉动价值链提升，为产业招商引资创造最大的机会。

第十八章　特色小镇产业招商引资的网站

一、要点

（1）两热不连接是指网络热与园区招商热二者没联系起来。

（2）网站招商效果不佳的客观原因：①产业招商难，情况复杂；②投资决策慢；③招商引资历史短，缺乏经验；④缺乏专家莅临指导。

（3）网站招商效果不佳的主观原因：①没有网站；②有网站重点偏离招商；③过于简单，没有力量；④用于宣传，没有聚焦。

（4）网上发盘（邀约）的努力标准：①市场服务内容；②资金支持标准；③项目资源价格；④配套服务条件。

（5）网上招商逻辑系统：①网站以产业招商引资为目的和主要内容；②以投资者为上帝，以项目为目标；③网站最主要栏目是招商引资；④有招商项目发布；⑤有项目对价范围；⑥有具体用地等资源价格条件；⑦有具体优惠条件；⑧有明确、具体要求和时限。

二、思考题

（1）网站从事产业招商引资为何几乎没有效果？

（2）既然网站招商引资效果不佳，特色小镇是否可不建网站？

（3）如何将招商引资从口头高喊网上招，到真正在网上招，且能成功？

（4）对特色小镇来讲，建立门户网站的意义是什么？

（5）为何讲产业招商引资短期内不可能主要依靠云计算、网站、大数据？

（6）网站如何以产业招商引资为主要内容？

（7）网站如何以投资者为“上帝”？

第一节　产业招商引资的网站

一、产业招商引资的网站建设情况

据笔者抽样调查，县市开发区设立网站的比例约为59%（具体情况见下文），特色小镇和特色小城镇的比例远远高于开发区，产业园区的比例较低，它们设立网站的时间一般是与开发区、产业园同时设立。这些网站设立初衷是想以产业招商引资为主，但由于各种原因，结果很不理想，导致网站运行也不积极，实效性、互动性欠缺，有的长期不更新内容，从没有产生过互动。

二、两热不连接的情况

网销、网购是火热的社会现象，人们今天已离不开阿里巴巴、京东，以及滴滴打车，网上订票、订餐、订店等商业模式。在经济领域，开发区、产业园、特色小镇如火如荼，甚至电商园也遍及各地，但网站（包括手机等终端）的产业招商却一直效果不佳。全国2万多个产业园区是中国经济、社会、科技各项事业快速发展的集聚空间，然而，作为最重要的“一号工程”，“压倒一切”的“重中之重”的招商引资工作与最时尚的云计算、网络化、大数据、智能化貌似无缘。至少在10多年时间，2万多个有实力、有人才的单位，都没有用最新最有效的手段解决最重要的任务，甚至连成功的案例都罕见。网络热和特色小镇热没有连接贯通。

第二节　网站招商效果不佳的主要原因分析

一、问题的主要客观原因

（1）产业招商比产品销售难。产业招商比产品销售复杂得多，产业招商属于资本推介，是完整意义上的资本营销。产业招商涉及项目投资的全过程、全方位，不像产品销售比较简单，即便是产品营销，也比产业招商简单。此外，产业招商资金额大。有人提出投资建设一个皮鞋厂与一架空客飞机的销售比，后者资金额可能更大。这是逻辑上偷换概念。这里应该比较的是皮鞋厂招商与皮鞋销售，飞机厂招商与飞机销售。

（2）产业招商的投资决策程序复杂。这个原因的外在表现是招商与投资双方的决策程序与产品销售、购买比慢得多，要洽谈的内容和讨价还价的过程更难、更慢。内资中等项目（1 亿元规模），一般要 18 个月时间，外资时间更长，3 亿~5 亿美元外资项目一般要 3 年时间。从节奏上讲，也不必用网上签约。资本交易的复杂性和决策的程序是网站招商效果不佳的主要客观原因。

（3）产业招商的历史短。产业招商在发达国家有百年时间，在我国仅有 30 多年的历史，网络迅速发展时仅有 20 余年历史。而产品销售历史悠远，仅保存的纸质广告约在 4000 年前，现存英国大英博物馆中，写在莎草纸上，是在埃及尼罗河畔发现的。产业招商的从业者、经验积累远不如产品销售。产业招商时间较短是网上招商不佳存在的客观原因。

（4）产业招商的理论指导乏力。产业招商，包括产业转移，跨国投资理论相对成熟至多只有 40 年历史，还很不完善，特别是指导实践的理论还比较乏力。而产品销售和营销论理论，要早 20 多年，以美国乔尔·迪恩（Dean. J）、菲利普·科特勒（Philip Kotler）为代表的一批学者创立了从销售（Sell）到营销（Marketing）的一套 4P—4C—4R 理论。理论指导不够是网上招商不佳的深层客观原因。

二、网站招商效果不佳的主观原因

笔者在山东、山西（阳泉市）、河南（洛阳市）、河北（张家口市）四省及重庆（重庆九龙坡区）5 个地区（市）41 个县市的园区调查表明，网站招商效果不佳的主观原因如下：

（1）没有网站，落后时代。有网站的 24 家，占 59%，其中自建门户网站的 8 家，占比 20%；依托公共门户网站的占比 39%。17 个园区没有网站，占 41%。这就没有了网站招商的前提。

（2）偏离招商，宣传为主。既有的 24 个网站中，基本都以宣传园区为主，政治内容、形式形象过多。设有招商引资专栏的 10 家，占 24%；设有投资指南专栏的 21 家，占 50%。两项合计 31 家，占 74%。表明 26%的网站根本不是用于招商引资。这样的网站在招商引资方面与没有网站一样。可见，没有网站和有网站但不直接用于招商的比例合计为 67%。

（3）过于简单，内容不够。在设有招商引资专栏和投资指南专栏的网站里，绝大多数内容简单，信息陈旧，用产业招商工作标准或网站技术标准衡量，80%不及格，特别是挂在其他公共门户网站上的，如在中国投资网、中国招商网、河北园区招商网上的网站，仅仅是页面，没有内容，甚至仅仅是空壳。

（4）没有推介，宣扬过多。设有招商引资或投资指南栏目的，绝大多数仍然是宣传。难得的是，重庆九龙坡区高新区九龙园区的网站不仅设有招商引资栏目，而且在该栏目下设有三个子栏目：招商政策；招商项目；招商手册。在招商项目子栏目下又设立子子栏目：①盘龙新城集中招商项目；②标准厂房项目；③房地产项目；④中央公园项目。这在全国是难得的领先做法。这种做法基本体现了网站招商逻辑系统。

（5）线上线下脱节，不能有效衔接。招商引资是园区最重要的工作，但从一般的园区网站上看不出来。抑或在园区现实工作中就没把招商引资放在第一位。招商引资工作的线上线下没有衔接。

第三节　精准推进网站产业招商引资工作

特色小镇使用网站进行产业招商引资，基本的研判结论如下：

（1）产业招商引资短期内不可能主要依靠云计算、网站、大数据。

（2）产业招商引资不可能不用网站。

（3）如何将招商引资从口头高喊网上招，到真正在网上招，且能成功，而且逐渐提升为一种重要方式，是比较复杂的问题，需要一定的时间过程。

精准推进网站招商工作，主要内容如下：

（1）以设立官网为底线。特色小镇都要设立网站，而且一定要设官网，以增加信任度，也便于寻找。有条件的要设招商引资专网（官网性）。特色小镇网站可以链接到其他网站上，但一定要有独立的网址。

（2）以投资者为“上帝”。特色小镇网站一定要服务招商引资，一定要聚焦投资者。要以投资者为目标，从投资需要出发设计网站而不要以给领导看、搞形式为主要目的。

（3）以招商引资项目为主要内容。项目是给投资者准备的。要像上述重庆九龙坡区高新区九龙园区的网站那样，将具体招商项目推介好。网上招商的最终结果是项目落地（及运营良好），一般要经过线上线下多个回合，但主要环节是：①投资者的寻找（或发现）；②沟通推介（帮助调研）；③条件洽谈（确定优惠）；④协助准备（决策、文件）；⑤签约成交，以及必要仪式、奠基、开建、开工、开业等。其中艰难的是①②③。在这三步中，第①步又是最难的。因此，网站要发挥精准作用，要以法律上的发盘（邀约）标准为参考，使投资者非常清楚项目的种类，而且知道价格、条件。因为把项目挂网上，特色小镇没有对该项目的机会成本，也可大大节省投资者时间，客观倒逼特色小镇招商引资提升水平，精准策划项目。

以网上发盘（邀约）为努力标准。要将上网项目精准研判，从广告模式提升到发盘、邀约水准。主要内容如下：

（1）市场推介服务（市场情况、最终消费者分析、政府购买、政府促销、政府奖励等）。

（2）资金支持标准（资金奖励、基金参加、税收奖励、就业奖励、贷款贴息等）。

（3）项目资源价格（土地、水、气、电、人力、污水处理等价格）。

（4）配套服务条件（人才、技术、产业链、原料、辅料、配件）。

上述内容是针对项目的不同产业类别、不同投资规模、不同技术条件、不同市场份额、不同母体影响力、不同区域位置、不同投资和投产时间、不同社会贡献率（就业与税收）等确定的。这些内容与一般行政管理服务的规定（人员、时间、收费）不同。

网上推介项目，以发盘（邀约）为参考标准，要注意避免以下做法：

（1）集体项目招商。产业招商是资本项目没有批发。

（2）一定标价。邀约的重要内容就像拍卖，缺少价格要素不成为邀约，但网上招商可给出一个价格区间。

（3）一定要明确时间。上述的（1）~（4）内容要限定在约定时间内。

（4）要明确空间范围。上述的（1）~（4）内容要限定在约定的用地空间范围内。

以最新的技术手段与投资者形成线上线下互动。要学习、参考商业招商、咨询服务等网站的先进做法。让 B to B 在产业招商中发挥精准作用。

广州臣通橙园信息科技有限公司的“臣通顾问”、深圳深联产业转移研究有限公司已经在大数据招商引资方面开了先河，这为实现网站招商提供了可能。

第十九章　特色小镇产业招商引资的展厅

一、要点

（1）特色小镇展厅的性质应该是特色小镇产业招商引资的阵地，而不应成为政治教育、行政宣传、政绩展现的空间。

（2）小镇展厅展示的受众即给谁看的问题，投资者人数少，但作用大，是关键少数。

（3）小镇展厅的主要内容：①产业方向；②创业扶植措施；③优惠与支持的内容；④产业集聚条件、方式、原因等；⑤欢迎投资的项目、种类、对接人、联系方式；⑥重点项目示例。

二、思考题

（1）小镇客厅、小镇商街、小镇展厅间的联系与区别是什么？

（2）小镇展厅如何才能做到服务招商，促进招商的作用？

（3）怎样使 VR、全息、现场 3D 打印等技术手段聚焦在参观者体验、互动等深度刺激方面？

第一节　展厅是特色小镇产业招商引资的阵地

浙江特色小镇评定规范明确规定小镇客厅是必不可少的建筑，且要具有“展示特色小镇情况”和文化展示的内容。筹建和建设中的特色小镇一般都建有展厅，有的就在小镇客厅之中，有的单独建设。目前的展厅主要有两种形式，一种是政府主导的，另一种是企业主导的。政府主导的一般面积大，投入大，展示的技术手段先进，气势宏大，注重形象宣传，突出区域发展，但不太重视产业的精确介绍和具体项目的展示。这类展厅的设计建设，政府领导意志有较大作用，欠缺以投资者为导向的市场化的精确设计规划。企业主导的一般面积适中，投入经济，展示技术手段较为实用，与住宅楼盘的售楼处类似，突出项目优势和企业宣传，很少能给人震撼的感受，这类展厅大多过分注重短期实用，在区域发展和产业兑现能力方面着力不多。

（1）特色小镇展厅的性质。小镇展厅应该是特色小镇产业招商引资的阵地，而不应成为政治教育、行政宣传、政绩展现的空间。

（2）特色小镇展厅的目的。设立特色小镇展厅首要目的是为了给产业项目意向投资者形象直观的区域介绍、服务介绍及项目发展的环境展望，提升投资者及其项目与特色小镇的契合度，增强投资的信心，加快项目落地，简言之，就是促进产业招商引资。特色小镇情况第一位的是产业情况，按照产业建镇的原则，产业发展是特色小镇发展的基础和引擎，展厅应以此为主要目的。当然，展厅还有诸如形象展示、小镇宣传、地产营销等作用，但这些作用不能喧宾夺主，否则就会导致展示中心华而不实，有形象没内容，或过于地产化，重卖房而轻产业，达不到招商引资的核心目的。

（3）特色小镇展厅展示的受众。特色小镇展厅给谁看的问题，由展厅目的决定。展厅核心受众者，应是产业项目投资者。虽然潜在的产业项目投资者只是少数，但这个少数是重点。因此，展厅应首先研究目标产业项目投资者的来源区域、年龄结构、专业结构、兴趣爱好、关注问题等维度，提炼出共性和个性的需求，在展厅的展示内容、展示方式、展示技术等方面尽量满足这些需求。例如，美容整形产业的老板，大多来自韩国或国内一线城市，比较时尚的二线城市，年龄大多比较年轻（30~40 岁），专业结构一般为整形、美容、养生、生物医药、护理等，他们前卫时尚，注重形象，爱好艺术，大多关注市场及推广。在做产业展示时，可以做成时尚前卫带有艺术气质的风格，注重项目展示和体验，应用科技含量高的展示手段等。又如信息产业、智能制造等高科技产业的从业者大多是有国际视野、创新精神的年轻人，展厅应科技感十足，有国际范儿。而中医药产业的从业者一般对传统文化比较热爱，展厅可以突出传统文化底蕴，中国风格调。当然，产业越细分，受众越清晰，展示越精准。

第二节　特色小镇展厅的内容

明确了特色小镇展厅的性质和“给谁看”，就要解决“看什么”的问题。展厅重点内容一般包括以下方面：

（1）特色小镇的投资主体介绍：

1）主营业务、资产规模、成功案例；

2）能够配置的资源；

3）能够为特色小镇产业发展提供的资源和服务。

产业项目投资者最关心特色小镇的投资主体是否具备做好特色小镇的经济实力、人才实力、资源整合能力、园区运营能力、成功经验、优势条件、准备工作、推进手段、合作者等内容。在展示投资主体的内容里要重点、明确地介绍这些产业项目投资者关切的问题。

（2）特色小镇的概况介绍：

1）区位、环境、交通、规模、配套等；

2）批准、签约、领导指示等；

3）重点优势与支撑；

4）规划设计、特点、亮点与发展前景。

（3）特色小镇的产业介绍：

1）产业方向、适合企业，产业规划、产业贡献等；

2）创业扶植、产品市场、技术优势、产业人才、产业环境、入驻企业等；

3）优惠与支持、资源价格、用地提供、产业基金、奖励等；

4）产业集聚、入驻企业、开工企业、重点企业等；

5）欢迎投资的项目、种类、对接人、联系方式；

6）重点项目示例。

产业在区域的选择上是要根据该区域的资源禀赋、比较优势、产业聚集度以及产业本身发展程度、企业战略等综合考虑而确定的。能够到达展厅项目投资者，大多对小镇（产业园）区域位置没有绝对抵触，但都关注区域未来发展情况，特别是产业能否发展。大多数产业项目投资者最关注自己的项目与小镇的匹配度，所以要重点详细地介绍产业水准、产业链长、产业关联度，并着重介绍龙头项目的产业带动作用。同时，设计几类覆盖面比较广的模拟项目，让大多数投资者能够找到自己项目的影子并进行匹配度的衡量。这样，投资者能较清楚地知道此小镇是否适合自己的项目发展，招商引资方能更快地了解投资者的真正需求和意向，更快地推动产业落地或另寻其他投资者，不至于盲目地拉锯，进入低效的招商模式。

（4）特色小镇的产业服务配套介绍：①专业内的服务；②社会服务。

服务配套政策和措施目前已成为很多产业园招商的重要手段，也是扶植产业发展的重要保障。服务承诺大同小异，关键在于如何落实，如何让投资者相信能够落实。所以，在展示中心可以设置专业类、社会服务类的服务专区，现场办公或互联网办公，如技术认证、金融咨询、证照办理等。

第三节　特色小镇展厅的方式、手段、技术、讲解和效果

特色小镇展厅的展示内容是核心，但用什么样的形式和技术手段展示出来往往很关键。展示形式和技术手段的选取要根据展示的内容、各内容的占比以及目标受众的喜好等合理规划，不同的内容用不同的方式展示出来。重要的内容放在核心位置，选取最好的展示手段展示，另在不同的区域用不同方式重复，具有强调的作用，会收到较好效果。

（1）常用的展示方式：①模型；②图片；③文字；④声音；⑤影像；⑥产品实物（静态、动态）；⑦表演；⑧互动体验等。

（2）常用的技术手段：①沙盘；②LED 屏；③灯箱；④展板；⑤虚拟现实（3D、4D）；⑥全息投影等。

展示方式和技术手段要充分调动人的听觉、视觉、触觉、嗅觉、味觉等各种感官体验，让人在潜移默化中记住展示的内容。围绕核心内容，要有一到两处让人惊叹、别具一格的展现方式或技术手段，让人在强刺激下深刻记住参观的特色小镇或相关内容。比如某航天主题的展厅，展出了近 10 米高等比例的神舟九号及一系列运载火箭的模型，气势恢宏，参观者无不赞叹不已，印象深刻。

（3）展厅的讲解引导：展示的内容和展示方式、技术手段是解决“看什么”的问题，还要解决“怎么看”的问题，这往往是参观者体验感受比较直接的部分，做得好能够增强投资者信心。

1）讲解员应该在潜在投资者、有关领导等重点客人进入展厅后就了解客人情况，如主要目的、停留时间、介绍重点等，做好介绍准备。

2）参观者进入展厅，讲解员要热情、大方，如果运用机器人或全息虚拟接待人员进行接待讲解更好。

3）讲解员要符合高端商务人士的标准，中级专业水准。讲解词和问题的解答要有统一标准口径，务实而简练，绝不能华而不实。目前很多产业园展示中心的接待人员只是礼仪性接待，专业能力和商务气质欠缺，难以在这个环节上增强投资者信心。若采用机器人或全息虚拟接待人员，那么在程序设计上要考虑周全，尽量做到既能把握参观者的节奏，又能适当引导不致分散精力。

4）介绍要目的明确，重点突出。不应内容偏颇，如向投资者介绍园区艰苦奋斗，

炸平了100多座小山丘，动用了多少人力、机械、财力，所以土地价格高，这样很不好，投资者用地追求性价比，如果给补贴使价格便宜，在介绍土地情况时讲一句是平山地、基础好就比较适合。而艰苦奋斗的内容应该讲给党政领导。

（4）展厅的功能效果。特色小镇展厅一定要加大与参观者的互动程度，提高参观者的体验度，增加参观者动手、身体体验等内容，要展现本产业最高的科技成果和最有影响力企业，并找出与本特色小镇的联系。要最大限度体现功能，彰显效果，主要标准是：

1）要有鲜明、突出的特点，这一特点的基础是特色小镇中的特色产业；

2）参观者通过观展，以自己形象思维与逻辑思维结合的方式，留下美好的印象；

3）参观者通过充分、逻辑、技术、产业、资源等的数据、案例观展得出该特色小镇优势、特点；

4）参观者通过具体、典型案例和资源价格、优惠、奖励产业基金等产生“看了爱”情感和“看了动”基本开始洽谈的效果。

第四节　注意解决展厅的其他问题

特色小镇展示中心的建设、使用除上述的目的、受众、内容、形式、技术手段、讲解引导、功能效果外，还需要系统考虑以下问题：

（1）展厅选址问题。根据特色小镇项目的区位和产业方向、项目阶段、受众群体分布等因素选择展厅的位置，有在园区及周边的，有在园区所在地市中心的，也有异地设置的，要根据具体情况充分考虑汽车可达性。

（2）参观路径问题。要根据参观路线建设展厅，将展厅作为参观的重要环节。展厅自身也有路径问题，要让参观者逐渐入境。路径设置要符合人的记忆规律，让客户在较为轻松的状态下被引导参观，达到思维上的逐步入境和提升。

（3）功能分区问题。特色小镇展示中心整体上的功能分区大体可分为前台、展示区、体验区、洽谈区、办公区、服务区。由于产业投资客户有一定的私密要求，洽谈区的设置要有一定的私密性，最好不要设置成开放式的。

（4）服务配套问题。展示中心一般要有一些服务配套的区域和服务，如前台接待、专业和社会服务区、茶歇处、宣传资料、伴手礼品等。

（5）领导体制问题。展厅最好由特色小镇管委会（园区管委会）或运营公司直接领导。

第二十章　特色小镇产业招商引资会议

一、要点

(1) 招商会的时间成本1年。

(2) 招商会的一般财务成本40万元(2天，100人)。

(3) 招商会的效果：①一年工作检阅作用；②集中签约的推动作用；③较小的客户开发作用；④宣传报道作用。

(4) 精准化招商会的产业精准就是产业方向确定。

(5) 精准化招商会的客户确定即保证与会者80%以上是产业内投资者。

(6) 精准化招商会的前后要求：①3%~5%客户为参会实地提前考察；②8%~10%客户1年内实地考察；③2%~3%客户1~2年内签约。

二、思考题

(1) 如何改变招商会开了没啥用，不开更不行的局面？

(2) 如何会下协调、沟通好投资者，会上发布、讨论项目？

(3) 招商会能向拍卖会学习哪些内容？

(4) 精准化招商会和传统招商会在4个阶段22个环节上的不同，给我们哪些启示？

第一节　招商会的作用和情况

2017年4月至2018年3月，深圳共举办了10次招商会，经过调查，情况和分析如下：

(1) 作用分析。10次招商中，7次有签约安排，签约项目达106个，投资总额约880亿元。平均每次招商会，签约项目16个，投资总额88亿元。毫不隐瞒，会上的签约项目，要在会下做大量的准备工作，但招商会毕竟具有以下作用：

1）明显作用：项目取得阶段性成功；

2）重要作用：在谈项目推动，给投资者信心；

3）主要作用：寻找新项目。

（2）地点分析。北、上、广、深4个超级大城市，其经济规模、产业集聚、技术水平、信息容量、开放程度相差不多，各有千秋，但深圳（及东莞、佛山、番禺、中山等）的产业转移的可能性远远大于北、上、广3市，而且深圳更有发展的相同属性和移民城市的平等感，更容易被欠发达地区接受，也更可能招商成功。深圳的招商会每月都有，一年至少举办30多次。

（3）会场分析。交通、会务、食宿、价格等便捷的条件使招商会无例外地在酒店举办。每次会议20万~30万元，其中60%为酒店收入。深圳服务了全国，繁荣了自己。

（4）主办方的行政级别分析。10次招商中，省级一次，地级6次，县级3次。可见地级政府具有招商引资的压力和能力。

（5）主办方的区域分析。东部地区5个，占50%（广东3个、福建1个、江苏1个）；中部地区3个，占30%（湖南1个、湖北1个、江西1个）；西部地区2个，占20%（云南1个、贵州1个）。可见经济越发达地区，越重视招商引资。

（6）报告人、主持人分析。10次招商会中8次报告人都是主办单位的正职。可见，主办单位十分重视。

分析表明，招商会仍是招商引资的重要方法之一，依然具有重要作用。

第二节　招商会亟须向精准化提升

用招商会进行招商引资已经有30多年的历史，以2017年4月至2018年3月在深圳召开的10次招商会为例，有以下提高：

（1）会上推介项目的做法。例如湖北的招商会，带着90个推介项目。这是非常重要的做法，真正贴近招商的主题，而不是一般的环境说明、优势介绍。

（2）协办的做法。例如长沙招商会，由该省全国异地商会协办，江苏太仓市招商会由深港投资促进中心协办。这种做法肯定会增加招商会影响力，提高效果。

（3）分会场的做法。例如广东河源市招商会，设立电子、旅游和军民融合3个分会场，这样几个主题互不分散，会务工作又比较集中，会议效果很好。

时下的招商会虽有一定的改进和提高，但总体上，仍然是传统的形式，普遍存在以下问题：

（1）会议目标不明确，标准较低。许多会议设定为与企业家见见面、宣传推介本地发展情况。

（2）形式作用大于实际作用，实际作用不明确。

（3）与会嘉宾邀请难，嘉宾所在产业不集中，嘉宾会后反映一般。

（4）一言堂的报告方式。

（5）主办方与嘉宾缺少亲切、融合、一体的互动；嘉宾没有参与、体验、互动的感觉。

（6）嘉宾听不下去。有的嘉宾实在难以忍受，不愿继续坚持，甚至个别嘉宾中途退场。

（7）产生副作用。嘉宾参会后，只留下该地区落后的印象。

（8）同质化。众多的地县政府举办的招商会，形式和内容基本相同。一些经常参会的人，甚至都记不住办会方和邀请人。

招商会存在上述问题的主要原因是主办方（执行方）为行政单位（一般为商务局或招商局、园区管委会等），单位的体制、机制决定了招商会的行政化。办会人员主要是对领导负责，而不是对招商引资效果负责。这种责任机制决定了招商会的行政化效果。体制机制的改革是比较复杂的问题，在彻底改革之前，可以通过委托专业化招商公司举办，或与其合办的方式，将传统的招商会转为精准化招商会，会议效果将显著提高。

第三节　精准化招商会的要求

精准化招商会是与传统招商会相比，所谓的精准也是一定时空条件下的精准。精准化招商会与传统招商会在以下 4 个会议阶段、22 个会议环节因素上完全不同，在作用效果上也有 6 个不同的等级。最主要的不同是会议决策阶段。

（1）产业的精准确定。包括产业方向、产业技术水准、产业规模、产业资源、产品市场、产业链长、产业优势、产业优惠、产业发展计划等。

（2）招商会目标的精准确定。例如，笔者参与承办的一次招商会，明确嘉宾为 20 位业内董事长（或总经理、董事），其中 6 位董事长（或总经理、董事）（占 30%）会后（或会前）与政府领导深入洽谈；3 位董事长（或总经理、董事）前往考察；一年内 1 个项目签约。

（3）优惠政策的精准确定。要区别：①独特的优惠政策，与其他地区不同之处；

②确定的产业内外的优惠区别；③一定时间前后的优惠区别；④一定技术水平，具有带动性龙头项目与一般项目的优惠区别。

（4）会议地点的精准确定。一定找产业发达、具有产业转移可能的地区。

除上述4个主要方面外，精准化招商会与传统的招商会在会议组织方面也有不同。如表20-1所示。

表20-1 精准化招商会和传统招商会的比较

工作阶段	序	比较内容	传统招商会	精准招商会	作用分析（分为6级）
决策阶段	1	产业确定	没有，或几个产业	一个产业	一级：根本作用
	2	会议目标	没有，或大致	精准且与费用挂钩	四级：重要作用
	3	邀请人员	没有产业要求	必须是业内高管	二级：决定作用
	4	优惠政策	笼统泛泛	精准	三级：主要作用
	5	会议经费	场面形式决定	增加邀请费	四级：一般作用
准备阶段	6	筹备人员	行政人员为主	行政人员最多50%，主要是产业服务人员	五级：一般作用
	7	协办单位	不一定要求	一定要求确定的产业行会协办	五级：一般作用
	8	时间选择	主办方需要	行业习惯和便利（如年会、展会、交易会、设备检修期）	六级：一般作用
	9	地点选择	经济发达地区	产业发达地区	一级：重要作用
	10	主题确定	招商会、推介会	某产业发展介绍会（机遇说明会）	二级：一般作用
	11	资料准备	地区和一般经济资料	产业资料	三级：一般作用
	12	礼品、纪念品选择	纪念品、小礼品	与产业有关的纪念品	六级：次要作用
	13	会场座位	报告式	座谈式	一级：一般作用
	14	会场布置	没有或宣传举办地	可适当推介邀请企业	二级：次要作用
	15	背景音乐	吉祥、欢快	稍微沉稳，幸福成功	三级：次要作用
进行阶段	16	会议发言和时间安排	①行政领导推介为主60% ②一般商会赞誉20% ③企业代表表态性发言20%	①行政领导简短致辞和介绍产业环境、资源、市场、服务、发展40% ②请主办方所在地业内企业讲合作邀请意向 ③请重点邀请企业发言 ④请一般企业提问 ⑤互动	四级：重要作用
	17	合影留念	突出领导	突出企业家	一级：一般作用

续表

工作阶段	序	比较内容	传统招商会	精准招商会	作用分析（分为6级）
后期阶段	18	会后深谈	一般没有	作为会议重点，应有20%以上企业深谈	四级：重要作用
	19	安排考察	基本没有	作为会议重点，应有10%以上与会企业接受邀请实地考察（邀请方付差旅费）	四级：重要作用
	20	媒体跟踪深入报道	重点为领导、规模	重点是投资企业（专访、通讯都是推动）	五级：一般作用
	21	会后联系	一般没有	赠送会议资料，年年慰问，出席下届会	五级：一般作用
	22	会后组织	一般没有	与举办地产业协会组建长期发展联盟	五级：一般作用
4阶段		22个环节因素	传统做法	精准做法	六级作用

资料来源：笔者自制。

第四节　精准化招商会是精准化招商引资的体现

自国务院2017年5号文件和39号文件颁布以后，全国各地招商引资热浪汹涌，招商会（投资洽谈会、投资座谈会、原籍企业家联谊会等）此起彼伏。2018年，河北、山西、云南等省和石家庄、昆明、保定、枣庄等市以及更多的县级政府在工作报告中提出了实施精准化招商引资的要求。从根本上讲，招商引资是一种资本营销服务行为，属于经济商业的范畴。而经济的本质是通过资源的配置和利用创造价值，因此，在经济的本质属性上，一定要求效率、效果、效益。精准化招商会，是完全符合经济、商务、资本要求的。精准化招商会目前仅仅是一个相对于传统招商会的概念，很难有准确的定义和明确的标准，只能随着实践的丰富逐步完善。精准化招商引资更是一个工作系统化要求，精准化招商会仅仅是一方面的体现。早在20世纪90年代初，原天津滨海新区书记、管委会主任要求，“招商会，特别是在境外开招商会，一定要像电子运动一样准确、精确”。某广东省副书记在香港天津发展公司担任领导时，特别要求招商工作精准到位。

表 20-2　2017 年 4 月至 2018 年 3 月在深圳举办的招商会简况

序	主办单位	举办时间	举办地点	会议主题	主讲领导	协办单位	签约项目	启示分析
1	江苏太仓市委、市政府	2017 年 4 月 27 日	深圳五洲宾馆	招商说明会	市委书记	深港投资促进中心	25 个，106 亿元	
2	湖北省	2017 年 5 月 11 日	某酒店	文化产业招商推介会	常委、宣传部长		15 个，270 亿元	90 个文化产业推介项目
3	福建省漳州市漳浦县	2017 年 6 月 24 日	宝亨达大酒店	投资推介会	县长		12 个，42.5 亿元	
4	江西新余市	2017 年 9 月 13 日	某酒店	文化产业招商会	市委常委		10 个，11.8 亿元	
5	湖南长沙市	2017 年 11 月 27 日	某酒店	现代服务业招商推介会	市委常委	长沙市行政部门、协会、异地长沙商会	200 亿元	执行单位和异地商会
6	贵州省铜仁市	2017 年 12 月 4 日	某酒店	招商推介会	书记			
7	广东东莞松山高新区管委会、生态产业园区管委会	2017 年 12 月 13 日	深圳会展中心五楼茶花厅	深圳招商推介会	市委常委		29 个，250 亿元	比较务实
8	广东河源市	2017 年 12 月 22 日	深圳五洲酒店	深圳主题投资会	市委常委副市长		15 个	电子、旅游、军民融合 3 个分会场
9	广东省梅州市丰顺县	2018 年 1 月 26 日	某酒店	招商推介会	县长			
10	云南省文山州	2018 年 3 月 14 日	某酒店	招商会	书记			
合计	7 个省，1 个省 6 个地级市，3 个县	2017 年 4 月至 2018 年 3 月	酒店	6 个推介会，2 个招商会，2 个说明会	最高领导	2 场报道协办者	7 场有签约，106 个，880 亿元	

资料来源：笔者自制。

第二十一章　特色小镇产业招商引资的项目信息与判断

一、要点

(1) 项目信息是对投资人、投资意向、投资规模、投资时间、投资条件等任何有价值的信号和消息的集合。

(2) 项目信息的十项内容：①投资人及其代表；②投资意向；③投资内容（a. 产品、原料等业态；b. 消费者、价格等市场情况；c. 盈利模式）；④投资规模；⑤投资原因；⑥投资时间；⑦投资条件；⑧投资内部障碍；⑨投资确定性；⑩投资决策程序。

(3) 项目信息一般有四种形态：数据、文本、声音、图像，也可兼具。

(4) 项目信息报告内容：①作为工作依据，开始项目推进；②成为无形财富，形成真正项目。

(5) 项目信息判断主要依据：①经济规律分析依据；②行业标准分析依据；③专家分析依据；④经验分析。

二、思考题

(1) 为何讲"旁边有人讲，自己心头想"就是信息?

(2) 为什么项目信息有重要作用?

(3) 怎样处理及时报告和一分钟不耽误推进项目的关系?

(4) 真实的项目信息是信息产权，可以买卖吗?

(5) 获得项目信息有的几乎无成本，如何看价格?

(6) 对项目信息买和奖的区别是什么?

(7) 判断大、好、真项目信息的依据是什么?

第一节 产业招商引资的项目信息

一、信息的概念和启示

《辞海》中定义信息是信号、消息。

1948年，美国数学家、信息论的创始人克劳德·艾尔伍德·香农（Claude Elwood Shannon）对信息的界定为“信息是用来消除随机不定性的东西”。

（1）信息是确定性的增加，信息量越大，确定性越大；

（2）信息是事物现象及其属性标识的集合，信息量达到全部的时候，反映了事物现象的全貌。

汉语中这两个字是会意字，“信”，拆开来看是“人、口、言”，意为“旁人讲”；“息”字拆开来看是“自、心”，意为自己“心上想”。因此，所谓信息，就是听到了别人讲的有关自己想听的话。比如说体育爱好者非常关心体育大赛的消息，那么重要的体育赛事对他来讲就是信息，而对某个根本不喜欢体育运动的人来讲，任何体育大赛的消息，包括时间、地点、比赛结果、冠军、奖励等都不是信息。

二、产业招商引资的项目信息

对特色小镇的产业招商引资工作来说，任何业界内的有关数据、情况、发展、问题、变化等都是产业信息，但许多不是项目信息。虽然产业信息对产业招商引资有重要作用，但直接起作用的，是招商人员寻找的项目信息。项目信息是指对投资人、投资意向、投资规模、投资时间、投资条件等任何有价值的信号和消息的集合。项目信息是项目投资确定性的增加，项目信息达到全部时，即反映投资项目的全部。

三、产业招商引资项目信息的标准

经验统计，项目的全面反映约有160项，基本反映约26项，主要反映10项，开始工作的投资项目，有关键2项即可。

（1）主要反映项目的10项内容：

1）投资人及其代表。

2）投资意向。

3）投资内容（a. 产品、原料等业态；b. 消费者、价格等市场情况；c. 盈利模式）。

4）投资规模。

5）投资原因。

6）投资时间。

7）投资条件。

8）投资内部障碍。

9）投资确定性。

10）投资决策程序。

（2）实践中，有以下两条就可以作为项目信息确定、登记，并开始工作。

1）投资主体真实存在。

2）有投资意愿并与特色小镇的产业发展方向一致。

四、项目信息的作用（价值属性）

项目信息的价值：能够增强项目的确定性，增加项目经理对项目进展的把握，并据此可以相对准确地判断项目的发展变化，决策下一步工作重点。项目信息在产业招商引资工作中的作用是举足轻重的，至少占到50%以上。从大数据的高度看项目信息的作用更重要。

五、项目信息的表现形式

信息一般有四种形态：数据、文本、声音、图像，这四种形态可以相互转化。如通过网络看到的信息，可以通过口头传递给别人，这就是从文本信息形式转化成声音的形式。

六、项目信息的特点

（1）抽象性：抽象于物质的映射集合，不同于产品、市场、注册资金等。

（2）价值性：信息是一种资源，能够增加项目的确定性，以提升项目的负熵值。

（3）传递性：以物质介质为载体，传递和反映项目的发展变化以及产业招商引资工作的运动规律。

（4）层次性：分等级，有主次、重点、一般之分。

（5）时效性：在一定的时间内是有效的信息，在此时间之外就是无效信息。

第二节 项目信息的来源

按照来源的不同项目信息的分类如下：

（1）按照项目信息的取得方式不同，分为主动开发（寻找）的项目信息和被动得到的项目信息。特色小镇产业招商引资工作的主要任务是开发项目信息。开发并取得项目信息是开发项目的前期工作，其主要内容、技术方法等详见本书第二十四章。

（2）按照得到项目信息的来源，分为直接得到的项目信息和间接得到的项目信息。直接得到的项目信息是直接投资者的信息，直接来源于投资者包括来源于投资者的领导人、一般员工、投资者的正式刊物文件、领导者的正式讲话、网站信息、非正式的谈话等。一般情况下，直接得到的项目信息准确性、真实性大。间接得到的项目信息是指第三方转达的信息。

（3）按照是否付费，可分为购买的项目信息和非购买的项目信息，对真实的项目信息，可以购买，这是最典型的、最主要的市场化招商引资。

1）项目信息是一种信息产权，应该保护。

2）有的项目信息有开发成本，有的项目信息直接成本很低，但间接成本和机会成本很高。

3）真实项目信息的价格是双方议价的结果。定价参考因素应包括项目情况（投资）、项目贡献（产出、纳税、就业、带动性）、贡献折现、开发获取难度等。

4）买和奖是完全不同的法律关系。

（4）按照项目信息的来源载体可分为：

1）网络信息。网络成为信息源传递的主要通道。世界上有 1 亿~1.5 亿台联网的电脑通过互联网连接，这一数字将以每年 5000 万~7500 万台的速度增长。网上信息源容量大，门类齐全，提取速度快。

2）数据库信息。数据库作为一种动态信息源，是项目经理获取信息的又一基地。

3）图书、报刊、电视等传统媒体。电视依然是大众最易接触的信息来源渠道，但其时效性和定位功能已经相对落后于网络渠道。图书、报刊等印刷纸质文献是最为普遍存在的、传统的实用信息来源渠道。

4）信息职能机构。图书馆系统；信息咨询公司；专业、行业的研究机构；会议。

5）口头交流。通过与信息拥有者口头的交流沟通，获得新项目信息，最通常的表现为已入园企业介绍其他企业入园。

第三节 项目信息的报告

如同项目信息的发现一样，对特色小镇运营商来讲，项目信息报告是应当用制度加以规范的重要工作。项目经理发现了项目信息后，应立即整理成格式化的信息报告，尽快向主管领导报告。信息报告应当包括的主要内容如下：

（1）项目信息编号、简称。为了便于管理，每个项目信息都应做适当编号，取个简单易记的名称。编号可以以部门+项目经理姓氏+年度+序列号，如项1孙18001-英杰模塑，即表示项目1部孙经理2018年的第一个项目信息，信息简称英杰模塑。

（2）时间要求：特色小镇运营商对项目经理一般要求24小时内书面报出。重要信息即时报告，4小时内书面报出。可以参考的划分标准：世界500强、行业20强、领导介绍、投资5000万元或1000万美元以上项目。

（3）方式要求：书面报告为主、口头报告为辅。为提高效率、便于管理，填写项目信息报告，以电子邮件报告领导，同时存储于指定电子介质备查。如果遇到重要且紧急的信息，可采用电话报告方式。

（4）报告后不停工作。项目信息报告发出后，不必等待指示，项目经理自动展开工作，在可能的范围内立即进行投资者调查、项目基本情况调查等工作，尽快查明项目虚实、要点、困难，为后续工作提供指引。如遇主要负责项目经理出差、出国，则按相关规定，由补位项目经理代行。

某单位产业招商引资工作中使用的项目信息报告表有一定的参考作用。

表21-1 项目信息报告表

信息报告（简称：xxx）
报告人：xxx 报告时间：yyyy-mm-dd 编号：

要素	内容
来源	①交办（哪个领导）；②开发（自然人、单位）
客户情况	投资人（最少一个清楚）
投资意向	新建厂： 搬迁： 补建工厂（贸转工）： 建分厂：
主要提示	①业态：产品、原料、人员、技术设备规模；②市场：客户，竞争；③盈利模式
建议	
处理	
联、接、推 1	

续表

要素	内容
联、接、推 2	
联、接、推 3	

资料来源：笔者自制。

说明：

（1）表 21-1 中 1~3 行要素最少有两个即可报告。

（2）24 小时内报出（达公司领导及部门主管）。

（3）报告方式：电子邮件。

（4）不管领导是否批复，主动推进（出差出国按有关规定执行）。

（5）经过核实后的信息，可以要求升为线索或撤销。撤销的信息通过邮件报出即为撤销；升级为线索的信息，除邮件外，部门主管通过电话在 4 小时内报告公司领导。

（6）项目信息报告非常重要。作为工作依据，开始项目推进，如项目分析会、调度会、项目调查、安排拜访洽谈等；作为无形财富，可能形成真正的项目。

第四节　项目信息的判断

项目信息来之不易，但项目信息拓展为成功项目的比例很低，笔者 1996~1999 年在天津港保税区的业务统计是 1.5%左右。因此，对项目信息要绝对重视，要宁可信其真、信其成，绝不可有丝毫懈怠和轻视，但也要有非常正确的心理准备。在实践中，要做好项目信息的判断，项目信息的判断是经验、水平、能力的体现。项目信息判断的基础是充分的调查研究，判断的方式最好采用信息分析会、专门项目讨论会等方式。以下做法可供参考：

（1）通过调查，变少为多，力争生成项目线索。把项目信息的两个或多个要素通过调查，变为十几个、几十个甚至上百个要素，使之能够尽可能反映项目的全貌。

（2）反复调查，去伪求真，努力做出继续调查或否定的判断。对项目信息去粗取精、去伪存真、由表及里地判断。

（3）准确判断，及时去掉无用信息，节省时间和人力。经过调查分析，对判断为虚假不实、价值低的信息，及时终止后续调查跟进，消除编号，节省人力、时间。

判断项目信息应依据一定标准，对项目信息做出真假、好坏、大小、快慢，以及带动性、影响力分析，并分析出资源要求、关键环节，为项目方案做出的重要准备工作。主要依据：

（1）经济规律分析依据，如市场规律、投入产出分析、竞争规律、产品、技术、资源等。

（2）行业标准分析依据，如产业政策、业态规律、产业周期等。

（3）专家分析。

（4）经验分析。

第五节　项目信息的处理

项目信息对特色小镇运营商来说是资源和财富，是发展的重要条件，因此，一定要审慎、认真地对待项目信息。如果说得到项目信息过程中具有很大的偶然因素，那么处理项目信息完全是主观的。实践中应以发展的战略思想，对待各种项目信息。

一、大的不成

投资企业规模的大小、实力强弱、投资额数量、投资项目的产出和科技水平一般与特色小镇大小及特色小镇运营商的规模、知名度、定位等相匹配。“大”是相对特色小镇的规模、实力而言的。一般来讲：镇小无大、司小无大、人小无大、资小无大、官小无大。大项目的成功率占项目信息率的 1/5000 左右。

2009 年 5 月，某投资人称自己是中国香港一家经营铜铂项目的负责人，欲在天津选址建厂，计划投资 2.5 亿元，自称资金雄厚，有某某省原银行行长和中国香港的著名大企业联手做该项目的后台。负责招商的项目经理得知这一消息后，激动得连夜向公司领导汇报，并极力安排领导与这一“富商”洽谈。经过两次面谈后，这位“富商”却提供不了详细资料或是资产证明，只是口头吹嘘，于是该招商单位迅速判断出这一项目是以项目为名而圈地，再以地融资的虚假项目。该公司做出判断后，担心自己判断错误，丢掉机遇，又谈了两次，最后托词放弃了该项目。该公司的判断依据有三：

（1）对于 2.5 亿元的投资项目不可能直接找到项目经理本人，通常来讲，亿元以上项目都会通过各种途径找到地县领导。

（2）与前来洽谈的投资代表人身份不符。前来洽谈的人员只说是拟成立项目公司的总经理，却没有现实的法律身份。

（3）对项目所需要原料的行业情况及拟投资地点的比较优势一概不知。

这样的“大项目”只能是大的空欢喜。正像常讲的，项目有多大，烦恼有多大。

当然，这只是产业招商引资工作中的一般规律，也不排除会招到实力相对较大的项目。通常对待大项目的对策：遇大不喜、遇大不跑、遇大不惊、遇大不怒、遇大当小。

二、好的不易

好的项目投资数额大、强度大，代表资本的公司行业排名靠前，知名度高，运作项目的人员能力强，项目本身技术含量高、产出高。好项目比大项目还难寻，好项目的成功信息率为 1/20000 左右。在实践工作中，好项目一般表现出：好的价高、好的难留、好的多磨、好的煎熬等特点。特色小镇运营商的项目经理对好项目一般采用下述对策：遇好干好、遇好死保、遇好跪倒、遇好加好、遇好想坏。项目经理们要充分认识项目有多好，苦恼有多少。

2009 年，南方某个开发区招引国内某汽车公司的自动变速箱项目。该项目是某汽车公司趁欧美金融危机对汽车行业冲击之机，从发达国家购并一个知名独立品牌自动变速箱供应商，然后到国内设厂生产，力图改变国内市场自动变速箱外资一统天下之局面。由于自动变速箱是汽车上除发动机外的最重要总成件，产品属于高技术、高附加值，政策鼓励。因此，该项目投资者在全国主要地区咨询调查。为求脱颖而出，拔得头筹，该开发区给出优惠条件：按客户要求无偿提供土地使用，垫资按客户要求建厂房，贴息垫借项目初期需要的流动资金……该项目投资者只需要派来一个管理团队，约定一定年限后，以项目盈利分期支付开发区代付的土地使用费、建厂费、预借项目流动资金等，不盈利可以拍拍屁股走人。如此气派，终得项目。由此可见，好项目好要价！

2010 年，某汽车零部件产业园引进的汽车涂装线项目。日本独资、开发生产汽车四大工艺之一 ——涂装的成套设备，其手头握有的订单已排列至 2015 年！该园为此项目，关注、跟踪推进，最终签约落地。期间磨难多多，客户要求象征性的优惠地价，要求提供职工来源、职工住宿条件、职工配餐服务等。好事多磨，该项目最终落地，而且又引进了两个该项目的关联项目，且在全世界分别排名第一、第二。

三、小的不嫌

某汽车车镜项目本身要求，10 亩土地、4000 平方米车间、年产 40 万套车镜、投资 2000 万元即可。鉴于这是该园区入园的第一个生产项目，运营商有意将它做大一些，以树立园区形象。为此，特色小镇公司撮合，将投资人由 1 个增到 3 个，占地由 10 亩增到 42 亩，车间合计建 14000 平方米（富余厂房出租），另外定向为园区建 4200 平方米办公楼（由特色小镇公司租买），合计建筑面积达 18200 余平方米、总投资达 7000 万元……一个小项目就这样变大了！

四、难的不怕

对特色小镇运营商来说，哪一个项目都不容易，哪一个项目自身都是一个故事。但项目与项目比较，难易程度还是有差别的，难的项目主要是投资者长期犹豫而不下决心或有主要困难而不能克服。难的一般表现为：难的不跑、难的利高、难的练人、难见水平、难的反易。特色小镇运营商对难的项目应该采取的对策是：遇难敢上、遇难辨明、遇难出高、遇难出奇、遇难献情。有一个汽车部件项目，该项目的投资者是一个老国有企业，后改制为股份制企业，该企业市场占有率高、客户稳定、产品成熟、技术过硬，只是由于历史原因，贷款过多，财务费用过高，产品利润率低，企业难发展。但该企业地处市区，占地 100 亩，土地价值非常高。地产商看好该地块，该企业也想搬迁求发展。

遇到的第一个问题：地产商要求先拆迁后付款，该企业希望先得启动资金，别处买地建好工厂搬迁后，再卖地得款用于还贷，且有富余资金进行技术改造，发展企业。现状所限，银行、风投、股权融资者、地产商均不愿援手。运营商专题研究攻关，多方寻找资金，最终突破第一个难题。

遇到的第二个问题：该项目搬迁后进行技改和扩能的资金没有，如果建一个技术水平和能力与老厂一样的项目，显然既不是该厂的初衷，也是一种资源浪费。在运营商指导下，与该行业内一个资金雄厚的客户合资，将新建的项目一分为二，资金雄厚的客户控股划分出的新项目，最终该企业节省了资金，提升了原产品的技术水平和能力。

五、假的不弃

在项目信息中，广义的假包括所有没有成功的项目信息，狭义的假是指那些根本不存在的项目。准确地讲，在特色小镇运营商所从事的产业招商引资工作中，不成功的项目信息占 97%以上，因此要求特色小镇运营商的项目经理们具有极好的心态，正确对待不能成功的项目信息。不成功的项目信息绝大多数是客观不能成的，因为产业招商引资人员的职业素质、工作方法、态度、水平、能力导致客观能成，而事实没成的项目信息很少。不成功的项目信息也表现出下述特征：假中有真、假中有意、假中有用、假中多假、假的不真。正确的对策：依假求真、去假留真、用假成真、以假衬真、靠假反假。假的项目信息和不成功的项目信息随手可得。特色小镇运营商和项目经理特别是对待根本就不存在的项目，要准确判断，把负面影响降到最小，千万不要靠假项目造声势，凑指标，凑热闹，骗领导。这样做的结果后患无穷，真正是自欺欺人。2009 年，天津滨海汽车零部件产业园设立时，某一所谓的中国香港客商，通过关系，拿着在中国香港企业登记处登记的一个企业资质，在天津市某区没交一分钱而取得了注册 8000 万元注册资本的营业执照，拿着 29 份专利申请代理证书，自称专利，要进入天津滨海汽车零部件园区。未能成功后，自己在零部件园区设立了一个产业园，将一块据说 20 吨重的石头放在产业园。3 年过去了，汽车零部件产业园已基本建成了第一期，而空气压缩汽车发动机产业园有的还是那块石头。这样的项目信息有正面作用，但也有反面作用，给我们以警示，让我们长经验、增见识。

第二十二章　特色小镇产业招商引资的项目线索

一、要点

(1) 项目线索能够据此找出项目全貌的端绪、线头。

(2) 项目线索的使用：①“联”即保持联络；②“接”即全面接触；③“推”即推动发展。

(3) 项目线索的5星划分：①投资者；②投资额；③技术水平；④预计用工；⑤产出纳税。

(4) 项目线索推动的5旗：①出资人；②产品；③出资额；④用地；⑤时间。

二、思考题

(1) 项目信息与项目线索的不同之处是什么?

(2) 在产业招商引资工作中，项目信息和项目线索的作用有何不同?

(3) 项目推动的12要素法是什么?

(4) 为何推动项目要形成3人小组?

(5) 从矛盾普遍性和特殊性看，如何理解一个项目一般都要经历“忧、平、喜”3个过程?

第一节　产业招商引资项目线索的概念

一、线索的概念

线索有三种释义：①比喻事情的头绪或发展脉络；②消息、情报；③叙事性文艺作品中贯穿整个情节发展的脉络。第②种解释与信息相同。《辞书》中的基本解释：比喻事情可寻的端绪、路径；隐秘的消息；思路、脉络。英文的表达是，a clue 或 a hint，是暗示、路径之意。

二、项目线索的概念

在产业招商引资工作中，线索表现出投资项目内容，可以作为抓手，深入工作的一切因素。通俗地说，是能够据此找出项目全貌的端绪、线头。它贯穿项目发展始终，并对项目的发展、变化起着至关重要的作用。因此，项目线索与项目信息完全可以区分。在产业招商引资工作中，项目信息可以宽泛一些，但项目线索一定要具体、明确、能抓住。

三、项目线索的标准

项目信息和项目线索的部分内容有时是重叠的，在实际工作中区分二者，有利于工作。项目信息中能作为工作抓手的部分，就是项目线索，比如，一个完整的公司名称，可以在工商企业信息网上查到，这个名称就是项目线索，如果不能查到，名称不准确，列入字号、行业、地区模糊，就只能是信息，而不构成项目线索。项目线索是客观存在的，但作为产业招商引资的工作内容，是要主观规定的。实践工作中，以主管行政领导同意，并签字，填写“项目线索登记表”为准。

四、项目线索与项目信息的异同

项目线索源于项目信息，线索肯定是信息，但一些项目信息不构成项目线索。项目信息的外延大，项目线索的内涵深。更主要的是，项目线索是可以捉住的工作抓手。项目线索推动是产业招商引资的重要实务工作。如果说左手是发现项目信息找到客户，那么就要用右手去牢牢抓住客户，推动落实，将信息变成线索，最终让项目线索带出整个项目。项目线索与项目信息的区别如下：

（1）标准不同。线索要求能抓住头绪；信息只要有两个要素即可。

（2）要素的多少不同。线索要素多；信息要素少。

（3）作用不同。线索是项目落实的条件，信息是线索的条件。

（4）价值不同。线索是倍加的信息，信息是线索的前提。

（5）获得条件不同。线索更多地需要科学分析、反映业务水平，需要较大成本投入，偶然性的作用较小；信息偶然性的作用较大。

第二节 项目线索的确定

一、项目线索的确定

（1）项目线索确定的程序：根据项目信息的重要性不同，可以由项目调度会确定，或特色小镇运营商公司的经理办公会确定。

（2）项目线索确定的作用、意义。通过一定的程序表示，取得共识，分析研究、推动工作。①可以把项目信息确定为线索；②把确定的项目线索取消，即销号；③对确定的项目线索研究具体的推动方法，配置必要的资源。

二、项目线索的使用

项目信息寻找、项目线索确定和项目线索使用可以说是实践工作的三个内容，但绝不是有严格步骤时序要求的，可能同时，或交叉进行。即在时间上，形成项目信息的同时就开始了推进工作。某特色小镇公司的实践中，把这项工作称为“联、接、推”。

（1）“联”即保持联络。

（2）“接”即全面接触。

（3）“推”即推动发展。

表 22-1 项目线索登记表

项目线索登记表（简称：投资人名+字号/产品） 责任人 协审人 领导

编号： 首报：yyyy.mm.dd 第×回报告					
		要素	内容		
拟入园项目	1	来源	交办/开发（何时、何人、何方式）		
	2	投资人	姓名： 电话： 电邮：		
	3	投资额			
拟入园项目	4	购地面积			
	5	产品			
	6	入园原因			
	7	联系人	姓名： 职务： 电话： 电邮：		

续表

		要素	内容
原企业情况	8	企业名称	
	9	出资人/出资额/比例/成立时间	
	10	法人代表	姓名： 职务： 电话： 电邮：
	11	地址	
	12	产品	
	13	产量	
	14	产值、利税	
	15	客户	
	16	占地建筑面积	
	17	主要设备	设备及工艺
问题研究	18	主要问题	问题：分析与判断
	19	建议	
推动记录	20	联、接、推 1	
	21	联、接、推 2	
	22	联、接、推 3	
	23	确认/处理	①升级到项目；②等待；③销号

资料来源：笔者自制。

说明：

（1）线索的来源与确定。

1）由部门主管同意将项目信息升级为线索。

2）项目主管也可以直接将好的信息作为线索报出。

3）由公司领导直接布置的线索。

（2）项目线索的推动和要求。

1）项目线索负责人要将推动线索的落实作为最主要的业务工作。

2）每周五 15：00 要报告最新变化情况。

3）一般通过邮件报出，特别重要的情况当面或电话报出。

4）报告对象是部门主管，主管报告公司领导。

第三节　项目线索的划分

一、项目线索分级的必要性

（1）科学分等级，工作有重点。有区分有重点，才能知主次，抓主要问题，事半功倍出成效。

（2）工作有重点，资源好配置。给重点项目线索的推动配置得力人员、给予资源上的倾斜。

（3）项目有重点，政策好匹配。优惠政策有限，优先向重点项目、好项目倾斜。

二、项目线索重要度的 5 星区分

某特色小镇公司在产业招商引资实践中总结的方法，一个项目的素质，也就是项目的重要度，可以从以下五个方面分析：

（1）项目投资人所处行业地位。

（2）服务的客户所处行业地位。

（3）项目投资规模。

（4）项目技术水准。

（5）项目投产后预计就业人数和纳税能力。

分别按 1~5 分赋值评定，简称项目重要性 5 星区分，具有可操作性的参考作用（见表 22-2）。

表 22-2　项目重要性的 5 星划分表

分值 标准 星项	1 分	2 分	3 分	4 分	5 分
投资者	国内行业 41~50 强	国内行业 31~40 强	国内行业 21~30 强	国内行业 11~20 强	国内行业 10 强 世界行业 100 强 中国 500 强 世界 1000 强
投资额（元）	4000 万以下	4000 万~6000 万	6000 万~1 亿	1 亿~3 亿	3 亿以上
技术水平	一般	国内先进	国内领先	国际先进	国际领先
预计用工（人）	50 以下	100 以下	200 以下	500 以上	1000 以上
预计纳税额（万元/亩）	6~12	12~18	18~24	24~30	30 以上

资料来源：笔者自制。

第四节　项目线索的使用

（1）划分项目推动阶段的必要性。知道阶段，清楚进程。

（2）项目线索成熟度的5旗区分。项目线索推动进展到什么程度，也就是项目的成熟度，用出资人、出资额与投资总额及资金来源、产品、占地与建筑面积、开工竣工及投产时间五大方面是否明确衡量。每确定一项，得一面旗，5项全部确定，得5旗，项目即成熟，可落地（见表22-3）。这种方法是某特色小镇公司从实践中总结出来的，有一定的参考作用。

表22-3　线索推动的5旗进展评价

旗项	标准	红旗
出资人	出资人确定	1~5
产品	产品种类明确、产量预知	1~5
出资额	注册资本确定，投资总额及资金来源清楚	1~5
占地	项目占地面积、厂房建筑面积以及是否分期建设等确定	1~5
时间	项目开工建设、竣工及投产时序明确	1~5

资料来源：笔者自制。

30多年来在产业招商引资的丰富实践中，总结出了12要素推动法（见图22-1、表22-4和图22-2）。按照或参考这种方法，可以提高成功率，提升效率。12要素推动法的内容可以简单描述为：3人、3步、3题、3态。

“3人”责任制：在项目推动过程中，项目经理、项目部长和小镇主任或运营公司总经理三个层级人员责任分工。

“3步”成项目：指每一个项目的成功落地，都要经过结识客户、调查分析认识项目的本质、最后获得项目三个阶段。

“3题”破难关：在项目推动过程中，都要经历通（情理）、统（差异）、同（利益）三关，解决这三关的难题。

“3态”定项目：指每一个项目的洽谈过程，投资人（客户）的心态均要经历平、忧、喜三种心态。不管始于哪种心态，最后总要落实到“喜”，使项目成功落地。

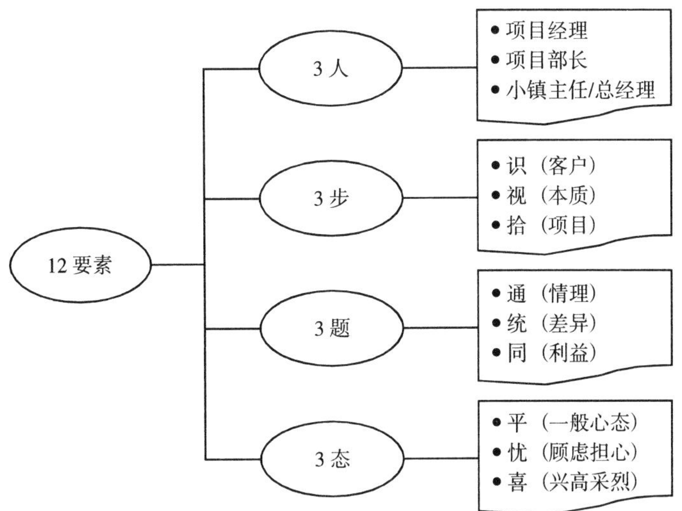

图 22-1　项目推动 12 要素

资料来源：笔者自制。

表 22-4　项目推动责任制

阶段 / 内容 / 责任职务人	准备工作	沟通工作	谈判工作	后期工作
内容	①联络：电话、手机、传真、地址、E-mail ②礼仪：用餐、礼品、服装、照相、接送、地点 ③人员 ④房间 ⑤资料	①对对方情况的了解（项目登记表、企业登记表的完成） ②我方情况介绍（规定要点）	①双方差异 ②差异原因 ③解决建议 ④双方让步	①文件交换 ②理解确定 ③督促落实 ④召动实施
项目经理	为主	为主	为辅	为主
项目部长	指挥	为辅	为主	指挥
公司经理	检查	指挥	指挥	机动

资料来源：笔者自制。

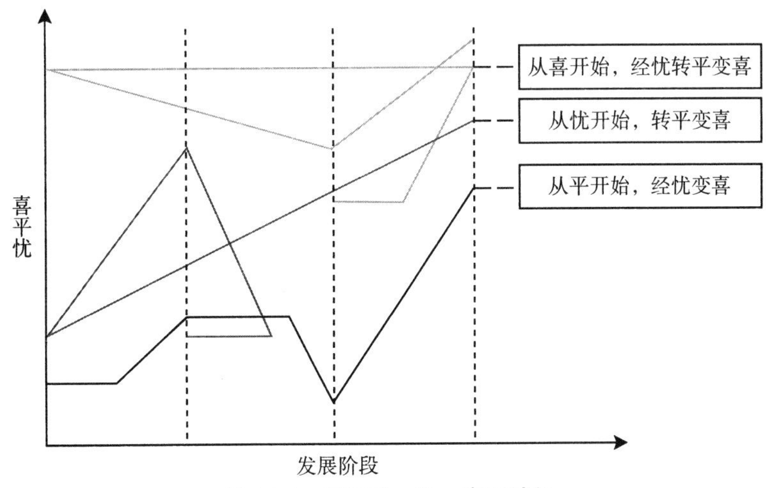

图 22-2　项目忧、平、喜三过程

资料来源：笔者自制。

第二十三章　特色小镇产业招商引资的项目调查

一、要点

(1) 项目调查属于资本市场的投资调查，比产品市场的调查更深入，要求更高。

(2) 项目调查的种类：①投资者调查；②投资者法人代表调查；③项目调查。

(3) 项目调查的要求：①真实性标准；②及时性标准；③细微性标准；④全面性标准。

二、思考题

(1) 如何理解没有调查就没有产业招商引资工作?

(2) 为何讲项目判断、项目推进来源于项目调查?

(3) 项目调查与司法、纪监委调查、产品调查有何区别?

(4) 项目调查同样需要秘密手段吗?

第一节　产业招商引资的项目调查

一、产业招商引资的项目调查（以下简称项目调查）的必要性

得到项目信息，核实项目线索以后，准确讲是同时就要开始项目调查。项目调查是产业招商引资最主要的、基础性的工作。项目调查主要的目的是核实并扩充项目线索，直至达到掌握项目的全部信息，完成项目引入工作，或者放弃该项目。项目调查属于资本市场的投资调查，比产品市场的调查更深入，要求更高。我国大学在市场营销专业中开设市场调研专业课，中山大学等高校招收该专业的研究生。作为实用性强的技术方法，美国纽约大学、密歇根州立大学等开设 MBA 的市场调查课程，主要培养

先进的思维方式、多元化视角、有针对性的判断以及国际视野。市场调查和市场调研稍有不同，前者侧重客观情况核实，后者将客观情况核实与主观判断并重。

二、项目调查人

要根据项目大小和重要性，明确责任，最好组成项目责任小组，由项目部总监级人员负责一般项目。如果项目重要，也可考虑由特色小镇运营公司领导负责。对比较复杂的项目可以考虑聘请外包的专业公司进行。

三、项目调查的特点

（1）在主体上与法律、纪检等调查不同，市场调查是非国家司法、非行政执法的调查，是民间的公司调查。

（2）项目调查的行为性质属于经济商业行为。

（3）项目调查在受益人上与第三方尽职调查不同，属于直接的客户调查。

（4）在调查的内容上，与专项调查，如市场、质量、价格等不同，项目调查是全面的。

四、项目调查的种类

项目调查分为投资者调查、投资者法人代表调查和项目调查三类。

（1）投资者调查。投资者调查是对出资人进行调查，投资人包括自然人、自然人组合、公司法人、公司法人组合以及自然和公司法人的组合。又可分为本地、外地，境内、境外，业内、业外。不同的投资者，调查的重点不同。

（2）投资者法人代表调查。投资者是法人单位的，要调查法人代表。法人代表不是董事长的，还要调查董事长。投资人是合作或多股的，就要调查每一股权（份）单位的董事长。

（3）项目调查。项目调查是指对准备投资建设的项目情况进行调查分析。如果是迁建项目，就应调查原项目，如果是全新产品或技术，就要调查新技术和最相近的企业。

五、项目调查的要求

（1）真实性标准。绝不可主观臆断。

（2）及时性标准。有些项目要谈 3 年以上，因此要注意情况更新。

（3）细微性标准。细节决定成败，这个观点完全适合项目调查。

（4）全面性标准。在调查提纲和调查登记表上列出的内容一定调查清楚。

第二节　产业招商引资项目调查的方法

方法是达到目的的行为方式，包括有效手段和措施、技术。项目调查的方法是由资本市场的客观复杂情况和产业招商目的决定的。只要能达到调查目的，在法律和道德的范围内，采用的方法没有限制。所以，研究调查方法，是为了确保达到目的，而且争取高质量、高效率、低成本。我国翻译出版的《调查方法》（美罗伯特·M.格罗夫斯等著）从各种调查方法、结论和调查是针对特定目的和特定的目标群体对原则适用性应用的高度，不仅告诉你怎样调查，还告诉你为什么这样调查。

一、以投资者可能的大客户的身份调查

这种方法最受被调查者欢迎。例如，你要到某个铝制品公司去调查，该公司表面欢迎，许多情况会作为商业秘密不提供，或婉言拒绝。而你借助某个被调查公司的客户名义，如邀请该客户一同走访供应商，或借助该客户名义去考察，或以新的可能大客户身份前去，都会受到热烈欢迎。这是“伴猪吃老虎”的方法。

二、走访投资者的竞争者

不论投资者竞争者的情况如何，一般情况下都会十分关注投资者的任何举动，通常投资者与特色小镇运营商是签有保密协议的，调查人员决不能违约，但如果要调查，就要充分准备，比如找到熟人，否则坐下来谈的可能都不存在。这是隐藏目的从对手处调查的方法。

三、走访投资者供应商或客户方法

这种方法，一要选择投资者较大的客户或供应商，以能够获取较全面的情况。二要告知创建特色小镇的行为和组织是政府或社会的属性，以尽量保证提供的情况真实准确。这是不漏目的，从投资者伙伴处调查的方法。

四、走访行政管理部门、行会、协会

这种方法也要找熟人，否则不接待。这是有权威、真实可靠的调查方式。

五、通过网上调查

略。

六、直接考察投资者，面对面调查情况

这是必须要经过的过程，只是要注意实施的时间，通常在刚接触时，如果投资者有诚意会主动提出要求。特色小镇运营商应邀请特色小镇管委会及地县主要领导在较短时间内考察；如果投资人不邀请，在项目比较成熟时可以主动提出前往考察的要求。

第三节　产业招商引资项目调查的内容

在特色小镇产业招商引资的实践中，对项目投资者和项目本身的调查越深入、越全面，信息量越大，效果越好，作用越大。但对投资者和每个项目各自的近百个要点一定要有选择、有侧重地进行调查。表 23-1、表 23-2 和表 23-3 是某产业招商引资公司使用的表格，有一定的参考作用。

表 23-1　投资企业情况调查表

项目编号：　　　　　　　　　　　　调查人：

要素	内容
企业名称	①名称 ②地址：注册地、办公地、生产地 ③成立时间 ④营业执照编号 ⑤法定代表人
出资人简介	成立时间、注册资本、股本结构、主要产品、年营业额、年利税等
出资方式	(货币/技术/设备等)
出资比率	(两人以上情况)
注册资本及实际出资	
资产及负债	①资产总额 ②净资产额 ③固定资产额：房地产、设备 ④流动资产额 ⑤有无抵押、贷款
销售与利润	①过去三年的年销售额 ②过去三年的纳税额：年纳税总额、增值税、所得税 ③净资产收益率
员工/实际控制人	①员工：总数、岗位构成数、学历教育构成、年龄结构 ②实际控制人：学历、经历、婚姻、家庭、住址、爱好、第一桶金

续表

要素	内容
联系人	联系人 1：姓名/部门职务/电话/传真/电邮 联系人 2：姓名/部门职务/电话/传真/电邮
产品	产品种类及销售额占比，主要产品的以下信息： ①产品的名称、系统的位置、照片 ②规格、型号、重量 ③主料的材质，辅料的种类、名称、来源、价格 ④工艺流程、加工步骤、工艺设备 ⑤料耗（价格），电与辅料消耗（价格） ⑥单价售价 ⑦该产品占整体销售的比重 ⑧该产品纳税（增值）
客户/市场	客户 ①列出客户明单（注明连续 3 年稳定客户） ②同类产品市场份额 ③供货方式（先交款后发货、发货后一定时间结款） 市场：哪个车型，OEM 配套还是售后市场、国内/外、份额 ①整车厂所占比重 ②其他零部件厂或配套厂所占比重 ③世界 500 强的整车厂所占比重；世界 500 强的汽车配件厂商占的比重 ④一级（整车厂）配套所占比重，二级（别的配件厂）所占比重
原材料/物流	①主要原材料及来源地 ②原材料运费/方式 ③成品运费/方式 ④特殊要求
设备情况	主要设备清单：①名称；②型号；③规格；④数量；⑤制造厂家；⑥出厂日期；⑦维护状况
产品/工艺技术和品质	①行业技术地位（国际/国内：领先/先进/一般） ②专利 ③特许资质 ④是否通过品质、环境安全体系认证
占地面积 建筑面积	①占地 ②建筑面积：生产车间、仓库、办公、辅助 ③是否是租赁？年租金？单价？
厂房结构	单体面积、结构、高度/跨度、天车吨位、地基
用电	①电压及容量 ②实际月用电量
用水	①用水量、排水方式 ②实际月用水量
用气	①用气量及目的 ②实际月用气量
环境影响情况	有无环境有害物质、有无污染等——“三废”及处置方法
客户问题	由客户提出的、特别关心的问题
新增	互联网程度
新增	大数据程度
新增	智能化程度
新增	新经济业态情况
新增	新旧动能转换情况

表 23-2　投资者法人代表情况调查表

信息编号：　　　　　　　　　　　　　　　　　调查人：

要素	内容
国籍	取得方式
出生地	身份证号
出生时间	年月
婚姻	爱人姓名，职业，离婚否，原因
政治面貌	党派（加入时间）
信仰	种类、开始时间
财富	数额、规模
投资	项目名称、时间、结果
管理	管理过的企业名称、起止时间、效果
地缘	个人与特色小镇所在地的联系
大学学历	学校、专业
研究生	学校、专业
取得专利	批准国、批准时间、名称、专利号
出版发表物	题目、刊物、时间

表 23-3　项目情况调查表

信息编号：　　　　　　　　调查人：　　　　　　　　编号：项企调-11/001

要素	内容
出资人简介	①自然人：学历、经历、婚姻、家庭、住址、爱好、经商经历、第一桶金来源等 ②法人：成立时间、注册资本、股本结构、主要产品、年营业额、年利税等
出资方式	货币/技术/设备等
注册资本出资比例	注册资本多少、各出资人出资比例
投资总额资金落实	①调查客户投资资金来源，不清楚时自己估计并说明 ②货币/技术/设备等，到位时间表
投资原因	①扩能（抢占市场、增加竞争优势） ②技改 ③转产 ④拆迁 ⑤分设 ⑥新品上马 ⑦研发准备 ⑧圈地 ⑨利用外资 ⑩发展造势产品的确认

续表

要素	内容
产品	①产品的名称、系统的位置、照片 ②规格、型号、重量 ③主料的材质，辅料的种类、名称、来源、价格 ④工艺流程、加工步骤、工艺设备 ⑤料耗（价格），电与辅料消耗（价格） ⑥单价售价 ⑦该产品占整体销售的比重 ⑧该产品纳税（增值税）
联系人	联系人 1：姓名/部门职务/电话/传真/电邮 联系人 2：姓名/部门职务/电话/传真/电邮
技术	行业技术地位（国际/国内：领先/先进/一般）
主要设备	主要设备清单：名称、型号、规格、数量、制造厂家、新/旧程度
客户市场	客户： ①列出客户明单（注明连续 3 年稳定客户） ②同类产品市场份额 ③供货方式（先交款后发货、发货后一定时间结款） 市场：哪个车型，OEM 配套还是售后市场、国内/外、份额 ①整车厂所占比重 ②其他零部件厂或配套厂所占比重 ③世界 500 强的整车厂所占比重；世界 500 强的汽车配件厂商占的比重 ④一级（整车厂）配套所占比重，二级（别的配件厂）所占比重
水、电、气、汽	①水：用水量、排水要求 ②电：电压及容量要求 ③气：天然气需求 ④汽：蒸汽需求
人力需求	①管理层：组织结构、来源 ②作业层：数量、技术等级要求
环境影响	I 噪声及“三废”、有无环境有害物质/污染、对策措施
拟占地	
厂房要求	厂房面积、高度/跨度、有无特别要求
达产时间	预计开工、完工、试生产、达产时间
销售额及利税	预计年销售额、预计年利税：按产品线分、分年度
测绘勘探设计施工	落实情况：测绘勘探设计监理施工的单位及合同签订时间
主要问题	发现问题的时间、地点、方式及自己的意见

第二十四章　特色小镇产业招商引资的项目寻找

一、要点

（1）项目寻找：①主动寻找项目信息；②主动并积极地策划、编制出项目；③被动得到项目信息；④上级领导交办的项目。

（2）项目寻找的路径：①业内成功企业；②上市企业；③著名企业；④产业链相关企业；⑤先进技术的企业；⑥建园区的大企业；⑦地价推动腾笼换鸟的企业除外；⑧环保和产业升级调整；⑨困境中崛起的企业。

（3）项目寻找的方法是寻找+编攒调改扩项目信息。

（4）大项目寻找：①出价悬赏；②找对介绍人；③找到决策人；④讲出关键话；⑤留下说明文。

二、思考题

（1）怎样理解在特色小镇初期编项目，再找投资更容易成功？

（2）如何在接收邮件、接听电话、接待来访的“三接”中积极招商？

（3）大项目的寻找与中小项目寻找有何不同？

（4）怎样看大项目的带动作用？

第一节　产业招商引资的项目寻找

一、产业招商引资项目寻找

项目寻找是指在创建特色小镇中，在确定的产业范围内寻找项目信息的工作。项目寻找是广义的行为，实践中也称之为项目开发，或开发项目工作，包括以下行为：

（1）主动寻找项目信息。这是主要的项目信息来源，也是产业招商人员所要进行的主要工作。

（2）主动并积极地策划、编制出项目。这在特色小镇初建时十分重要，也是产业招商引资工作水平的重要体现。

（3）被动得到项目信息。在接收邮件、接听电话、接待来访的“三接”中得到项目信息，这种方式在工作中普遍存在，形式上看，这是被动地“发现”项目信息，本质上“三接”也是主动积极推介特色小镇的结果。

（4）上级领导交办的项目。实践中多数重要项目、大项目都是领导交办的。但领导交办的项目中，客户为应付领导的虚假项目、找领导寻租的项目、不靠谱的项目比例也很高。

二、项目寻找的标准

第一是找到项目信息；第二是找到真的可以成为项目线索的信息；第三是可以抓住并“拽出”项目的信息、线索。

三、项目寻找的重要性

项目寻找是整个产业招商引资的重点和关键，而产业招商引资是产业建镇的重点和关键，因此，项目寻找的成败、好坏、快慢直接表现为产业招商引资的结果并决定特色小镇建设情况。用重中之重来表述项目寻找的重要性毫不过分。项目寻找是水平和智商的体现，也有偶然性因素。

四、项目寻找的重点

特色小镇中的产业发展，既要铺天盖地的规模，更要惊天动地的带动性大项目，才能改天换地建特色小镇。因此，项目寻找要聚焦带动性大项目，以寻找大项目信息为主要目标。大项目是质变的代表，是突变的因素。当然，绝不是嫌弃中小项目，小项目是量变的积累、是协同发展的因素。

第二节　项目寻找的路径

特色小镇在明确的产业方向范围内，凭借已经确定的产业招商引资条件，沿着正确清晰路径一定能够找到项目信息。项目信息寻找的主要路径如下：

一、业内成功企业

在特色小镇确定发展的产业内，通过网站、行业协会、市场销售网络，很容易找到业内大鳄。比如铝电子（制品）产业的特色小镇，找出铝材、铝制品、铝电子企业中的各前10名很容易。这些业内成功企业，就是大项目寻找的具体路径。其已经在业内成功，熟悉业内有关情况，资源、技术、产品、管理均有优势，可以说是最佳路径。

二、上市企业

企业上市前要找投资项目，那么上市后一定投资，对特色小镇产业招商引资项目寻找来讲无疑是一条绝好路径。业内的更好，业外的也有可能。

三、著名企业转产

业外成功企业，处在扩张阶段，不一定在原产业内发展，如果特色小镇确定的产业有发展，回报率高，也存在较大的可能性。

四、按产业链的构成路径

这里指的产业链构成，不是特色小镇的产业链，而是客户企业自身的产业链构成。例如，某地级市，有优质的铝土矿，电资源丰富，有氧化铝、电解铝产业，只是缺少铝制品产业，这种情况下，电解铝企业投资铝制品产业的可能性极大。

五、先进技术的引导路径

特色小镇产业招商引资工作，应该用一只手紧紧抓住产业技术，特别是产品新技术，以先进的产品引领产业发展。用先进的产品技术作为手段，寻找需要者，将先进的产品技术与需要企业结合，就可能是寻找的项目线索。

六、大企业建小特区的路径

对特大型企业来讲，出于发展战略考虑，可能会在某些区域进行战略布点。比如，海南、大湾区、上海城市带、雄安新区及周边、新疆、西藏、西南等战略区。如果，特色小镇在这些区域，那么路径就十分通畅。

七、地价推动腾笼换鸟的路径

随着城市扩张，城市土地价值快速提升。城市里的企业如果将原企业迁往特色小镇，将原用地卖掉或变向建住宅，一般可得一大笔资金。这一路径，最好找到用地资金或房地产开发单位，做出方案，再去洽谈，成功可能性大。

八、环保和产业升级调整的路径

城市环保和产业升级的原因。近年来各大城市都开出外迁企业名单，特别是北京2017年将疏解500家制造企业，天津2018年将外迁300多家中小企业，几乎各大城市都有。外迁的中小企业，通常都会转型升级，实现凤凰涅槃。特色小镇应该作为项目寻找的契机，而不应视作负担。

九、困境企业的崛起路径

相当数量的企业在困境中经营，这是一般经济条件下的常态。困难企业转变困境的措施之一就是换地、换产。这给项目线索寻找提供了一条路径，但这种企业没有投资，所以可以利用其某些资源，如闲置设备、市场渠道、品牌影响、技术员工等优势与其他企业合资或合作。

第三节　一般项目的寻找方法

在明确的产业方向范围内，凭借已经确定的产业招商引资条件，沿着正确、清晰的路径，只要方法正确，一定能够找到适合的项目。条件是一定的时间和正确的方法，决定时间的经验公式为：

$T = 3 + (P \times 0.5x)$/年，或 $T = 3 + (P \times 0.2$ 亿元)/年

式中，T 为建成特色小镇所需时间，3 为特色小镇筹备和产业招商引资准备时间，P 为产业招商引资业务人数，x 为项目数，设定为 100 个。另外，第二个公式中，按产业招商引资标准每人每年 0.2 亿元，整个小镇需要引资 100 亿元。所需时间是 3 年筹备、准备期，再加产业招商引资的人员函数。正确的寻找项目方法主要为：

一、按图索骥，科学寻找

坚定地按照产业方向和寻找路径，充分发挥资源禀赋、比较优势、招商优惠政策和招商推介条件的作用，像寻找化学元素表那样，计算出最外层分子价，缺哪项，找哪项，有哪项。具体做法：

（1）外包>承包。外包的公司或人员，多是专业、业内人员，他们有资源，有渠道，

有情感，有招法，同时具有承包的激励；而承包只具有经济上的激励，其他与外包团队无法相比。

（2）定额奖>重大奖。按照项目的各种因素，就项目寻找人员，约定按照固定资产投资比例，或项目纳税比例给予定额奖励，作用大于重大奖，比如 30 万元、100 万元奖。

（3）责任>帮忙。项目寻找要落实责任，不论专职、兼职、外聘还是外包，应有完整底线，否则可能工作落空。

二、编成项目，招商引资

大鱼吃小鱼的生物规则，诱发了垂钓中的小鱼作诱饵方法。产业招商引资中，效仿这种规则，编制好若干项目，请客户选择，犹如酒店中的菜谱，十分方便，便于推介。当然，这一做法并不排斥客户自己的方案。这种以项目寻找项目的做法，在特色小镇创建初期非常有效，因为在项目没有建成时，没有现成说法。这是特色小镇内破天荒的举措，若能促成开工建设，特色小镇便迈出可喜的一步。笔者已经两次在创建的园区中成功使用这一方法。

三、攒成项目，合作发展

严格地说，每个项目都有这样那样的遗憾或问题，就像每个人在医学标准面前都有这样那样的问题一样。如果能将两个或更多项目线索攒成一个，通过资源的最佳配置，项目会更有竞争力。比如有先进技术的客户与有市场渠道的客户合资或合作等。

四、调整项目，更快发展

在客户原产业内，将先进的技术信息告知客户，并帮助其分析市场、客户情况，将影响客户调整产品策略，直接投资技术水平更高、产业带动性更强的产品。

五、改变项目，提升水平

笔者曾经将汽车灯的项目促使并调成智能空气开关项目，几乎同样投资，产值提升 8 倍。

六、扩大规模，增强影响

像餐馆店小二想尽一切办法多卖酒、多卖菜一样，产业招商引资人员在客户不反感的前提下，应尽力扩大项目规模，增强项目影响力。

编、攒、调、改、扩的实质是项目策划。产业招商引资重要的是创意和策划。山西吕梁市原书记就讲，现在谈项目的主力虽是企业家，但政府部门要有主动策划项目的意识，为企业的招商引资营造一个前提，企业就可以用这个概念去招商引资。

第四节　寻找大项目的特殊方法

一、大项目的标准

特色小镇中的大项目比例应是5%左右，投资额是5亿元及以上，贡献率（就业与纳税）应在15%。通常大项目投资者应是世界500强、中国500强、隐形冠军、独角兽、瞪羚企业。

二、大项目的比例

特色小镇一般模式为100个左右项目，大项目应占5%~8%，即5~8个，大项目占地为15%，资本额却高达40%，产出、纳税就为50%以上。

表24-1　某园区2017年大中小项目情况

企业规模	平均占地面积（亩）	投资额（元）	数量（家）	比例（%）	占地比（%）	资本比（%）	就业人数（人）	就业比（%）	产出（销售额）（亿元）	产出比（%）	纳税额（亿元）	纳税比（%）
	3000	35亿	100	100	100	100	400	100	50	100	2	100
大	100	3亿	5	5	16	43	200	25	30	60	1.2	60
中	30	5000万	70	70	70	43	40	70	15	30	0.6	30
小	20	5000万以下	25	25	14	14	10	5	5	10	0.2	10

注：中等规模企业为规模企业，年销售2000万元的企业。
资料来源：笔者自制。

表24-1表明，5家大企业，仅占企业总数的5%，占地为16%，却占资本的43%，就业的25%，产出的60%和纳税的60%。上述园区和天津某县开发区情况接近。

三、大项目的作用

杭州能够打造“电商之城”，就是因为有马云和阿里巴巴。贵阳的大数据产业从无到有再到领先，关键是引进了“中关村要素”，大项目是特色小镇的经济支柱，是发展的旗帜。大项目的主要效用为：

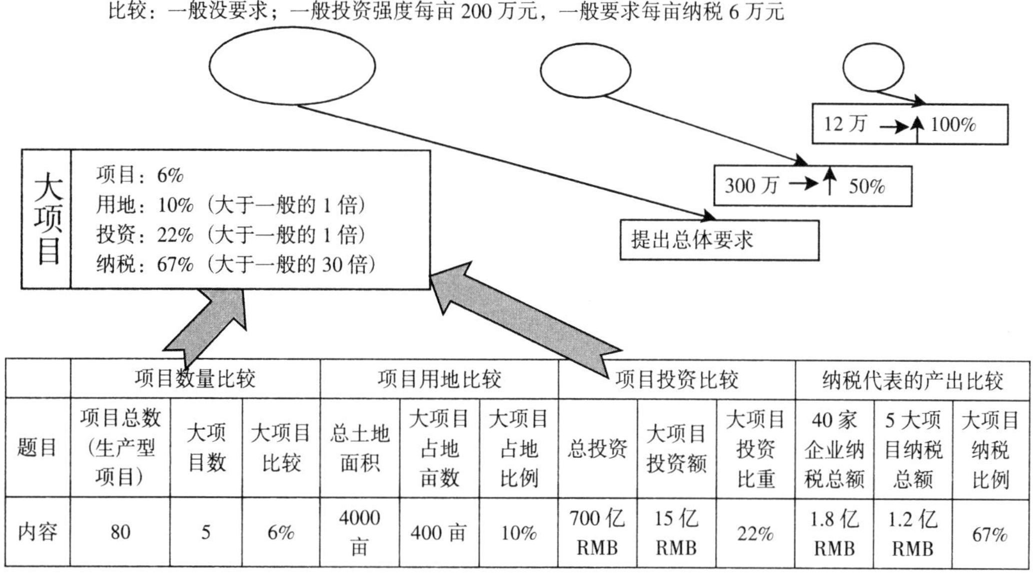

	项目数量比较			项目用地比较			项目投资比较			纳税代表的产出比较		
题目	项目总数（生产型项目）	大项目数	大项目比较	总土地面积	大项目占地亩数	大项目占地比例	总投资	大项目投资额	大项目投资比重	40 家企业纳税总额	5 大项目纳税总额	大项目纳税比例
内容	80	5	6%	4000 亩	400 亩	10%	700 亿 RMB	15 亿 RMB	22%	1.8 亿 RMB	1.2 亿 RMB	67%

图 24-1　大项目情况

（1）引资效用：单位土地面积（每亩）上的投资是一般项目的 2~5 倍。

（2）产出效用：单位土地面积（每亩）上的纳税是一般项目的 5~10 倍。

（3）链接效用：产业链长，容易带动上下游企业投资。

（4）提升效用：客观要求高，可以直接提升产业园的软硬件功能水平。

（5）标志效用：标志园区水平，特别是承接项目、软硬件服务水平。

（6）影响效用：引领发展，作用无限。

（7）奢求原因：客观作用与好大心态所决定。

四、大项目投资的特殊性

（1）信息来源真实。一般大项目投资者都会在正式的公司计划，董事会决议、股东大会上披露投资信息。虽然不会具体到地点、投资额度、产品等细节，但会扎实推进。

（2）专业团队负责。大项目不会计较小成本，公司没有专业人员时会为项目专门聘请人员，所以各项工作十分专业，计划性很强。

（3）很难影响、说服投资者改变计划。前述的编、攒、调、改、扩方法基本不灵。

（4）效率低、时间长。一般是“亿年”项目，即几亿元的投资，就要几年。

五、大项目寻找的有效方法

（1）出价悬赏。找项目、找介绍人、找决策人，只要提出具体要求，明确奖励，一般都能实现。2012 年，笔者受命建设举高消防车项目。我国举高消防车最高 33 米，世界上只有 7 个国家 12 家公司可以生产举高 80 米以上消防车。我们发出信息：12 个公司副总、董事以上身份的人与我们谈 2 小时以上，付出 6 位数咨询服务费；项目谈成，付出 7 位数咨询服务费。差旅费、招待费由我们承担。很快就有 3 家公司与我们签约，其中 1 家完成了第一阶段工作，得到了约定收入。

（2）找准介绍人。只有大人物，才有大项目。大项目决策人的亲友、同学不论本人地位高低，只要能“讲上话”的都是重要的大人物。大项目决策人参加的行会、校友会、科学会、健身俱乐部、高尔夫俱乐部等都是重要的接触空间。特色小镇的产业招商人员接触不到，可以请他人介绍。吉利汽车集团历时 8 年，最终收购沃尔沃就是非常成功的案例。1998 年寄送合作资料，杳无音讯；又去美国底特律车展，以求洽谈该项目，谁知又被简单应付；直至 2006 年，请相关中信资本有偿推介才最终成功。找对人是关键，第一步就是找对介绍人。

（3）找到决策人。通过外包的方式，明确要求找到哪一级身份的人才算完成阶段性工作。工作中有的人要求必须出来请吃饭，有的要求必须到外宾的指定地点洽谈，有的明确洽谈时间。这些做法都很有效，标准越具体越好。因为是有偿委托工作，所以也没有什么“不好意思”。

（4）讲出关键话。见面了，次要的、没用的内容少讲或不讲。如果碰上健谈的，又要大侃，也可以就他的话题聊聊，但一定讲出关键的几句话，关键话可以说 2~3 遍：

1）代表地方政府和人民来看望（不必委托授权）；

2）代表地方领导邀请您前去考察，一定请出主要领导陪伴，接待好；

3）希望合作，在我们特色小镇发展你的技术、品牌、产品；

4）我们那主要优势——市场。

（5）留下漂亮文案。内容翔实，专制的项目推介方案，要精美装潢印刷，留给决策者。专制资料最关键的是“优惠”，要让他动心，没有必要详尽。

六、大项目和一般项目寻找的差异性

表 24-2 列出了寻找大项目和一般项目信息的方法比较及简单分析。

表 24-2 寻找大项目和一般项目的比较

有产业方向找投资者的方法　　　　☆提前列出名录，通过预约方式

寻找项目信息的方法	寻找一般项目信息的效果	寻找大项目信息的效果	对大项目无效的原因
高校科技会	有效	有效	难以接触行政领导
政府行政会	有效	有效	但难以洽谈接触
空间找行会	有效	无效	决策者不参加
拜访上年会	有效	无效	与决策者谈不上
采购是机会	有效	无效	决策者不直接管理

续表

寻找项目信息的方法	寻找一般项目信息的效果	寻找大项目信息的效果	对大项目无效的原因
介绍同乡（学）会	有效	微效	一般不参加
找领导拜会	有效	微效	能拜会，就有机会
深侃在酒会	有效	无效	坐不到一起
巧遇造机会	有效	有效	头等舱一起飞行
最好是幸会	有效	有效	自然，没有戒心
棋牌球都会	有效	有效	平等，没有身份
亲友心领会	有效	有效	血亲姻亲，亲亲相照
老友常聚会	有效	有效	老友情面，越老越贵
中介方意会	有效	有效	国际惯例，易于接受

资料来源：笔者自制。

七、寻找大项目不适用的几种方法

（1）一般展销会不行——根本见不到投资决策者。

（2）一般行会不行——招商人员根本不能参加。

（3）网上不行——事前见不到相关信息，见到则已完成选址。

（4）随机拜访（陌拜）——根本不可能见到投资决策者。

（5）扫街扫楼——根本无效。

（6）约会拜访——根本不可能。

（7）电话拜访——根本找不到投资决策者。

（8）低层次漫天广告的方法——只能降低身价。

第二十五章　特色小镇产业招商引资的项目推进

一、要点

(1) 接触投资决策人的原则：①一定接触，早比晚好；②缘分使然，没有防范；③自然结识，更易成功；④深刻印象，好于完美。

(2) 最好的接触方法是与投资决策者住同一酒店、坐同一航班的商务舱。

(3) 与投资者长谈的标准是100分钟以上，涉猎各种可谈话题。

(4) 项目推进的有效方法是在矛盾焦点上下功夫，即解决问题。

二、思考题

(1) 如何理解这条经验："找到优质的项目信息是水平、智商和机会的体现，从项目信息中明确看出项目线索，并抓住线索，抓成项目是情商能力和水平的体现"?

(2) 如何变"坐在洽谈席，先起戒备心"为"自然结识，再谈业务"?

(3) 为何说项目推进≈感情推进?

(4) 如何以快为准项目推进?

(5) 如何理解不求最好，只求成功?

第一节　接触决策者开始项目推动

在产业招商引资工作中，找到优质的项目信息是水平、智商和机会的体现，从项目信息中明确看出项目线索，并抓住线索，抓成项目是情商能力和水平的体现。接触投资决策者是项目推动的第一步，因为重要，也是第一关。第一关走好了，项目一般就会顺利。任何一个投资项目，投资决策者一定会亲自考察环境，体验和感觉工作人员。但当项目还没确定地址时，投资决策者一般是不会与产业招商引资人员见面的。

这时能够先于其他竞争区域见到投资者，就是捷足先登，就很可能促成项目。

一、追至沈阳，一刻不停

韩国的某世界行业第一项目，代表人到天津考察后去沈阳，天津保税区项目经理汇报该项目信息后，主管副主任第二天带领有关人员“追到”沈阳，最终将这个1亿美元的项目在保税区建成。天津开发区、滨海新区原主任，天津原分管外资、外贸的副市长常讲，招商引资人员，得到项目信息，就要像猎狗闻到肉，鹰见到兔子，立刻出动。

济南市委书记在2018年全市招商引资招才引智大会上讲，招商引资就像“虎口拔牙”“饿狼扑食”，要做好四快：①信息要快；②签约要快；③落地要快；④达产要快。

快则少变

快能成功

慢则不成
慢则必汰
慢则死亡

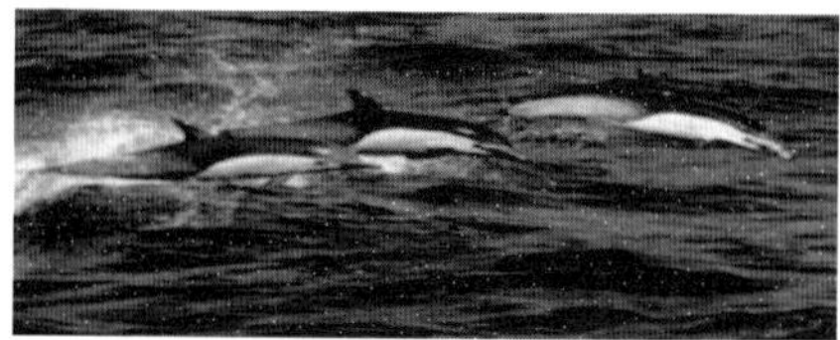

图 25-1　快的生命节奏

资料来源：百度。

二、同住同餐，缘分促成

1992年，美国世界500强某化妆洗涤公司副总来中国了解投资政策，由美国大使馆商务参赞处安排拜访外经贸部外资司。天津西青开发区得知该信息后，提前定下了该副总居住的王府酒店301室对面的302室。次日早，西青开发区招商人员通过瞭望孔等待该副总，8：30，与其一起进入自助餐厅，同桌而餐。首日，仅仅“good morning”，点头而已。次日又同桌自助，则用英文交谈：您第几次来中国？北京怎样？是否喜欢中餐？第三天，又是瞭望等待，同桌自助，首先递过名片，不断喊出“karma”“luck”。对方给过名片后，马上赞扬对方公司，自己爱人、女儿都是该公司客户，天津地区是该公司巨大的市场，真诚邀请副总访问天津，并要求合影留念。该副总表示，本次时间已安排满，下次去天津。副总邀请天津西青开发区主任访问他们公司。开发区主任说道，下月去美国有其他公务，愉快接受邀请。接下来，来回考察。一个几亿美元的项目建成了。

三、同舱而坐，并肩长谈

1997 年，台湾著名的某电子企业其产品笔电 ups 和风扇占有世界市场的 70%，该企业要在天津开发区、天津西青开发区选一地设厂。天津保税区贸发局得到信息后，因当时不能直航，便专门派人到台湾，等待该公司副总、总工程师、建厂全权代表。两人头等舱，3.5 小时航程，有了足够的时间。天津保税区招商专员事先准备了 26 个话题：主要有：

（1）怎样理解试婚？美国公司青年人试婚的数量？

（2）共和党与民主党的区别是什么？美国公司多数人属于哪个党派？

（3）基督教和天主教的区别是什么？美国公司多数人信仰哪个教？

（4）神父和牧师的区别？

（5）持绿卡的人可否参军？

（6）州的财权？

（7）各州财富差别？

（8）是否真的不歧视移民？

（9）真的没有种族歧视？

（10）同性恋的情况？

（11）吸毒问题？

（12）赌博问题？

（13）妓院问题？

这位台湾的美籍副总，上了飞机就想睡觉。天津保税区招商专员优雅、礼貌的不断请教，而且每个问题都婉转绕到该美国公司。台湾总工本身就是学者，好为人师，耐心地逐一回答。2 小时以后，台湾总工似乎明白了，要了一杯咖啡，索性不睡了。两个人改变了位置，台湾总工调查起了天津保税区。3 天后，他应邀前来考察，半年后项目签约，一年后 2 亿多美元的项目开业。

四、接触投资决策人的原则

（1）一定接触，早比晚好。

（2）缘分使然，没有防范。

（3）自然结识，更易成功。

（4）深刻印象，好于完美。

第二节　靠感情化解小问题推进项目

一、请做顾问，合为一家

特色小镇创建初期，要成立企业协会、科技协会、发展协会，请较大的项目投资者代表担任各协会的会长、理事长，这样小问题就会被自然化解，甚至这些客户还会主动出主意、做工作。

二、关心到位，感动对方

1997 年世界 500 强排位 150 名左右的美国某工程机械公司，想在天津和徐州选址建设部件公司。项目负责人罗尔多次来中国，罗尔是个穿着考究，做事认真的人，有时一天换两次衬衣。1997 年秋天，天津某公司请他到天津的鲤鱼门——北塘渔村去吃海鲜。没受过专业训练的服务员将一盘红烧大虾扣到了罗尔新换的雪白衬衣上。罗尔的脸红得超过大虾，几乎要愤怒了，吓坏了服务员，老板、请客的主人赶忙又擦洗、又解释。晚宴简单结束，大家不欢而散。然而，当罗尔回到天津胜利宾馆时，床上摆着两件他一贯穿的爱马仕牌衬衣，他笑了。他坚持付款，但一张便条已经写得很清楚了。当时刚有手机，手机提供了及时的信息。这个工程机械项目最终成功落户天津，从签字到建成开业几乎没有任何问题。

三、真心关怀，公私双成

一个韩国项目代表，第一天酒后就讲起了自己的故事。他母亲是朝鲜族中国人，年轻时嫁到韩国，他母亲要求他大学毕业后学汉语，将来一定到中国工作，一定娶个中国太太。第二天，天津保税区贸发局专题会议就是给他介绍对象。实行责任制，每天一人安排一个美女与之见面。到第十九天，一名姓崔的美女后来同意交往，项目代表送崔去英国留学，学成后在北京某银行工作，终成眷属。而于公的近 2 亿美元的项目自然成功落地。

四、小问题会变化，不容小觑

应持有的对策如下：

（1）项目无小事。宁可扩大对待。

(2) 感情顺，小事无。项目推动与感情培养不可分。

(3) 小事化了，要及早，要从小。不要拖延小问题。

(4) 要善于发现小问题，主动提出小问题，让投资者代表确认。

第三节　在矛盾焦点上下功夫是推进项目的有效方法

项目久拖不进，一定是有问题阻碍。能否找到，并有效解决，是推动项目成功的有效方法。

一、地基软，打桩成本高

1997 年，天津保税区谈的卡特皮勒工程机械项目和 2000 年天津开发区谈的丰田汽车项目都遇到滨海地区地基软，不适合的问题，一度使项目陷入僵局。两区领导很快决定打桩费用由中方负责。其中丰田汽车项目注册 36 亿元，卡特皮勒工程机械项目注册 2.24 亿元。

二、去担心，成项目

瑞士 HLC 公司，是个急着想进中国的小化妆品工厂。老板本人就是精细化工的产品开发工程师，其开发的吸汗剂和增光剂，在中国有较大市场，而且大部分原料产于中国，中国的人工成本又低于瑞士。几年来，老板 8 次到中国考察，没下决心原因有两个：一是怕买地、买房。他自己讲，投资失败，一辈子白干。二是怕工人，行不行都要签合同。招商人员设计出的对策：一是免费提供 5000 平方米厂房，3000 平方米库房，不盈利不交房租，想买时租金顶房款；二是提供化工学校实习生，看好的再签劳动合同。瑞士老板非常高兴。

三、协议有效，问题我担

日本椿本链条公司是世界最大的机械链条制造商。2012 年签订投资后，在等待日方董事会决策期间，国家规定按照土地出让金比例征收一定数额的防洪基金和教育费附加。天津滨海汽车零部件产业园公司领导立即将新规定通知日方项目代表。日方回答：

(1) 我们的协议是生效的，“土地出让价格外不再有任何其他费用”。

(2) 中国国务院及行政管理部门不领导日本公司。

（3）改变协议不可能。项目代表根本不向董事会汇报此事。

（4）日方可以立即停止本项目，迁往他地。

（5）希望中方 3 日内答复，原协议是否执行。

计算得出，总计小 6 位数的费用。天津滨海汽车零部件产业园公司当天便回复，协议继续执行。

商场如战场，时机非常重要。面对大项目最有效的决策是让步保项目。韬光养晦也罢，退一步进两步也罢，吃小亏、求大发展也罢，特色小镇项目是生命。推进项目落地是最硬的道理。

第四节　严格认真走程序是大项目的主要推进方法

对待跨国公司、上市公司等投资的大项目，推进的方法是严格认真走程序。笔者从 1995 年到 1997 年，推动美国加德士项目，接待了 10 次考察调查团队，自始至终也没有什么问题，就是来回地反复做文件，重复回答相同的问题。日本的投资者、中国台湾的投资者的投资计划很细，连生活垃圾的允许量、处理方式都要约定。大项目基本谈妥，投资协议或推进中要注意以下问题：

（1）不要着急。大公司程序规范、复杂。

（2）回答问题一定认真，不要模棱两可。

（3）回答问题一定全面。笔者曾就一个项目一次书面回答 100 多个问题。

（4）不能前后矛盾。项目一谈就要 2~3 年，甚至更长，许多情况、人员、政策、资源价格都会变化。没签约的要讲清楚变化的原因和变后的情况、规定。签约的，应该按约定执行。

第二十六章　特色小镇产业招商引资的金融推动

一、要点

（1）金融资本比例越高，特色小镇或工业园区发展越好、越快。金融资本高于40%，特色小镇就能建成，高于50%就能建好。

（2）特色小镇的建设资金：①政府资金；②政策资金和开发性资金；③创业资金；④金融资本；⑤社会资本。

（3）发行特色小镇建设债。以用地为偿债保证，以政府+企业信用承债。

（4）发行可转股（票）债券。以特色小镇运营公司或核心企业或企业组合设立控股或资产公司，力争将来上市。

二、思考题

（1）如何理解金融活动已成为一切经济活动的核心，创建特色小镇是经济活动，可否讲金融是核心？

（2）“企业主体无利，金融资本难进，去地产化调控，严防政府债务”，只靠产业资本能撑起特色小镇的发展吗？

（3）如何合理引进金融机构的类型和数量？

（4）如何理解“杀出金融改革血路，换来特色小镇艳阳天”？

第一节　金融推动是最重要的产业招商引资手段

一、金融资本的目的性

金融是货币资金融通的总称。银行、会计、出纳、转账、结算、保险、投资、信托、租赁、汇兑、贴现、抵押、证券买卖以及国际间的贸易和非贸易的结算、黄金白银买卖、货币输出输入以及设备租赁、典当等都是金融活动，从这些金融机构中流出的资金资本就是金融资本。大量地引入金融资本是特色小镇产业招商引资的目标之一。从笔者实践过的 10 个特色小镇、工业园区中可以看出，金融资本的比例为 20%~50%，产业资本的比例为 20%~50%，社会资本的比例为 20%左右，且表现出金融资本比例越高，特色小镇或工业园区发展越好、越快的规律。实践表明，金融资本高于总投资的 40%，特色小镇就可建成；高于 50%就能建好。以 300 亿元投资建设一个特色小镇为例，60 亿~150 亿元的金融资本是一定要引入的。这是由特色小镇开发模式和特色小镇投融资模式之间存在巨大缺口所决定的。如图 26–1 所示。

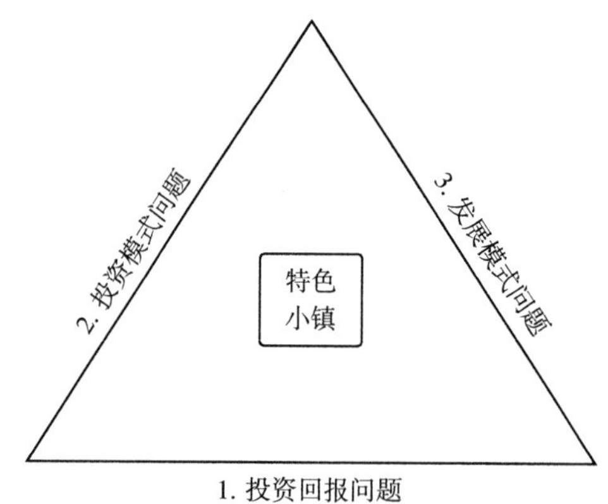

图 26–1 三模式交织问题

资料来源：笔者自制。

（1）特色小镇投资回报问题：

1）短期大量投入与长期回报的现金流平衡问题；

2）社会效益与投资主体不联系的问题；

3）基础设施、公共设施的投资主体确定问题。

（2）特色小镇投资模式问题：

1）投资主体能力与需求问题；

2）资金需要量过大问题；

3）投资收益不稳定问题；

4）投资回收期过长问题；

5）风险大问题。

（3）特色小镇发展模式问题：

1）土地收储开发（疏化）；

2）基础设施开发；

3）社会公共设施建设；

4）特色产业发展；

5）特色文化发展；

6）生态环境建设。

发展模式所需资金与投入资金在时间和空间上都出现巨大缺口，必须引入金融资本。特色小镇的一般做法是用 PPP 模式解决前期土地和基础设施建设问题。

二、金融环境的重要性

金融活动已成为一切经济活动的核心。特色小镇的创建同样如此，从一定角度看，金融活动的水准就标示着特色小镇的建设水准。度量特色小镇的金融水准，首先要将特色小镇建设划分为不同的时期，可以分为筹备期、初期、中期和中后期；按照金融机构建设占权重 40%、金融资本投资额占权重 60%的比例分出好、中、差三级。如表 26–1 所示。

表 26–1　特色小镇不同时期金融环境评价表

时期		筹备期	初期	中期	中后期
年度		0~2 年	2~5 年	5~8 年	8 年以后
评价					
好	机构数（个）	2	>5	>8	>10
	资本额（亿元）	5	>20	>50	>70
中	机构数（个）	1	>3	5>3	8>5
	资本额（亿元）	3	>10	>30	>50
差	机构数（个）		<3	<4	<5
	资本额（亿元）	0	>5	>15	>20

资料来源：笔者自制。

三、努力做好特色小镇的金融发展规划

综上所述，制定特色小镇金融发展规划非常必要，这一规划能解决特色小镇的金融发展各阶段目标问题，以及与产业、建筑、社会、经济、商业发展规划的协调问题。

第二节　清晰目标精准引进金融机构

一、引进金融机构及其所代表的产业资本具有重要意义

对特色小镇来讲，引进金融机构及其所代表的产业资本意义很大，主要表现在三个方面：一是引进一笔投资；二是引入一个金融机构，标志着金融环境改善；三是为入镇项目融资提供一个就近的服务机构。因此，对金融项目的招商引资，要像对待产业重点项目一样重视。

二、引进金融创新人才和机构

机构是人才的组织和工作单位，人才是组织的核心和工作的动能。引进金融创新人才是引进金融机构的关键。北京恒丰汇融投资有限公司江上村企业金融工作室等机构，就是引入的重点。产业招商引资公司要设立专门的金融部，负责金融项目。

三、注意金融机构的结构合理

（1）以五大国家商业银行的支行、分理处、储蓄点为重点，以地方银行、外资银行为补充银行，建立充足的银行机构。

（2）注重引进或合资合作建立产业基金，如私募基金（PE）、风险投资基金（VC）等机构。浙江诸暨大唐袜业小镇引进了天津股权交易所诸暨服务中心。

（3）努力引入或合资合作建立投融资咨询服务、财务咨询服务、税务咨询服务公司以及财务公司、设备租赁公司等。

（4）招商引进典当、小额贷款等机构。

四、结合特色小镇的产业方向重点建设产业银行

随着国家金融体制改革，我国银行业务模式正在改善，上海浦东科技银行、中德住房储蓄银行等可能是银行改革的方向，特色小镇为自身发展需要应该积极参与金融体制改革。

五、按照金融规律特点招入金融机构

金融机构人才密集、资本密集，但产业链短，虽然技术高、过程复杂，但涉及人

员少，物理变化小。金融项目亏损的少，引入特色小镇的主要困难：一是担心初期的业务量；二是怕初期亏损。特色小镇管委会可以承诺介绍一定的业务，对银行承诺一定时点的资金余额，以及对各金融机构的房租、班车、午餐的优惠，可能会奏效。

第三节　特色小镇的融资

融资是引资的另一种说法，实质无差别。对特色小镇建设来讲，可以分为特色小镇的融资和引资，这不仅直接增加了特色小镇的建设资金，而且改善了特色小镇的金融环境，为入镇项目融资提供了方便。特色小镇主要融资来源条件如表 26–2 所示。

表 26–2　特色小镇主要融资来源条件简表

来源方式	主要内容	来源	作用	特点
PPP	①政府与社会资本的全过程合作 ②特许权为基础	政府为主合作	重要作用	大额
政府资金	所在地政府的先期引导和牵头资金、带动社会资本	政府财政	杠杆作用	先投
政策资金	为推动特色小镇建设各级政府提供的专项资金	政策资金	推力作用	专供
社会资本	往往通过 PPP 投入	社会资本	主体作用	运用
金融资本	商业银行	商业金融	促进作用	促进
开发性金融	特色小镇投资基金，开发性金融促进会、开发银行等	开发性金融	补充作用	长期

资料来源：笔者自制。

第四节　推进特色小镇的金融改革创新

改革创新是发展的唯一出路。创建特色小镇有以下困难：

（1）政府引导无力。因为是最基层政府负责特色小镇创建工作，而创建工作客观要求很高，所以现实中，政府干部能引导创建特色小镇的不多。

（2）企业主体无利。一个特色小镇要投 100 亿元左右，要 5~8 年时间，要去地产化，要严防政府债务风险。中国有如此能力的企业有多少？愿意投资的企业又有多少？

（3）市场原则无理。市场中供求决定价格，特色小镇资本市场能干的事和想干的事，由于市场被法律法规限制，真正的市场原则可能不能发挥作用。

特色小镇是巨大的投资，必须“杀出一条金融改革创新的血路”，才能得到明媚的艳阳天。主要改革建议：

（1）镇饷。

（2）特色小镇建设债。

（3）公、私特别募集可转股（票）特色小镇债。

（4）政府引领的产业基金。

（5）政府推动的特色小镇产品保理销售。

（6）产业建设用地先用后付款（学习重庆做法）。

（7）鼓励设置小镇银行，对入驻企业开放。

（8）鼓励设立小镇产业银行为企业服务。

（9）鼓励试办股权交易代办所、分所。

第二十七章　特色小镇产业招商引资的项目融资

一、要点

（1）特色小镇产业招商引资的项目融资。①主体条件，小镇公司；②条件限定，公司资产或信用；③用途条件，用于小镇内的公司。

（2）项目融资用途。①项目建设融资；②项目扩张融资；③项目经营融资；④项目转型升级（转产）融资；⑤项目特别困难融资等。

二、思考题

（1）企业如何通过股权融资间接引进小镇资金？

（2）股权转让与增资扩股的路径、权益变化是什么？

（3）股权融资和债权融资的异同是什么？

（4）如何试办股权交易分所？

（5）特色小镇是同业、同地、同行政领导的产业集群，有条件试行联保贷款吗？

（6）“按揭+基金+信用”共推标准厂房或写字楼销售是中小企业的福音吗？

第一节　特色小镇产业招商引资项目融资的含义

一、特色小镇产业招商引资项目融资的含义

特色小镇产业招商引资引进的每个项目至少也要百万元的投资，中等的要几千万元，大型项目要上亿元，甚至几十亿元的投资。毫不质疑，每个项目的投资者都会产生融资的需要。特色小镇的产业招商引资从根本上讲，包括项目融资，而且是民营企业和中小企业的主要融资方式。产业招商引资的项目融资是指，在特色小镇内设立的

投资项目公司，以自己为融资主体，以投资项目为融资抵押物或条件，以投资的项目建设、运营完善和发展为用款目的的融资。特色小镇产业招商引资的项目融资有三个特定条件：

（1）主体限定。融资主体一定是特色小镇内的项目公司，而不是像跨国公司以投资母体为融资主体。世界 500 强企业多以中国投资公司为融资主体。

（2）条件限定。抵押为项目公司自身的物业或股权。

（3）用途限定。融到资金用于项目自身，严格限制将融到资金用于特色小镇以外。

二、项目融资与一般传统融资的主要区别

按照传统的融资方式，贷款人把资金贷给借款人，然后由借款人把借来的资金投资于兴建的某个项目，偿还贷款的义务由借款人承担，贷款人所看重的是借款人的信用、经营情况、资本结构、资产负债程度等，而不是他所经营的项目的成败，因为借款人尚有其他资产可供还债之用。按照项目融资的方式，投资项目的主办人或主办单位一般由贷款人把资金直接贷给特色小镇的项目公司，而不是贷给项目的主办人，这种情况下，偿还贷款的义务由该项目公司承担，而不是由承办人承担。贷款人的贷款将从该工程项目融资建设投入营运后所取得的收益中得到偿还，因此，贷款人所看重的是该投资项目的经济性、可能性以及其所得的收益，项目的成败对贷款人能否收回其贷款具有决定性的意义。而项目成败的关键是投资项目公司在投资项目的分析论证中要有准确完备的信息来源和渠道，要对市场进行周密而细致的调研分析和有效的组织实施能力，要全面了解和熟识投资项目的建设程序，要有预见项目实施中可能出现的问题及应采取的相应对策。这些专业性、技术性极强的工作，由于比较复杂，可以外包给专业的财务顾问公司担任其项目的财务顾问，财务顾问公司作为资本市场中筹资者与投资者之间的中介机构，凭借其对市场的了解以及专门的财务分析人才优势，可以为投资项目制定专业的财务计划并在资产的规划和投入过程中做出理性的投资决策。

第二节　产业招商引资项目融资的种类

对特色小镇产业投资项目企业融资的种类进行划分，是非常重要的，可以帮助我们认识融资的可能性、资本资金的来源、自身可用的资源条件等。根据不同的分类方法，主要可以划分为以下几种：

一、按照融资目的不同

可以划分为项目建设融资、项目扩张融资、项目经营融资、项目转型升级（转产）融资、项目特别困难融资等，特色小镇管委会或运营公司，应尽全力采取有效措施帮助企业实现融资。

二、按照融入与融出的方式不同

可分为直接融资和间接融资。

（1）直接融资。直接融资是资金供求双方通过一定的金融工具直接形成债权债务关系，没有中介的融通资金的方式。需要融入资金单位与融出资金单位双方通过直接协议后进行货币资金的转移。直接融资的形式有产业基金入股、风投入股、私募入股、买卖有价证券，预付定金和赊销商品，不通过银行等金融机构的货币借贷等。直接融资可以最大可能地吸收社会游资，直接投资于企业生产经营之中，从而弥补间接融资的不足。特色小镇管委会或运营公司应该根据需要增加介绍、说明，提供支持，以促成直接融资实现。

（2）间接融资。间接融资是指拥有暂时闲置货币资金的单位通过存款的形式，或者购买银行、信托、保险等金融机构发行的有价证券，将其暂时闲置的资金先行提供给金融中介机构，然后由这些金融机构以贷款、贴现等形式，或通过购买需要资金的单位发行的有价证券，把资金提供给这些单位使用，从而实现资金融通的过程。特色小镇管委会或运营公司应根据需要提供各种资料、数据，充分展现环境优势为入驻企业服务。

三、按照资本的来源

从区域上分为境外境内、省外省内、县市外和县市内。从业界上分为产业资本、金融资本、社会资本，这种划分也不是绝对的。

四、按照是否改变项目企业股权

项目融资可以分为股权融资、债权融资及债权、股权由债权人任选三类。

第三节 产业招商引资项目融资的方式

一、股权融资（Private Equity，PE）

这里指特色小镇项目企业的股东愿意出让部分企业所有权，以引入新的股东和资金。

（1）产业基金 PE 入股项目。特色小镇在筹备时，最好就设立一只产业基金，而且以小镇运营公司作为普通合伙人（General Partner，GP）负无限责任，管理基金；特色小镇管委会或所在地的代表公司作为有限合伙人；再引进产业或金融资本投资者作为有限合伙人（Limited Partner，LP）。特色小镇产业基金是产业招商引资的重要环境和条件。金融是经济的一种形态，代表经济发展的水准。特色小镇的产业基金除了整体上的影响力外，对项目来讲具有三个作用：①帮助企业初创时成功；②帮助企业渡过遇到的特殊困难；③帮助项目起飞。产业基金一般不以盈利为目的，而是以促进产业发展为目的。产业基金构成如图 27-1 所示。

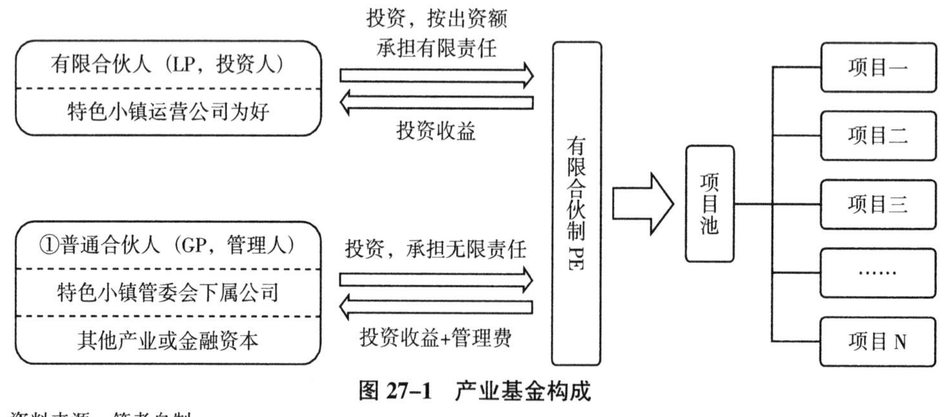

图 27-1 产业基金构成

资料来源：笔者自制。

（2）项目企业增资扩股方式（Equity Capital Increase）。原企业注册资本增加、股本金增加、企业股东人数增加，原企业股东权益摊薄。股权融资所获得的资金，企业无须还本付息，但新股东将与老股东同样分享企业的盈利与增长。主要是指私募资金的方式，公开募集就是公司上市。如图 27-2 所示。

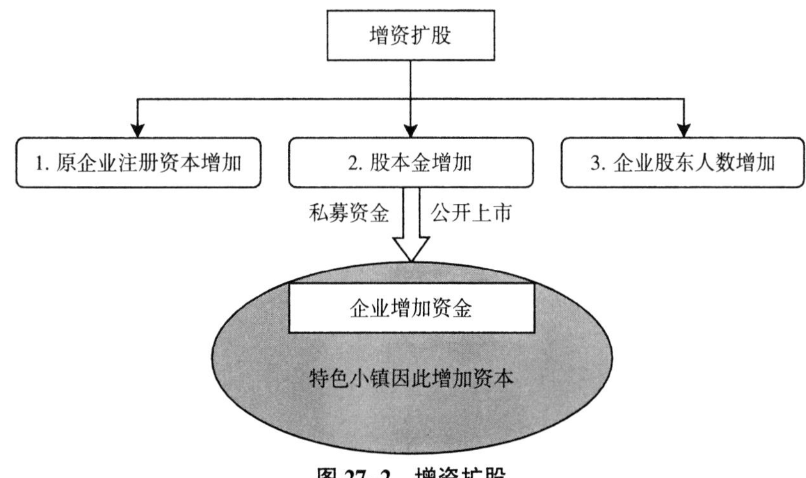

图 27-2　增资扩股

资料来源：笔者自制。

（3）原股东出让部分股权（Stock Right Transfer）。原股东出让部分股权，企业注册资本不变，股本金不变。股东人数增加，新老股东按约定分配原股东权益，老股东权益缩小。老股东得到资金后，应作为股东借款（形成新的债权）给特色小镇内的项目企业使用。如图 27-3 所示。

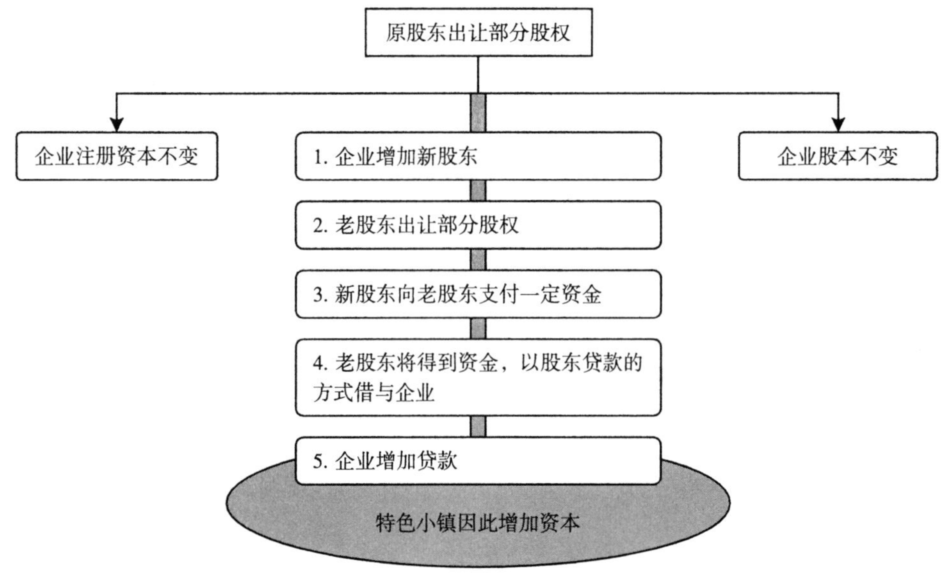

图 27-3　原股东缩股向企业贷款

资料来源：笔者自制。

（4）风险投资（Venture Capital，VC）。简称风投，也称为创业投资，主要指向初创企业提供资金支持并取得该公司股（份）的一种融资方式。风险投资是私人股权投资的一种形式，对于特色小镇来讲是非常重要的，这是因为特色小镇的项目具有以下特点：

1）都是初创的企业，且技术水准处在市场化阶段，比较成熟，跨越科技成果与市场化的死亡之谷，比一般的企业成功可能性大。

2）都具有一定的技术水准，属于风投偏爱的方向，但特色小镇处于县市，不会是一线城市，技术的水准、作用、影响力一般不会具有重大、巨大影响力的。

3）都具有较高的成长性。

4）都需要资金支持。

特色小镇应将引进风投作为重要任务，因为风投具有提高水准和影响力的作用。特色小镇管委会或运营公司甚至可以通过入股、一定比例跟投、一定额度担保等方式引进。

（5）公司上市（IPO）。特色小镇的项目公司的股东在股票市场上公开发行新增加的股票而为公司融资。股东转让公司股票，是股东的融资，还不是产业招商引资的项目融资，如同老股东出让部分股权。新三板是附条件的股权交易。可以理解为主要是股东的融资，如果不是增资扩股，就不是特色小镇产业招商引资的项目融资。只有当股东融资后，将融到的资金用于小镇项目，才是特色小镇的项目融资，不过这又是一个新的法律关系。目前，虽然特色小镇内的上市公司寥寥无几，新三板上市的也不多见，但随着资本市场的改革和特色小镇的发展，这一领域的融资会日益增加。

股权融资应该成为项目公司的一种重要和经常的融资渠道，但我国金融水平较低，特别是特色小镇中的公司。项目公司如果把自己的股权看作是一种可以买卖的资源，将其用于发展，就多了一条融资渠道。用钱时就卖，有钱时再赎回，溢价等于支付的利息。成熟的特色小镇可以考虑独自或在小镇所在地建立联合的股权交易所，为企业融资服务。

二、特色小镇项目的债权融资

（1）信用贷款（Credit Loan）。是指以借款人的信誉发放的贷款，借款人不需要提供担保、抵押品或第三方担保，仅凭自己的信誉就能取得贷款，并以借款人信用程度作为还款保证。招商银行、花旗银行、渣打银行、平安银行、宁波银行等都有这种产品。借款企业一般条件：①信用等级是AA-（含）级以上；②利润总额近三年持续增长；③资产负债率控制在60%的良好值范围；④现金流量充足、稳定；⑤承诺不以其有效经营资产向他人设定抵（质）押或对外提供保证，或在办理抵（质）押等及对外提供保证之前征得贷款银行同意；⑥经营管理规范，无逃废债、欠息等不良信用记录。这种产品的特点是速度快，额度很灵活，但额度低，且成本被隐藏在手续费等收费项目上，实际贷款成本远高于对外宣传的利率。对特色小镇投资的项目而言，信用贷款因为额度过低主要起应急性、补充性作用。

（2）抵押贷款（Loan on Security）。借款方提供一定的抵押品作为贷款的担保，以保证到期偿还贷款。抵押品一般为易于保存，不易损耗，容易变卖的物品，如有价证券、票据、股票、房地产等。贷款期满后，如果借款方不按期偿还贷款，银行有权将抵押品拍卖，用拍卖所得款偿还贷款。拍卖款清偿贷款的余额归还借款人。如果拍卖款不足以清偿贷款，由借款人继续清偿。在特色小镇建设初期，投资项目大部分尚未建成，没有资产证明，因此这种银行产品主要是在后期起作用。

（3）按揭融资（Mortgage）。“按揭”一词是英文“Mortgage”的粤语音译，指以房地产等实物资产或有价证券、契约等作抵押，获得银行贷款并依合同分期付清本息，贷款还清后银行归还抵押物。按揭是指按揭人将房产产权转让按揭受益人作为还款保证，按揭人在还清贷款后，受益人立即将所涉及的房屋产权转让按揭人，在此过程中，按揭人享有房产的使用权。特色小镇创建初期，一是小企业可用此种方法购买用房，二是可以用此方法在小镇内投资项目建设初期即引入金融资本。

（4）典当融资（Pawn）。特色小镇的投资项目可以将不动产抵押给典当行，交付一定比例费用和利息，取得当金，并在约定期限内支付当金利息、费用、偿还当金、赎回当物的行为。一般利息加费用合并约为月 3%。这种方式，一是利息高，比银行高出 6 倍左右；二是在特色小镇初期，多数投资项目没建成，没有资产凭证，不能进行。只有在建设后期，用于投资项目特别困难时。但如能在特色小镇中引进或合资建设 1~2 家或若干家典当行也是一定意义上的金融环境建设。

（5）担保贷款（Loan Against Collateral）。这种贷款是以第三人为借款人提供相应的担保为条件而发放的贷款。担保可以是人的担保或物的担保。人的担保，是指有偿还能力的经济实体出具担保文件，当借款人不能履约归还贷款本息时，由担保人承担偿还贷款本息的责任。物的担保，是以特定的实物或某种权利作为担保，一旦借款人不能履约，银行可通过行使对该担保物的权利来保证债权不受损失。在特色小镇创建初期，大部分担保贷款的担保人是投资人，即投资项目的母公司为子公司提供担保。特色小镇应该积极引进或组建担保公司。担保公司可以要求被担保人提供反担保，或以银行不接受资产（如已抵押资产）的高出比例进行反抵押担保等。

（6）互保贷款（Mutual Insurance Loan）。指两个或两个以上的借款申请人，共同组成互保体，向出资方提出融资申请，并提供连带担保责任的一种融资方式。这种产品是特色小镇应该积极推动的。特色小镇内的投资项目，有产业上的内在联系，有空间上紧密联系，有同为中小企业等共同特点，特色小镇管委会或运营公司应提供支持，把其作为一种金融条件和环境去建设。

（7）发行债券（Bond）。发行人以借贷资金为目的，依照法律规定的程序向投资人要约发行代表一定债权和兑付条件的债券的法律行为，债券发行是证券经营的重要形式之一，是以债券形式筹措资金的行为过程。通过这一过程，发行者以最终债务人的身份将债券转移到他的最初投资者手中。发行债券的法律法规比较严谨、完善，从本质上讲，特色小镇的项目公司，一旦成功发行债券，企业一定比例的权利人就是社会化的公众。在初期比较难，在中后期应该积极支持。如图 27-4 所示。

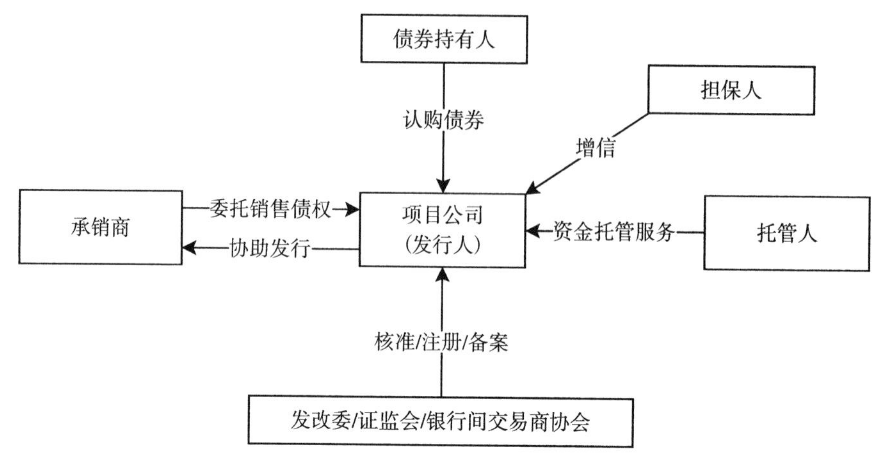

图 27-4 发债路径

资料来源：陈根：《特色小镇创建指南》，电子工业出版社 2017 年版。

（8）信托收益（Credit Income）。是指特色小镇投资项目企业将一定的资产交给信托公司监管，并约定用该资产的收益偿还信托公司的本息。信托公司可能在资本市场上公开发行一只专门的信托计划，以融入资金，交给委托人（用款人，即特色小镇投资项目企业）；也可能从已有的资金池中抽出一定的资金交给委托人。信托公司监管约定资产，并从该资产收益中提取贷款利息收入、股权投资分红、股权转让差价收入以及其他收入。如图 27-5 所示。

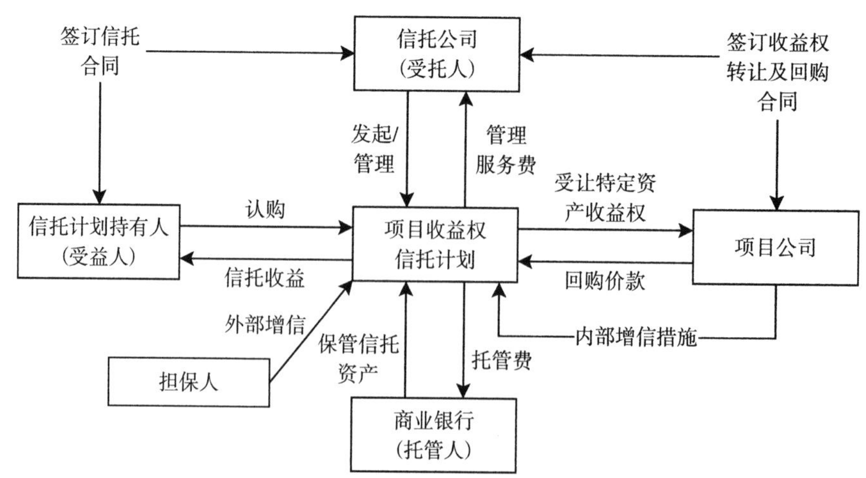

图 27-5 信托收益关系

资料来源：陈根：《特色小镇创建指南》，电子工业出版社 2017 年版。

（9）保理贷款（Factoring）。保理融资是指特色小镇的投资项目公司申请由保理银行购买其与买方因商品赊销产生的应收账款，特色小镇的投资项目公司对买方到期付款承担连带保证责任，在保理银行要求下还应承担回购该应收账款的责任，简言之，是指特色小镇内公司通过将其合法拥有的应收账款转让给银行，从而获得融资的行为，分为有追索保理与无追索保理两种。这种银行产品对特色小镇的投资项目公司正常经营有比较大的作用。

（10）产业链融资（Industry Chain Financing）。是指金融服务机构通过考核特色小镇整条产业链上下游企业状况，通过分析考证产业链的一体化程度，以及掌握核心企业的财务状况、信用风险、资金实力等情况，最终对产业链上的多个企业提供灵活的金融产品和服务的一种融资模式。北京恒丰汇融投资有限公司江上村企业金融工作室是目前国内第一家，且是唯一的致力于解决中小企业融资问题的专业机构。北京工业大学博士生金融创新实训基地，专门从事中小企业与金融机构信用产品的研发和供应，与国内各家商业银行和非银行金融机构有着广泛的合作。这种银行产品十分适合特色小镇的投资项目：一是特色小镇的产业就是围绕产业链内在要求建立的；二是在空间上产业集聚，便于贷款银行监管。

（11）资产证券化（Asset-backed Securities，ABS）。特色小镇投资项目企业以基础资产未来所产生的现金流为偿付支持，通过结构化设计进行信用增级，在此基础上发行资产支持证券的过程。特色小镇投资项目企业 B 把基础性能带来稳定收益的资产 A 转移给金融机构设立的 C（一般为设立的特别项目公司 SPV），C 以证券的方式销售给若干投资人 D。

B 低成本地（不用付息）拿到了现金；D 在购买以后可能会获得投资回报；C 获得了能产生可见现金流的优质资产。

投资者 D 之所以可能获得收益，是因为 A 不是垃圾，而是被认定为在将来的日子里能够稳妥地变成现金的好东西。

SPV 是个中枢，主要是负责持有 A 并实现 A 与破产等麻烦隔离开来，并为投资者的利益做事。

SPV 进行资产组合，不同的 A 在信用评级或增级的基础上进行改良、组合、调整，目的是吸引投资者来发行证券。如图 27-6 所示。

（12）融资租赁（Financial Lease）。是指出租人根据特色小镇投资项目企业（承租人即用户）的请求，与第三方（供货商）订立供货合同，根据此合同，出租人出资购买承租人选定的设备。同时，出租人与承租人订立一项租赁合同，将设备出租给承租人，并向承租人收取一定的租金。

放款的主体是金融机构投资的为金融租赁，非金融机构投资设立租赁公司为一般

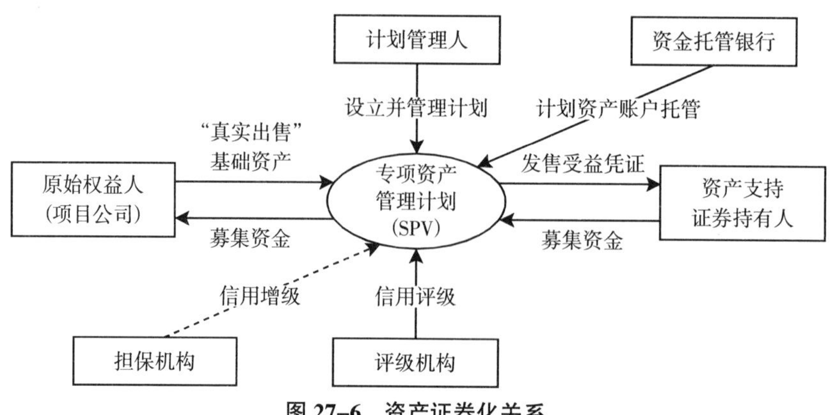

图 27-6 资产证券化关系

资料来源：陈根：《特色小镇创建指南》，电子工业出版社 2017 年版。

租赁。融资租赁的方式可分为：

1）简单融资租赁。是指由承租人选择需要购买的租赁物件，出租人通过对租赁项目风险评估后出租租赁物件给承租人使用。在整个租赁期间承租人没有所有权但享有使用权，并负责维修和保养租赁物件。出租人对租赁物件的好坏不负任何责任，设备折旧在承租人一方。

2）回租融资租赁。回租租赁是指设备的所有者先将设备按市场价格卖给出租人，然后又以租赁的方式租回原来设备的一种方式。回租租赁的优点在于：一是承租人既拥有原来设备的使用权，又能获得一笔资金；二是由于所有权不归承租人，租赁期满后根据需要决定续租还是停租，从而提高承租人对市场的应变能力；三是回租租赁后，使用权没有改变，承租人的设备操作人员、维修人员和技术管理人员对设备很熟悉，可以节省时间和培训费用。设备所有者可将出售设备的资金大部分用于其他投资，把资金用活，而少部分用于缴纳租金。回租租赁业务主要用于已使用过的设备。

3）杠杆融资租赁。杠杆租赁的做法类似银团贷款，是一种专门做大型租赁项目的有税收好处的融资租赁，主要是由一家租赁公司牵头作为主干公司，为一个超大型的租赁项目融资。首先成立一个脱离租赁公司主体的操作机构——专为本项目成立资金管理公司提供项目总金额 20%以上的资金，其余部分资金来源则主要吸收银行和社会闲散资金，利用 100%享受低税的好处，"以二博八"的杠杆方式，为租赁项目取得巨额资金。一般用于飞机、轮船、通信设备和大型成套设备的融资租赁。

4）委托融资租赁。第一种方式是拥有资金或设备的人委托非银行金融机构从事融资租赁，第一出租人同时是委托人，第二出租人同时是受托人。这种委托租赁的一大特点是让没有租赁经营权的企业，可以"借权"经营。电子商务租赁即依靠委托租赁作为商务租赁平台。

第二种方式是出租人委托承租人或第三人购买租赁物，出租人根据合同支付货款，又称委托购买融资租赁。

5）项目融资租赁。特色小镇投资项目企业（承租人）以项目自身的财产和效益为保证，与出租人签订项目融资租赁合同，出租人对承租人项目以外的财产和收益无追索权，租金的收取也只能以项目的现金流量和效益来确定。出卖人（即租赁物品生产商）通过自己控股的租赁公司采取这种方式推销产品，扩大市场份额。通信设备、大型医疗设备、运输设备甚至高速公路经营权都可以采用这种方法。其他还包括返还式租赁，又称售后租回融资租赁；融资转租赁，又称转融资租赁等。

6）经营性租赁。在融资租赁的基础上计算租金时留有超过10%以上的余值，租期结束时，承租人对租赁物件可以选择续租、退租、留购。出租人对租赁物件可以提供维修保养，也可以不提供，会计上由出租人对租赁物件提取折旧。

7）国际融资转租。租赁公司若从其他租赁公司融资租入的租赁物件，再转租给下一个承租人，这种业务方式叫融资转租赁，一般在国际间进行。此时业务做法同简单融资租赁无太大区别。出租方从其他租赁公司租赁设备的业务过程，由于是在金融机构间进行的，在实际操作过程中，只是依据购货合同确定融资金额，在购买租赁物件的资金运行方面始终与最终承租人没直接的联系。在做法上可以很灵活，有时租赁公司甚至直接将购货合同作为租赁资产签订转租赁合同。这种做法实际是租赁公司融通资金的一种方式，租赁公司作为第一承租人不是设备的最终用户，因此也不能提取租赁物件的折旧。转租赁的另一功能就是解决跨境租赁的法律和操作程序问题。

融资租赁对特色小镇的建设和小镇内投资项目企业而言十分重要，特别是对需要较多设备设施的项目，在筹备期就要做好设备融资方案。如果能够促成或帮助投资项目实现融资租赁，实质上就扩大了投资项目企业的投资规模和成功的可能程度，在一定意义上讲就是实现了引资的目标。如图 27-7 所示。

（13）赊销融资（Account Sale）。特色小镇投资项目企业接受设备设施供应商或建设施工方的赊销，从资本角度看就是融资。

（14）定金融资（Subscription）。特色小镇投资项目企业接受客户的定金，从资本角度看也是融资。

（15）合理欠款（Debt）。特色小镇投资项目企业在一定时间内和一定额度内欠款，从资本角度看，同样是一种融资。

债权融资是使用广泛的银行产品。可以分为：①信用融资，如上述第（1）和第（9）种；②保证融资，如以上第（2）~（10）种；③非常融资，如以上第（11）~（13）种。债权融资是银行产品创新的主要领域，特色小镇投资项目企业的一切资源，包括产品、客户、规模、市场、渠道、技术、设备、人才、管理、品牌、商誉、规模都能作为融资资源。

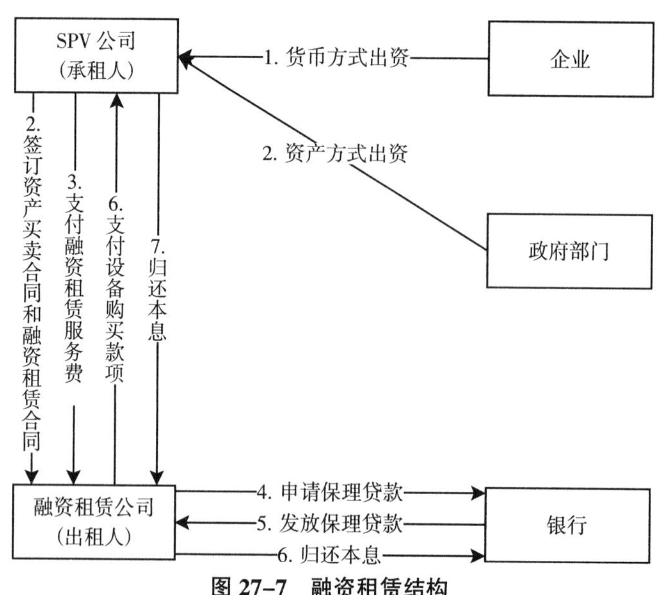

图 27-7　融资租赁结构

资料来源：陈根：《特色小镇创建指南》，电子工业出版社 2017 年版。

三、特色小镇的债权股权转换式融资

可转股债券（Convertible Bond 或 Debenture Note）。有发展机遇，又缺少资金的投资项目企业，可以向特定的公司私募，也可以经批准后公开发行可转股债券。债券持有人可按照发行时约定的价格将债券转换成公司的普通股票（权）的债券。如果债券持有人不想转换，则可以继续持有债券，直到偿还期满时收取本金和利息，或者在流通市场出售变现。如果持有人看好发债公司股票（权）增值潜力，在宽限期之后可以行使转换权，按照预定转换价格将债券转换成为股票（权），发债公司不得拒绝。该债券利率一般低于普通公司的债券利率，企业发行可转换债券可以降低筹资成本。可转换债券持有人还享有在一定条件下将债券回售给发行人的权利，发行人在一定条件下拥有强制赎回债券的权利。

四、PPP 政府和社会资本合作方式

PPP 是建设特色小镇的重要融资方式。有许多专门书籍介绍。本书赘不介绍。

表 27-1 特色小镇投资项目企业可用融资种类

方法名称	简称	英文	缩写	融资种类	资本来源	使用特点	备注
产业基金	基金	Private Equity	PE	股权、直接	金融资本	筹备及初中后各期	
增资扩股	增资	Equity Capital Increase		股权、直接	产业、金融、社会	企业成立后	
股权转让	转股	Stock Right Transfer		股权、直接	产业、金融、社会	企业成立后	股东再贷款
风险投资	风投	Venture Capital	VC	股权、直接	金融资本	筹备及初中后各期	
公司上市	上市	Go to Public	IPO	股权、间接	资本市场	一般为中后期	
信用贷款	贷款	Credit Loan		债权、直接	银行等	一般为中后期	
抵押贷款	贷款	Loan on Security		债权、直接	银行等	一般为中后期	
按揭融资	按揭	Mortgage		债权、直接	金融机构	初中后各期	
典当融资	典当	Pawn		债权、直接	金融机构	中后期	
担保贷款	贷款	Loan Against Collateral		债权、直接	银行	中后期	
互保贷款	贷款	Mutual Insurance Loan		债权、直接	银行	中后期	
发行债券	发债	Bond		债权、间接	金融机构	中后期	
信用收益		Credit Income		债权、间接	信托	中后期	
保理贷款	保理	Factoring		债权、直接	银行	中后期	
产业链融资		Industry Chain Financing		债权、直接	银行	中后期	
资产证券化		Asset-backed Securities	ABS	债权、间接	银行	中后期	
融资租赁		Financial Lease		债权、间接	租赁机构	各期	
赊销融资	赊销	Anaccount Sale		债权、直接	产业资本	各期	欠服务商
定金融资	定金	Subscription		债权、直接	产业资本	中后期	
合理欠款		Debt		债权、直接	产业资本	各期	合理额度、时间
可转股债券	转股债	Convertible Bonds		债券、股权	金融、产业、社会	中后期	
政府与社会资本	PPP	Public-Private-Partnership	PPP	合作	政府+社会	前期、大额、长期	

资料来源：笔者自制。

第二十八章　特色小镇产业招商引资的项目对价

一、要点

（1）产业招商引资的项目对价是书面确定给予项目投资者的各种资源代价的总和，包括用地条件、配资条件、奖励、优惠、服务承诺等。

（2）项目对价的要素：①目的是争取项目签约；②性质是确定的代价；③内容是对价总和，是一个对价包；④形式是书面的。

（3）项目对价比优惠政策内容宽，除优惠外，还包括配资、入股、奖励和服务约定，性质是平等主体间的协商，内容确定、具体。

二、思考题

（1）如何理解到确定项目对价时项目的研究基本完成了？

（2）项目对价与优惠政策有何区别？

（3）对价不必等价的含义是什么？

（4）"优惠具体到项目，具体有时间"是招商引资的重要法宝吗？

（5）如何看成都锦江区率先迈出的集体建设用地出让的第一步？

（6）如何处理项目对价中的改革创新和合法合规关系？

第一节　特色小镇产业招商引资项目对价的含义

一、产业招商引资的项目对价

对价（Consideration）原本是英美合同法中的重要概念，其内涵是一方为换取另一方做某事的承诺而向另一方支付的金钱代价或得到该种承诺的承诺。产业招商引资的项目对价是指特色小镇管委会或运营公司为了争取在谈项目成功签约，在特色小镇内投资建厂，而用书面确定给予项目投资者的各种资源代价的总和，包括用地条件、配资条件、奖励、优惠、服务承诺等。项目对价比优惠政策内容宽，除优惠外，还包括配资、入股、奖励和服务约定，也有项目鼓励、刺激的内容。性质是平等主体间的协商，内容确定、具体。

项目对价的主要要素：①目的是争取项目签约；②性质是确定的代价；③内容是对价总和，是一个对价包；④形式是书面的。

二、产业招商引资项目对价的主要条件

（1）项目对价必须合法。

（2）项目对价须是待履行或正在履行的对价，已完成的对价不再计算。

（3）已经存在的义务不能作为对价。

（4）对价须具有真实价值。

（5）对价不必等价。

三、产业招商引资的优惠政策

所谓优惠政策，是指特色小镇管委会依法在权限范围内做出的，对入驻小镇的投资项目给予的鼓励和照顾的各种特殊规定。优惠政策是产业招商引资的重要手段，主要内容如下：

（1）用地优惠：位置、面积、方式（出让、租用、划拨、合作）、价格等。

（2）按纳税比例奖励，一般为地方留成的一定比例。

（3）约定事项奖励，如世界500强，业内10强，上市公司等。

（4）行政服务特惠，如代办各种手续。

（5）其他。

四、项目对价和优惠政策的异同

项目对价是优惠政策的具体化和发展，从一定意义上讲，项目推进和项目洽谈的过程，就是具体优惠政策和发展、深化、提升、制定项目对价的过程。在产业招商引资的实践中认识项目对价和优惠政策的异同非常必要。

（1）二者的相同之处：①目的相同；②作用方向相同；③受益人属于同类，都是投资者。

（2）二者的不同之处：①项目对价的主体对象具体，优惠政策的主体对象不具体；②项目对价是一个对价包，一般全用，优惠政策可以先用部分条款；③项目对价是在

有了项目以后才专门研究制定的，优惠政策是在项目之前制定的；④项目对价是一项一用的政策，优惠政策是普遍适用的政策；⑤项目对价具有法律责任，优惠政策只是行政责任和信用。

第二节　项目对价的主要内容

项目不同，项目对价也不同。可以说，没有两个完全一样的项目，更没有两个相同的项目对价。在推进不同的项目落地工作中，会制定各种各样的对价条件。项目对价除个别大项目的特殊条件外，主要区别是量上的差异，而项目对价内容基本相同，主要如下：

一、用地条件

主要是约定位置、面积、方式（受让使用权、租用、划拨）、用途（工业、商业、教育文化医疗、住宅）、年限、价款、付款方式、地上物处理，如拆迁时间、费用等，以及办理土地证手续，如招拍挂等的约定。

创办特色小镇，就是要坚持改革创新，而改革创新一定与现有规章制度发生抵触，一定与人们的传统观念发生碰撞。

（1）充分践行耕地占补平衡的规定，确保特色小镇的用地。国土资源部于 2004 年出台了“城乡建设用地挂钩”政策，鼓励地方把农村利用不充分的建设用地复为耕地，再把由此产生的建设用地指标用于城镇建设。将挂钩项目与旨在实现耕地占补平衡的土地整理项目整合起来。

（2）试行集体建设用地“招、拍、挂”制度。农村非耕地由村报镇，再报县土地行政管理部门获批后，即可成为集体建设用地。按现行《土地法》，“农民集体所有的土地使用权不得出让、转让或者出租用于非农业建设。但是，符合土地利用总体规划并依法取得建设用地的企业，因破产、兼并等情形致使土地使用权依法发生转移的除外”。《土地法》第二十四条规定，办乡镇企业乡、（镇）村公共设施和公益事业建设需用土地的除外。

成都锦江区率先迈出了集体建设用地出让的第一步。锦江出让方农锦集体资产经营管理有限公司由多个拥有集体建设用地的集体经济组织合股组成。农民及村组织以农锦公司股东身份，按章程规定分享土地出让收益。集体建设用地改革，让人们想起了与安徽凤阳小岗村同名的四川广汉县金鱼公社试点，实行“分组作业、定产奖惩”开始了承包。

二、用房条件

约定使用房屋的条件，位置、面积、用途（工、商、写字间）、方式（买、租、无租金使用）、时间、价款、物业费用等，以及以租代买的有关约定。

三、基金投入

投入的条件、比例、额度、时间、退出等。产业基金是项目的血液，是产业招商引资的最有效诱饵。特色小镇的产业基金是种子基金、孵化基金，意在推动项目发展，同时也为天使基金和风投基金搭建平台。特色小镇从根本上讲是投资者的技术，及投资者代表的产业准备，各种基金和贷款、发债融得的金融资本，以及土地等政策的集合体。技术+金融+土地+政策（机制）=优秀的特色小镇。

四、市场服务和产品促销

政府采购及政府促销的约定。

五、奖励的约定

一般以纳税比例约定。

六、资源价格表

水、电、气、网、用工、物流、其他费用，资源价格表只是列出参考价格，出让服务方是各公司，并不是小镇管委会或小镇运营公司。

第三节　项目对价的使用

制定项目对价时除合法、合规、合决策程序外，还要注意以下要点：

（1）确定有关内容时要具体，是否附条件要明确，要留有余地。

（2）项目对价各条要综合使用，总量控制，各项此长彼消。

（3）实现留住项目和尽快签约、建设、开业的目标。

（4）项目对价一般在项目投资协议中作为重要的内容签订，也有专门签订一份投资项目优惠条件文件的做法。有些情况下，还要补签新文件，修改原约定。有的项目甚至补签多次。

（5）项目对价虽然是明确具体规定，但给付对价前，有时还要签订专项的协议。

第二十九章　特色小镇产业招商引资的项目方案

一、要点

（1）参与招商引资的项目方案。关于某一项目的基本对策，包括对价范围（用地、基金入股、配资、奖励等）、推进方式、责任人等的确定性意见。它是推动项目的指导原则、洽谈项目的操作纲领。

（2）项目方案包括：①方案正文；②项目基本情况；③项目调查报告；④项目分析结论；⑤项目对策建议；⑥项目对价建议（用地、配资、入股、奖励、优惠等条件）；⑦项目底线要求；⑧项目推动建议（责任人、时间、方式）；⑨附件。

（3）使用项目方案。注意时效性、灵活性、精准性。

二、思考题

（1）为何不能过早制定项目方案？

（2）如何理解项目方案“备而不用、详而少用”好于“用而无备，备而不周”？

（3）为什么项目方案不要过长？

（4）如何理解对特需项目设计出项目失败投资者不赔钱的项目“人寿险”？

（5）如何设计对特需项目一定时间和程度内项目经营好坏投资者绝不赔钱的项目经营“平安险”？

第一节　产业招商引资项目方案的含义

产业招商引资项目方案是指在项目信息开发、项目线索研究的基础上，对投资者进行一定深度的调查研究，如对类似投资者进行一定的对比分析后，所做出的关于该项目的基本对策，包括对价范围（用地、基金入股、配资、奖励等）、推进方式、责任人等的确定性意见。它是推动项目的指导原则、洽谈项目的操作纲领。

在产业招商引资的实践中，制作项目方案的比较少见，多数单位还是很粗放的工作方式。实践证明，有无项目方案，结果大不一样。山东、云南、东营等许多省地市县都提出要精准化招商引资，在关键的项目洽谈环节，精准化的基本要求是制定准确、可行的项目方案。

项目方案不能过早制定。这是因为，对项目的认知和了解是不断深入的，而具体的优惠政策和资源价格、供地方案等要随着项目的深入了解，甚至国家最新的产业政策和有关规定的公布而调整。

项目方案是阶段性的成果，也是集体智慧的结晶，要全面囊括参加项目信息开发、项目线索判断和项目调研人员的意见，必要时要请产业内专家，特别是企业专家提出意见。实践中宁可“备而不用，大而小用”，即做出方案不用搁置，或者做出过于详尽的方案只用少部分，而不能“用而无备，备而不周”，即没有方案，或方案没有研究某类问题，没有设计某类问题的对策。

第二节　产业招商引资项目方案的内容

产业招商引资项目方案包括：①方案正文；②项目基本情况；③项目调查报告；④项目分析结论；⑤项目对策建议；⑥项目对价建议（用地、配资、入股、奖励、优惠等条件）；⑦项目底线要求；⑧项目推动建议（责任人、时间、方式）；⑨附件。

一、项目方案正文不用长篇累牍

主要表明：

（1）对项目的价值、作用、带动性的判断。最好明确该项目投资额、占地、用工、产值、纳税、产业链招商拉动的具体情况。

（2）对该项目具体态度。如死保成功，不惜血本促成，作为季度或作为半年重点等的工作定位。

（3）具体优惠政策的标准或幅度。特别是用地的位置、面积、价格，基金配额、资金支持额度，按税奖励比例，政府采购或销售奖励等条件的确定。

（4）投资人具体要求的回答。比如，特色小镇内排他（即不得引入同类第二家），产品采购量、标识使用等的回答。

（5）特色小镇（运营公司）特别条件，即底线的提出。比如镇内注册和投资时间、投资规模、品牌引进、产品技术等。

（6）对特别需要的项目，要设计出投资者失败不赔钱的项目“人寿险”，以及项目运营不亏损的“平安险”。

所谓项目“人寿险”，是指由特色小镇管委会或运营公司收购土地、建筑，投资方不因受让土地、建设厂房而亏损。项目“人寿险”不保利息，厂房要通用，这样，特色小镇实质上也借用了原投资者的部分资金，节省了时间，赢得了发展。

所谓项目运营“平安险”，是指已经落实该项目的产品用户，只要生产出来产品就一定能销售，如某地招 50 万吨的氧化铝项目，下游产业链电解铝项目可直接收购，又可用销售款抵消电费。这样的项目就可以设计成运营“平安险”。

二、项目基本情况

一定要面面俱到，要像上市公司年报那样，尽量详尽，过细的数据可放在附件。

三、项目调查报告

主要讲清调查的人、时间、方法、感受，重点列出与项目基本情况不一样的地方，以及与投资者介绍的出入之处。

四、项目分析结论

主要介绍分析人员、过程、方法和结论。分析结论很重要，是项目方案的基础，是项目对策的依据。

五、项目对策建议

一般是运营公司产业合作部的意见，如果被认可，则成为运营公司或特色小镇的意见，即项目方案的主要内容。

六、项目对价建议

项目用地、配资、入股、奖励、优惠等条件，要具体、明确。

七、项目底线要求

比如入镇注册，产业链某环节入镇、时间安排等。

八、项目推动建议

明确项目推动人员，明确分工领导或邀请更高级别领导，明确时间、方式的建议。

九、项目方案附件

（1）与投资人往来信息，协议、确认函、介绍、咨询函等全部文件。

（2）其他相关项目简介，应选择最接近的项目介绍 1~2 个。

（3）有关政策摘编。

（4）地缘联系情况，如两地经济、文化交流，领导互访，要素流动情况等。

（5）有关领导指示等。

第三节　产业招商引资项目方案的使用

产业招商引资的项目方案是推动项目的原则、项目洽谈的纲领，也是产业招商引资的具体指导，但其不是任务作业指导书，不是工艺性文件。使用项目方案要注意以下三点：

一、时效性

项目方案制定后，不论使用与否，只要项目没签字，再用时一定重新修改。特色小镇内外环境和产业自身都会发生一定变化，所谓精准，主要是时间点的情况变化。

二、灵活性

项目洽谈中，主谈人一定要有授权和底线，只要在权限范围内，可以灵活处置，把项目谈成就是胜利。

2000 年，一韩国中型企业欲到天津保税区投资，第三次来，只谈最后一个电价问题。年近 80 岁的老板提出按韩国电价 0.062 美元/千瓦时（峰谷平加权平均）缴纳电费，而中国电价为 0.96 美元/千瓦时（峰谷平加权平均），1 千瓦时差 0.898 美元，该项目每天用电 10000 千瓦时左右，差价 8980 美元，约 57600 元人民币，每月 17 万元，每年 200 万元电价补助。因为提前制定了详细的项目方案，所以很快就达成协议。保证用地纳税比为每亩 10 万元，达到前述标准享受电价补助，至每亩 20 万元时，补齐全部中韩电费差价。每亩 10 万~20 万元纳税，按比例补电价。该项目占地 50 亩，每年预计缴税 4000 万元，土地出让金不还价。在这个项目洽谈中，项目方案起到了重要作用。该项目谈不成，收益为零，谈成从 4000 万元税收中拿出 200 万元补助电价，仍有 3800 万元税收。

三、精准性

提前研究项目是比较普遍的做法，但开会、讨论、写纪要还不够精细。到洽谈时，容易顾此失彼。而项目方案在手，犹如胸有成竹，运用自如，有理有据，精准分析。

第三十章　特色小镇产业招商引资的项目推介资料

一、要点

（1）产业招商引资使用的资料是指：①园区简介；②政策汇编；③服务指南；④配套资源；⑤发展规划；⑥发展报告；⑦重点项目介绍；⑧投资手册；⑨招商手册；⑩项目推介。

（2）要约性招商引资资料指项目推介书（资料）。

（3）实践中一定使用招商引资资料的情况：①接待来访；②外出拜访；③参加有关会议。

（4）招商资料不“给力”的原因是产业定位不准，优惠条件不具体。

（5）适合编制招商引资材料的项目：基础设施、公共设施、产业合作、配套项目、产业链短链和断链项目。

二、思考题

（1）如何区分宣传资料和推介资料？

（2）要约性推介和一般推介的主要区别是什么？

（3）为什么政治、区位、发展等优势不必占招商资料过多比例？

（4）如何解决招商资料“想看的没有，不想看的一堆”问题？

（5）为什么说，多数小镇园区不是资料编得不好，而是项目准备得不好？

（6）如何理解“招商不为人算账，等于自己骗自己”？

（7）多数小镇园区没有项目推介资料，拿宣传资料替代可以吗？

第一节 招商资料及其使用

招商引资宣传资料（以下简称招商资料）几乎是6000余开发区，20000多产（工）业及各类园区、特色小镇都在使用的一种招商工具。该资料体裁是应用文，属于广告类的说明文；形式上日益图文并茂，臻于精美；种类上包括：①园区简介；②政策汇编；③招商手册；④投资手册；⑤发展规划；⑥发展报告；⑦重点项目介绍；⑧投资手册；⑨招商手册；⑩项目推介等。体量上以16开25~30页居多；通常65%左右的图片，35%左右的文字。这种资料在招商引资实践中已经成为不可或缺的工具。

（1）接待来访时使用。名片、接待日程、招商资料摆放在适合的会客厅（或会议室）桌上，接待的主要领导通过PPT介绍和真挚的交流，基本是专业水平的接待。但许多单位，没有准备文件夹（袋），使得没带皮包、没带助手的客人稍显尴尬。

（2）外出拜访时使用。名片、拜访日程、招商资料装入精美适宜的文件夹（袋），面见贵宾时抽出，介绍后装入，尽显得体和商业水准。

（3）参加招商会时使用。不论自办的、联办的招商会，一定要发招商资料。参加其他单位主办的招商会，要经主办单位同意才可发放。主办单位不同意的可在客房、停车场等远离会场处发放，以达到借机的效果。

在上述三种场合，招商资料的作用不可替代。

对领导、参观考察来宾等非可能的直接投资者而言，招商资料作用较大。据多年工作实践记录统计，94%的来访者都不是直接可能的投资者。因此，大量的分发园区简介（包括优势、优惠、发展规划、发展报告等）完全必要，以达到造势、宣传、推介的作用。须注意的是应1~2年重印一次，要囊括最新的发展。

第二节 招商资料作用的局限性与原因

招商资料作用的局限性主要体现在对可能的投资者身上，而这正是招商资料的主要作用点。来访者中6%的可能投资者，是招商引资工作的靶向目标，解决这些人的问题，将来访者的成功投资比例从1.5%升至3%~4%，现有招商资料的局限性就比较明显。从前文的10种资料看，9种是介绍性的，而不是直接推介项目、诱致投资的。由于媒体、网络的发达，特别是百度、搜狗等搜索网站的作用，可能投资者在来访前一般会做些功课，掌握宣介资料上的内容。这时宣介资料解决的是印证、方便问题。因此以下问题不必过多：

（1）各种优势：①区位；②交通；③历史；④文化；⑤气候；⑥服务等。

（2）重复的国家政策：绿色、环保、融合、人性、高端、精准扶贫等。

（3）口号性宣介：像打造世界名河，建设世界一流信息科技高地等，“一张蓝图管到底”“一核两翼三带”“国际高新技术”等。

避免以下问题：①形式作用大于实际作用；②口号宣传大于客观情况；③已知内容大于新知内容；④灌输内容大于希望内容。

招商资料作用局限性和问题的原因是复杂的，主要如下：

（1）产业定位不准。至多有产业方向而没有产业的技术、产品、规模、投资额、用工、原料、配件，特别是市场的容量、最终用户的规模、支付能力、偏好等。

（2）优惠政策笼统。因为（1）的原因，导致笼统表述优惠政策，甚至各县市都无大差异。

（3）编制者以宣介自己为主，而不是为投资者服务为主。如笔者认识的一位县委书记公开讲：“你投资我欢迎；你盈利我祝贺；你赔钱我遗憾。”在这样的招商引资指导思想下，笔者和另一位地方领导在招商方案中为项目盈利定制“平安险”和万一失败的项目“人寿险”。不同的定位，就会产生不同的结果。

（4）过多的文学夸张、比喻。忘记应用文体裁和说明文要求。

第三节　招商资料和项目推介资料的不同

一、区分来宾，发放不同资料

将阅读者分为一般参观考察者和可能投资者。对前者只发园区简介（也可包括优势介绍、发展规划、发展报告等），对后者一定要发招商项目推介资料。

二、项目推介资料精准，严于一般招商材料

（1）招商项目推介资料首先明确鼓励的产业和项目、支持的产业和项目、允许的产业和项目（此类不必明列）。

（2）招商项目推介资料以园区确定的产业方向、规模、水准为前提。

（3）招商项目推介资料以精准化优惠的内容和数额、事项条件为主要内容。

（4）招商项目推介资料应推介不少于10个业内不同产业链位置，技术水平和规模不同的项目，而且每个项目的可能合作者、位置、占地面积、基金投入额、资金奖励、资源优惠价格、市场情况、最终消费者、政府促（包）销额或奖励等一应明确。各项目要有统一编号，直至有投资者，取名后可消除。

（5）招商项目推介资料要有每一项目的责任人，姓名、部门、联系方式、负责部门领导、县市领导。

（6）招商项目推介资料要有统一编号，并做发放记录。

三、项目推介资料与一般招商资料的区别

（1）文体上的区别：前者是具体产品的推介；后者仅是一定区域的宣传介绍。

（2）商务性质上的区别：前者属于商务上要约；后者是一般宣介。

（3）工作深度不同：前者实质上推出了拟购买的产品（营销学讲的第一个P），是一种可用资料；后者没有，仅仅是可知性资料。

（4）优惠的具体标准有无：前者作为邀约（也是一种发盘）给出了资本（投资项目）的基本价格（营销学讲的第二个P）；后者没有。

（5）工作中心的区别：前者是以投资者为中心（是营销中4C、4R理论的体现）；后者以自我为中心。

四、项目推介资料要有要约性

要约是一方当事人以缔结合同为目的，向对方当事人提出合同条件，希望对方当事人接受的意思表示。要约一经发出，约定期限内不得撤销、收回、反悔。要约虽不是法律行为，但对发邀约人有约束力。以法律要约为标准，编制项目推介材料，增加了严肃性，同时增加了成功的可能。要约性项目推介材料要满足以下条件：

（1）项目介绍（名称、投资规模、位置、启动时间等）。

（2）受要约的投资人条件（产业、规模、盈利等）。

（3）优势条件（客户、市场、配资、基金投入、投资回报率等）。

（4）问题、劣势。

（5）必备条件（或前提条件）。

（6）有效时间。

（7）联系人、联系方式等。

第四节　编写项目推介资料要注意的问题

编写项目推介资料时应注意以下事项：

(1) 精准的产业定位是前提。适合的产业，适合的产品，适合的规模，适合的技术，产品市场的容量，最终客户的情况、数量、可参考价格等均有最佳值和幅度。

(2) 精准的优惠标准是主要内容：①供地价格、数量、时间；②奖励资金数额；③贷款贴息额；④基金投资额；⑤政府采购、促销额；⑥特别补贴额；⑦项目特别情况等。针对产业内外、规模大小、投资早晚、用工多少、带动大小、母体影响力、人才影响力、业内排名、上市公司与否等列出具体数额。

(3) 落实资源条件是重要内容。落实用地、能源、人力、原辅料、零配件等条件、价格、时间。

(4) 市场、客户、合作者是应有的内容。合作者可作为投资者的选择内容。

(5) 要为投资者计算投资回报率、回收期等财务数据。

(6) 风格上要去文学化多数字化。还原招商引资商务工作的本质，减少政治化因素。

在创建特色小镇初期，大量的基础设施、公共设施、产业合作、配套项目，中后期的产业链短链、断链项目等都非常适合作为招商引资项目。编写、使用好招商项目推介资料，会改变“有宣有介无招无推”的情况，会大大拉近与投资的距离，即便编写得不好，也会起到抛砖引玉的作用。这在招商引资工作实质上，向精准化迈进了一大步。

第三十一章 特色小镇产业招商引资的项目实现

一、要点

(1)产业招商引资的项目实现是指将推进的项目变为现实的项目。广义的项目实现包括签订投资协议、项目奠基、项目建成、项目试车、项目开业五个标志性行为。狭义的项目实现仅指项目开业。

(2) 增资是指已经完成工商登记的投资项目增加注册资本。这是产业招商引资中成本最低、程度最简、难度最小的引资工作。

二、思考题

(1) 实践中哪些方法可以促进项目实现?

(2)“关键领导调动”“重大项目用地”等内容对准备签字的项目有何作用?

(3) 黄历上的“易动土木日”对促进项目开工有何作用?

(4) 项目签约后，开工前的“转段”阶段，进行“项目校正”性总结的主要内容是什么?

第一节 产业招商引资项目实现的含义

一、产业招商引资的项目实现

项目实现是指产业招商工作中，将策划、计划、寻找、推动、洽谈、签约的投资项目变为现实的投资项目。广义的项目实现包括：签订投资协议、项目奠基、项目建成、项目试车、项目开业五个标志性行为。狭义的项目实现仅指项目开业。其原因在于：

(1) 签订投资协议只是从法律上开始实施该项目，还不能说在客观上将该项目变成了现实项目。签约是里程碑式的工作，是法律上的实现。

（2）项目奠基是物质上破土动工，是客观上实现项目的开始，也是里程碑式的工作。

（3）项目建成是物质上实现了项目，但此时设备或没有安装，或没有调试，因此，还不能说是项目实现，至多说大部分实现。

（4）项目试车也称为试生产，此时项目基本实现。

（5）项目开业是项目圆满实现的标志。此时有关项目的经济、技术、环保、安全、就业、设备等条件都从主观希望、双方洽谈、法律、协议等纸上变为现实。

二、项目实现既是一个时间点更是一个时间段

只有将项目实现作为一个时间段来看待，才有利于产业招商引资工作。这个时间段从签订投资协议开始，到项目正式开业。

第二节　促进项目实现的策略方法

项目实现的上述五个里程碑式标志，每一个都十分重要，其比本书第二十二章讲的项目线索推动的5旗更重要，后者仅仅是有关因素的确定，而这五条是完成的结果，是可观实现。因此，产业招商在实践中要尽力促成项目实现。促成的主要策略方法如下：

（1）优惠政策要调整的促成策略。

（2）资源调价的促成策略。

（3）用地调整的促成策略。

（4）领导人调整的促成策略。

（5）重要领导、外宾考察特色小镇。

（6）集体签约、奠基、开业补助费用的促成策略。

（7）配合特色小镇重大发展时机的促成策略。

（8）配合特色小镇所在地重大发展需要的促成策略。

一、促成签约

上述（1）~（3）就比较有效。如果特色小镇或运营公司领导人与投资项目有相同的产业背景，上述（4）也会有效。重要的领导或重要外宾到特色小镇视察，就可以动员投资者提前签约，可以让领导、外宾参加签约活动而成为见证人，对投资者和项目都好。

二、促成奠基

中国有很多人相信黄历上的“易动土木日”，如果选择这样的日期，则提供吉庆的礼仪服务、彩台、彩车、录像、宴请支持或补助 2 万~3 万元费用，就可能促成若干企业提前奠基。笔者曾在 2000 年一次组织 12 家企业奠基。

三、促成试车

投资项目试车没有准确的标准，是个可庆祝、可不庆祝的工作阶段，对化工项目、整车项目、生产线联动的项目意义大，一般都举行；对特色小镇来讲，在初期要造势，这是个噱头，所以应该庆祝。关键是说服企业配合。

四、建成和开业的促成

特色小镇和运营公司可以与投资者协商提前或错后几日，以取得最佳效果，但不能过长，也不可强求。

第三节　项目实现阶段的主要工作

在项目实现阶段，产业招商引资工作主要是按照投资协议约定兑现各种条件，比如通常约定的平整土地、拆迁地上建筑、通路、通水、通电、通宽带，特别约定基金入股、合作主体等一定按时间、按标准到位。还要注意投资者在投资过程中遇到的任何问题，要及时帮助解决。除了做好以上服务，还要注意做好以下工作。

一、总结检讨工作

项目签约是从法律上结束了产业招商引资的一个完整的工作阶段，同时，开始了一个全新的依协议实施投资阶段。在这个转段的时机，要认真总结前一段的工作。最好全面反思各项工作，若可能则请项目代表做系统指导。比如，产业准备、招商条件、寻找项目方法、联系洽谈方式，甚至人员、分工、认识都要进行“项目校正”。项目校正是用项目检验、校正产业招商引资的方法。就像人要不断体检一样，产业招商引资工作要用大项目不断检验。

二、借势扩大宣传

项目投资者可能会在上述五个环节举行一定规模的庆祝仪式，特色小镇或运营公司一定积极配合，只要不引起投资者反感，不喧宾夺主即可。好处：一是可以体现特色小镇与投资企业一家人的情谊；二是同时宣传投资项目和特色小镇。

三、招商引资好契机

2016 年 7 月，云南文山州砚山县永盛杰科技有限公司举行开业庆典，该产业转移示范园管委会与开业公司共同策划，诚邀开业公司客户和供应商参加典礼，企业来宾 150 多家，开业公司签订 1000 多万订单，园区签入驻项目意向书 6 份，达到了园区企业双赢的效果。

四、项目增资扩大

做好项目服务，关注项目动向，配合项目需要，争取扩大项目规模。日本大气社是专门生产汽车涂装设备、工艺技术的世界第二大企业。2013 年签约天津滨海汽车零部件产业园投资中国工程技术中心。在建设期，日方提出很小的要求，如样品通关时间和免税等要求，在确认无问题后，追加投资几千万元，扩建成亚洲中心。增资是产业招商引资中成本最低、程度最简、难度最小的工作。

第四节　项目实现阶段要注意的问题

一、负责人不换，工作阶段不转

项目签约后不要更换项目代表，也不要将项目从负责招商的部门（如产业促进部），换为企业服务部，而要让项目经理和产业促进部一直负责到项目开业。这样投资者或项目代表感觉方便，人也熟悉。从工作性质上讲，项目签约并不算结束；从项目负责人分工上讲应该善始善终；更重要的是了解最后阶段的问题，对以后再谈项目有很大益处。

二、关心更具体，关爱更细微

项目没签约时，过分殷勤可能让人不好意思；项目签约后，进入项目实现阶段，多关心项目代表，不会有问题。比如节日，项目代表生日等一定邀请聚会或送上小纪念品，最差也要发个短信祝福。

三、不要催进度，而要帮助解决问题

项目签约后一般不应该催进度，可以婉转问情况，要多关心。

四、不要认为项目一定成功

项目签约是法律约定。决不能掉以轻心，严防功亏一篑。

第三十二章　特色小镇产业招商引资的项目风险

一、要点

（1）产业招商引资项目风险是指项目失败的不确定性，以及由于项目失败给特色小镇及运营公司带来损失的不确定性。

（2）项目风险管理三对策：①发生前积极预防；②风险发生时缩小影响；③损失发生时减少损失。

二、思考题

（1）找不到项目是最大的风险吗？

（2）为项目准备的条件，如用地拆迁等可改用，因此项目的经济风险不大吗？

（3）如何理解时间成本是最大的项目风险？

（4）项目签约，影响很大，但各种原因不能实现，则是最大的负影响，也是一种要极力避免的大项目风险。为什么？

（5）产业方向决策与项目风险有何关系？

（6）产业招商引资风险与项目风险有何关系？

第一节　产业招商引资的项目风险

一、产业招商引资项目风险的含义

项目风险是指特色小镇产业招商引资工作中从找到项目信息，到项目实现后，始终存在的项目失败的不确定性，以及由于项目失败给特色小镇及运营公司带来损失的不确定性。项目风险的不确定性是指风险的发生是不确定的，即风险的程度有多大、风险何时何地发生，风险造成的损失多大均是不确定的。这是由于人们对客观世界的认识受到各种条件的限制，不可能准确预测风险的发生。

二、产业招商引资项目风险的表现

在产业招商引资工作中，项目风险具体表现为以下几方面：

（1）找不到项目信息。

（2）找到项目信息，但不能成为项目线索，或线索不能牵出项目。

（3）项目虽签约、建设，甚至安装设备，但最终不能投产开业。

（4）项目已经开业生产经营，但最终停产下马。

（5）投资者主体诚信的风险：①圈地假项目风险；②真地产、假小镇风险；③资产虚假风险；④专利或技术虚假风险；⑤虚假经营风险；⑥为上市融资编故事的风险等。

第二节　产业招商引资项目风险的管理

一、产业招商引资项目风险认识

项目风险是客观的，但也是可以认识、预防和转移的。美国项目管理大师马克斯·怀德曼将项目风险专列为一类管理。首先是认识项目风险：

（1）在谈项目投资人主要因素变化。比如改变决定，改变地址，遇到重大困难等。目前的主要做法是密切联系、紧密跟踪、及时了解，还达不到预警机制水平。

（2）已开业运营企业遇到较大困难。比如产品被新技术替代，投资母体遇到重大困难等。从该企业的销售收入上一般会得到反映，另外，在资金和主要管理人员行踪上也可以发觉。

二、产业招商引资项目风险分类

认识和管理项目风险重要的方法之一是分类风险。

（1）按风险后果划分，产业招商引资项目风险都视为投机风险，即风险导致的结果有三种，即没有损失、有损失或获得利益，而不存在纯粹风险。

（2）按风险来源划分：①自然风险，指由于自然力的不规则变化导致财产毁损或人员伤亡，如风暴、地震等。②人为风险，指由于人类活动导致的风险。人为风险又可细分为行为风险、政治风险、经济风险、技术风险和组织风险等。

(3) 按风险的形态划分，产业招商引资项目风险基本都是动态风险。动态风险是由于人类需求的改变、制度的改进和政治、经济、社会、科技等环境的变迁导致的风险。从发生的后果看，动态风险既可属于纯粹风险，又可属于投机风险。静态风险基本没有。

(4) 按风险可否管理划分，产业招商引资项目风险属于可管理风险，即人的智慧、知识等可以预测、控制的风险。

(5) 按风险的影响范围划分，产业招商引资项目风险有局部风险和总体风险两种。局部风险多。

(6) 按风险后果的承担者可划分为：

1) 政府（及特色小镇管委会）风险；

2) 特色小镇运营公司风险；

3) 投资方风险；

4) 业主风险；

5) 承包商风险；

6) 供应商风险；

7) 担保方风险；

8) 参与工作的自然人风险等。

(7) 按项目风险对创建特色小镇目标的影响可划分为：

1) 成败风险；

2) 时间风险；

3) 规模风险；

4) 质量风险；

5) 费用风险；

6) 信誉风险；

7) 管理风险；

8) 技术风险；

9) 政策风险；

10) 法律风险等。

三、产业招商引资项目风险管理的阶段

项目风险的管理在三个阶段有三种不同的策略、目标和方法。

(1) 防范阶段。此时项目风险尚未发生，如果能够防范得当，有可能避免项目风险发生，对产业招商引资来讲这是最重要的。对产业招商引资工作讲，要积极找项目信

息，变信息为线索，促成项目早日实现。

（2）风险发生阶段。比如，投资方正式通知已在谈的项目不再谈，或已开业的企业停产等。这时的管理主要是停止事态发展，缩小影响。

（3）损失发生阶段。只能是减少损失，积极挽救。

四、产业招商引资项目风险防范

如上所述，对项目风险的防范是项目风险管理的主要方面，在特色小镇创建和产业招商引资中，主要体现在：

（1）在产业招商引资工作的计划中，加大分母，即项目信息和线索数量，防范失败。

（2）在项目推动方案制定中，加大优惠和条件倾斜，把每个项目都作为“冠珠”竭尽全力防“流产”，保成功。

（3）项目后服工作准备中，对已经出现困难的企业全力帮扶，不让特色小镇内一个企业停产。

第三节　产业招商项目主要风险和对策

一、特色小镇的产业风险与对策

按照产业建镇的思路，产业风险决定特色小镇的成败。产业风险包括：

（1）选择产业方向的风险。

（2）实现产业招商的风险。

（3）产业集群运营正常的风险。

避免产业风险的主要对策：第一，决策专业化，确定产业方向；第二，招商市场化，实现产业发展。

二、项目的技术风险与对策

产品技术为主的风险，主要由市场的货币选票决定。如何将有限的土地、资金、电力等资源配置到有生命力的项目上，对策如下：

（1）专业人士表态。

（2）第三方专业公司咨询。

（3）产品迭代发展，不要一类一代只讲规模。

（4）留有一定余地。

三、项目的竞争风险与对策

特色小镇由于规模问题，不可能囊括任何一个产业，小镇外的竞争者是小镇的最大威胁和风险源。主要对策如下：

（1）对技术先进、行业有影响力的企业一定要想方设法引入小镇。

（2）努力培养镇内优势企业成为业内标准制定者、行业领头羊，拉开镇内企业与镇外企业的距离。

（3）收购镇外企业，然后转产。

四、项目的管理风险与对策

特色小镇的管理水平不够会影响发展，所在地政府应及时调整，运营公司管理不行的，特色小镇有权的则及时调整，无权的可以及时协调、反映，促成调整。入驻特色小镇的项目管理水平跟不上发展需要的，可以介绍合作者、找新股东、推动聘请管理职业经理人，或者由小镇管委会（运营公司）入股，改变管理者。

五、项目的法律、政策风险与对策

中国相对一些成熟或发展较慢的国家，法律、政策、汇率、物价等变化大，对特色小镇建设都可能产生风险。例如“中国制造 2025”，国发〔2014〕62 号文件、国发〔2017〕5 号文件等各种政策，一要学好，深入领会；二要对号，量力而行。有利的，抓紧落实，不利的，可能会自行停止。

六、项目投资者诚信的风险与对策

通过项目信息判断（第二十一章）、项目调查（第二十三章），在信息比较开放的现今，特色小镇投资领域的欺诈并不多见。坚持以下原则，可以有效防止欺诈：

（1）优惠、支持都在投资者投资完成第一步后实施。

（2）优惠、支持是附条件，可撤销的。

（3）优惠、支持不是现金的可以“稍大剂量”。

（4）资金支持要监管用途。

（5）项目后服支持要准确到位，且利益共享。

第三十三章　特色小镇产业招商引资的项目后服

一、要点

（1）特色小镇产业招商引资的项目后服是指对开业运营的投资项目（此时已是特色小镇入驻企业）的各种服务的简称。

（2）项目后服对招商引资的意义：①兑现招商承诺；②实现经济效益；③促成产业链招商；④诱致其他项目。

（3）项目后服不同时期的策略：①初期保开业；②前期保规模；③中期保品牌；④熟期保效益。

二、思考题

（1）“你投资我欢迎，你盈利我祝贺，你赔钱我遗憾”，这种说法对吗？

（2）为什么说项目后服是长期、复杂的工作？

（3）“后官不认前账”的地方领导是水平问题，还是觉悟问题？

（4）如何理解“营商环境最重要的不是招商环境，而是已运营企业的经营环境”？

（5）从招商到后服，如何做到转段不转热情？

第一节　产业招商引资项目后服的含义

一、产业招商引资的项目后服

项目后服是指特色小镇管委会和运营公司对开业运营的投资项目（此时已是特色小镇入驻企业）的各种服务的简称。项目后服是特色小镇及运营公司长期的、稳定的工作。只有开业企业生产经营好，特色小镇才能发展好。

二、项目后服的性质和目的

特色小镇和运营公司进行项目后服是应尽的义务，也是推卸不掉的责任。但项目后服不是被动的，更不是消极的应付，项目后服的目的是让项目充分发挥活力，达到最大的经济效益。在项目后服的过程中仍然注意产业招商引资的机遇和可能，该项目的增资、产业链招商的项目信息，以及以商招商的项目信息都取决于项目后服工作的成效。

三、项目后服的换人与转段

项目开业后，项目服务工作应由运营公司的产业合作部转到企业服务部，相应的项目经理也要换为该企业的专务。原产业合作部及项目经理仍要以朋友身份多关心该项目的发展，力争换岗不换情。

四、招商引资意义

（1）兑现招商承诺。

（2）实现经济效益。

（3）促成产业链招商。

（4）诱致其他项目。

五、建设好营商环境

反对过河拆桥，新官不认旧账，甚至关门打狗、圈羊杀肉的做法。营商环境最重要的不是招商环境，而是已运营企业的经营环境。

第二节　产业招商引资项目后服的主要内容

（1）项目后服的常规性工作是推进企业发展。比如日常统计、帮助招聘员工、组织展会，推介宣传企业、产品、企业家、优秀员工、社会贡献等，授予荣誉、向上级政府推荐等工作。

（2）项目后服的主要工作是继续兑现特色小镇的有关承诺。千万不能因为项目已开业，而将所做的承诺少点、晚点、差点。招商引资最主要的是信用，一个项目失信，会丢掉一批项目。这正是十句好话不抵一句坏话的效应。

（3）项目后服的基本工作是协调各行政管理部门，既不能让特色小镇的项目在行政管理上有任何特殊，还要让特色小镇的项目在运行中感到服务到位，行政效率高，特色小镇营商环境好。

（4）项目后服的重要工作是帮助开业项目创新发展，如技术升级或对外合作、新品研发上市、企业增资扩股，吸收天使基金，或 A/B 轮融资、大额贷款等。

（5）项目后服的特别工作是帮助开业项目克服遇到的困难，渡过困难期。比如外部的经济危机、行业危机、区域危机、人力荒、资金荒、产品滞销回款不到位，或者投资企业内部的困难，如信用危机、产品质量危机等。特色小镇管委会或运营公司虽然不一定是开业项目的股东，但仍然是东道主，而且唇寒齿亡，所以一定要想方设法帮助困难企业渡过难关。

第三节　产业招商引资项目后服的主要策略

一、应有的正确对策

有的地县领导、园区领导错误认为企业与管委会或运营公司无关，甚至提出“你投资我欢迎，你盈利我祝贺，你赔钱我遗憾”与己无关的口号公开宣讲。

许多园区给新项目极大的优惠，而对项目后服不愿出资出力帮助。这是一种既错误又不符合利益的对策。经济讲的是效益，同样的资源，是给新项目，还是帮已经入驻的项目，要精准计算，而且要将时间、影响力都计入、算总账。多一个新项目固然好，但失去一个旧项目毕竟是遗憾事。

做产业招商引资的人员一定要学习重庆做法，10 年抓出笔电、手机、汽车几个产业。做特色小镇的人员更要学习青岛和湖北的做法，扶植了海尔、海信、澳柯玛、青岛啤酒、武汉黄鹤楼卷烟等，这些做法非常值得学习。

二、不同时期项目后服的目的和策略不同

（1）特色小镇产业招商初期，项目 10 个以下，资本不到 5 亿元时，项目后服要竭尽全力保开业、保投产，以争取成功实例，取得初始的轰动效应，证明有关决策正确，特色小镇才能够发展，让开工企业成为特色小镇的旗帜。

（2）特色小镇产业招商前期，项目 20 个以下，资本 10 亿元左右时，项目后服以尽快形成企业群、企业规模、用工规模为目的，让开工企业成为特色小镇的产业证明。

（3）特色小镇产业招商中期，项目 50~70 个，资本 50 亿元左右时，项目后服要以大项目为重点，要以高技术为亮点，以创新为带动点，力争培养或选择典型，并规划产业参观路线、建设产业展厅、确定展示企业。项目后服在产业招商中期要注意通过后服发挥典型企业和企业规模两方面的作用。

（4）特色小镇产业招商后期，项目 80 个以上，资本 80 亿元左右时，项目后服要注意困难企业的帮扶，工作重点是第一批入驻的小企业可能遇到的困难和大项目发展中遇到的困难。在帮扶工作中注意产业升级，不排除用腾笼换鸟的方式，推动企业重组。

第四节　特色小镇项目后服的主要手段

对已经开业的入驻特色小镇的项目提供服务，要有一颗爱子之心，更要有强力的措施和手段。在建设特色小镇的全过程中都要未雨绸缪，早有准备。主要措施如下：

（1）受让股权。特色小镇或运营公司与特色小镇内暂时困难的镇内企业联手，镇内企业给入股的特色小镇管委会或运营公司优惠，以股权换资金让企业渡过难关，然后赎回股权。实际上是帮助企业融资，而且既无息，又无损经营权，也无损商誉。类似资本市场上的白衣骑士法和帕克曼防御术。

（2）购买企业可转股债。镇内困难企业向特色小镇管委会或运营公司定向发行可转股债券。这种做法可以解决镇内企业股权难以让渡的问题。

（3）直接借款或通过银行委放给项目企业。借款可以信用担保，也可以用抵押物的次贷担保。我国的物业评估比较保守，银行又按物业评估价的 60%放款，因此次贷在特色小镇中一般没有风险。

（4）为镇内困难企业担保。

（5）为镇内困难企业贴息。

（6）收购项目企业积压产品，帮助其推销产品。

（7）组织镇内企业互保。

第三十四章　特色小镇产业招商引资的项目纠纷

一、要点

(1) 产业招商引资的项目纠纷指投资者与特色小镇管委会或运营公司之间因兑现投资承诺和享受优惠条件及约定服务而存在重大分歧与争议。

(2) 项目纠纷的解决方法：①和解；②调节；③仲裁；④诉讼。

二、思考题

(1) 如何预防与投资者产生纠纷？

(2) 有了纠纷不一定是坏事这种说法对吗？

(3) 如何用退一步进两步的思维，坚持发展是硬道理的理念？

(4) 对待不讲理的企业该怎样办？

(5) 如何发挥协会、行会、工会、专家委员会、促进会、居委会等社群组织的沟通作用？

第一节　产业招商引资的项目纠纷

一、项目纠纷

产业招商引资是由若干个项目的落实体现的，每一个产业项目基本上都体现产业招商引资的主要工作过程，但较少量的项目，约10%~15%会与进行产业招商引资的特色小镇管委会发生纠纷，即发生项目纠纷。项目纠纷是指在特色小镇投资建设过程中，按照投资协议，投资者兑现投资承诺和享受优惠条件及约定服务，小镇管委会或授权小镇运营公司兑现引入项目优惠承诺及约定服务和要求投资者履行约定投资义务之间的重大分歧。项目纠纷由以下条件构成：

（1）主体要求：签订投资协议的双方，其中一方是小镇管委会，另一方是投资者，而不是投资者设立的项目公司，但投资协议一般约定，项目公司设立后，投资协议中约定的投资者的权利义务和责任会转移到项目公司。

（2）纠纷性质：项目纠纷是关于投资和享受投资优惠的纠纷，除此之外的纠纷，不是投资项目纠纷。

（3）程度要求：一般是比较重要的内容，是因投资协议主要条款的违反产生的纠纷。

（4）纠纷表现：诉讼、仲裁、公开发布对方违约或失信，以及向对方上级机关投诉的任何一种或一种以上行为。

二、项目纠纷产生的原因

特色小镇产业招商引资者和投资者之间存在分歧是正常的和普遍的，因为这两者本身就是一对矛盾体，但分歧应该在洽谈的过程中解决，由投资协议作为形式统一双方的认识。而项目纠纷是签订投资协议后的重大分歧，产生纠纷的主要原因如下：

（1）原投资协议条款约定不清楚，产生异议，导致纠纷产生。

（2）主要情况变化，执行原投资协议不可能，双方对修改或停止条件没有取得一致而产生纠纷。

（3）一方出现重大困难，继续履行投资协议基本不可能，比如投资方出现困难，已无资金实力继续投资；或者产业招商引资方上级政策变化无地可供，而产生纠纷。

（4）由于换人等原因，一方认为协议显失公平而不执行，产生纠纷。

（5）其他原因。

第二节　项目纠纷的预防

产业招商引资工作中，出现项目纠纷无论怎样也是负面消息，因此特色小镇管委会和运营公司应该尽最大的努力预防和避免项目纠纷发生。当然，一个特色小镇涉及几百亿元投资，几百个投资主体，近千份投资协议，几千亩地开发，不产生项目纠纷的可能性几乎没有。但做好预防工作可以将项目纠纷的数量大大降低，并可以避免重大恶性项目纠纷的发生。预防项目纠纷工作几乎贯穿于全部行政和业务工作之中，但重点的预防工作主要体现在以下几方面：

（1）始终坚持依法建镇的原则。所有的工作都要有法律、法规、政策依据。在创新中处理好依法创新与突破性创新的关系。所谓突破性创新，就是在符合宪法、法制原则的条件下，结合经济社会的具体情况，突破一些政策、具体法规，包括法律的规定。突破性创新会有重大前瞻性、轰动性，能带来巨大的发展，但有法律上的风险。成都的集体建设用地使用权流转管理暂行办法，就是重大突破性创新。在实施突破性创新时，应做好具体准备：

1）做好承担风险带来损失的准备，包括项目纠纷；

2）除突破一点具体规定外，其他方面要完全合法；

3）内部程序走完分管部门提出、分管领导动议，集体决定等重大决策的程序；

4）与主管部门协商，并向上级部门汇报，涉及法律法规的要向人大汇报；

5）一定以书面、规范性文件形式。

（2）加强沟通工作，尽量减少诉讼。医药广告的用语“通则不痛，痛则不通”实际道出了一个哲理，特色小镇建设同样如此。项目纠纷的产生，绝大多数都是产业招商引资方与投资方沟通不到位、不充分情况下发生的。沟通及时、深入的情况下，一般不会发生项目纠纷，基本不会发生恶性纠纷。

首先，建立沟通机构和渠道。协会、行会、工会、专家委员会、促进会、居委会等社群组织都是沟通的机构和渠道，应该从特色小镇建设之初就把它们建立起来。

其次，沟通机构要做好活动，真正做好共同沟通工作。多数特色小镇成立了若干社群组织，但活动和沟通工作不够。有社群组织自身的原因，更有特色小镇管委会领导指导、支持不力的原因。特色小镇管委会要给予这些社群组织一定的经费支持，要提出沟通要求，还要指导沟通的活动方式。

最后，要创新特色小镇社群机构形式和活动方式。机构上可以探讨设立发展专家委员会、小镇仲裁委员会等高水准的机构和普通的发展参议委员会等，改变读报纸、集体看录像的活动方式。

（3）严防假纠纷损坏商誉。特色小镇作为发展的平台空间，名称一般由地区、行业（字号）、特色小镇三要素构成，比如浙江杭州山南基金小镇、杭州云栖小镇等。特色小镇不是一个经济法律主体，法律主体的名称国家有行政法规规定，而是四要素：地区+字号+行业+责任形式。因此，十分容易因为同名小镇的纠纷而影响自己，产生因他人纠纷，即自己本不存在的虚假纠纷损坏商誉的情况。

2018 年 7 月 3 日，阿里拍卖网挂出两则拍卖信息，分别为重庆北斗导航产业园一期建筑物和土地使用权。当日《每日经济新闻》记者到当地进行调查，并发表消息——当地仅是一片烂尾楼群。这一消息对北斗航天卫星应用科技集团有限公司而言影响很大，因为该公司正在河北雄安新区、长沙、济南、上海等地洽谈项目，而且该公司在全国各地已经建立了 27 个分公司。电话和怀疑顿时成片成云，幸好北斗航天卫星应用科技集团有限公司早有准备，2017 年 11 月 15 日的一则声明和 27 个子公司附件，即刻让人们消除疑虑。这种预防是非常重要的。

第三节　项目纠纷的处理

项目纠纷不可避免，产生项目纠纷也并不可怕。应当有正确的态度、对策和处理方法。

对项目纠纷应有的态度：

（1）没有时预防，靠预防将纠纷数量和负面影响降到最低。

（2）有了项目纠纷萌芽就抓紧时间将其消灭。

（3）大化小、小化了的目标，不要计较对错、过分追究责任。

（4）退一步进两步的思维，坚持发展是硬道理，投资者是“上帝”，项目是特殊性质的生命，争取让纠纷项目留下来发展，更求其他新项目不因纠纷而受影响，甚至将纠纷项目变成招商噱头，为招商引资提供契机。

对项目纠纷的对策是专机、专人、专案、专题处理，专机是指设立项目纠纷处理的专门责任机构，法律顾问处为好。专人是指每一个项目纠纷都要有专门的责任人。专案是指针对具体的项目纠纷设立专案负责机构，如专案小组，避免遇到问题无人负责。专题是指每一个项目纠纷都应该专门确定政策和解决方案。

特色小镇项目纠纷的解决方法主要有以下几种：

（1）和解的方法，通过沟通、洽谈、互相让步，直接和解。

（2）调节的方法，通过第三方调节，包括斡旋、调节。

（3）仲裁的方法，最好是在特色小镇内设立地方仲裁委员会分会，由懂得法律、熟悉特色小镇业务，了解产业招商引资工作的某一方面专家组成，由项目纠纷的双方各选一个仲裁员，由两个仲裁员推举一个首席仲裁员，裁决的结果不得起诉，可申请法院执行庭强制执行。

（4）诉讼的方法，去法院也没什么可怕，要积极应对。

第三十五章　企业推动“以产业联文化”建特色小镇的启示

一、要点

（1）企业推动特色小镇建设的优势是产业。

（2）产业准备是特色小镇筹备的基础。

（3）产业创意来源于产品市场调查、产业信息收集、产业情况理解。

（4）依据、遵循产业基础寻找文化联系，拓展商旅业发展是有效的路径。

二、思考题

（1）差别定位、错位发展与比较优势的联系是什么？

（2）是否产品竞争性小，则成功性大？

（3）申报特色小镇时，投资要落实多少？

（4）特色小镇招商引资的总额占总投资的合理比例是多少？

（5）两个有弱联系的产业托一个特色小镇可行吗？

第一节　产业准备是特色小镇筹备的基础

2017 年 12 月，国家发改委等四部委《关于规范推进特色小镇和特色小城镇建设的若干意见》明确提出，特色小镇是集聚特色产业、创新创业平台，要求产业特色鲜明、要素集聚，并将产业建镇确定为第三个原则。筹备、创建一个特色小镇，最基本的就是产业准备，深圳××产业转移研究有限公司、北京××××文化发展有限公司，经过几年市场调查、产业信息收集、产业情况了解和一定的产业投资准备，计划推出一个文体特色小镇项目。已经准备的智能化文体设备设施主要包括：

一、智能体育文旅用品设备

（1）真云子围棋机器人。通过围棋学习记录、教学指导、实赛训练、复盘研究等功能，集学习、娱乐、智力开发于一体，让古老的围棋与现代的网络、大数据、计算机融合。

（2）智能足球设备。智能足球靴子和足球可以记录接触时间、力度、次数、先后等技术数据，电子门墙将准确记录球是否进门。

（3）旅行伴侣机器人。记录、指导、陪伴人的旅行。

（4）胎儿运动助监器。合理助动并监督胎儿，通过手机可全面监督、观看胎儿运动。

（5）老人床上助动器械。包括移位、四肢运动、助理大小便等。

（6）老人家庭电子健身器械（子女监督和技术指导）。

（7）老人计算机穿戴终端设备（智能鞋、智能拐杖、电子床垫、恢复吊环、自助式移位设施等）。

二、文旅食品

（1）自动加温食品系列。

（2）旅游用果蔬系列。

（3）人群定制食品。

第二节　循“产业联文化”

上述两公司对既定的产业边准备、边开发，同时在河南、河北、山东等省，积极与政府对接，联系相关文化，洽谈落地。云南某某市深圳招商代理公司得到这一消息后，以最好的围棋“云子”产地的优势取得特色小镇落地的资格。

云子是我国的一种传统工艺品，距今已有500多年的历史。元、明、清三代曾享有盛名，深受名士、高僧的喜爱，也是敬献皇室的上乘贡品。云子质地细腻如玉，色泽晶莹柔和，坚而不脆，沉而不滑。相传明代有位永昌人氏在京城保管珠宝玉器，一次宫廷失火时，发现熔化的珠玉具有晶莹透亮的色彩。回到家乡之后，他就制成了云子。云子受到文人及显贵的欢迎，并成为进献皇室的贡品，有“永昌棋子甲天下”（保山历史上曾为永昌郡）的美誉。

云子的原料有玛瑙石、紫英石等数十种，其配方是保密的，生产流程共有滴子、退火、打磨、人工选子、上油等 11 道工序，每一颗云子都是工人手工制作出来的。云子的制作工艺在国内首屈一指，配方、火候、点子的手艺都是影响质量的重要因素，而培训 1 名纯熟的技师则需要 8~10 年，因此这个工艺本身就属于非物质文化遗产。由于云子是纯手工制作，一天的产量并不高，2 个工人 8 小时仅能生产 2 套。日本前首相中曾根康弘、英国女王伊丽莎白二世都收到过这样的礼物。

将云子与网络、智能化对接，并按这一思路开发文体用品设备设施领域，完全符合产业+文化的发展思路。

第三节 依产业构思特色小镇建设

一、产业发展定位

（1）产业方向：文体用品设备设施+旅游食品。

（2）比较优势和资源禀赋：云子，食品原料。

（3）产业形态：中小企业和轻工业，某某市可以承接。

（4）产业技术：网络+智能化的文体设备用品，主要靠深圳技术转移；旅游食品技术主要靠北京、天津转移。

（5）市场情况：产品创新，竞争性小。

（6）客户情况：国内为主，逐步出口。

（7）产业总投资：80 亿元，小镇总投资 100 亿元。

（8）投资来源：投资运营公司占 10%；PPP 20%；招商引资 60%；其他 10%。

（9）企业用工：10000 人。

（10）企业产出：年产值（销售额），纳税额。

表 35-1 策划小镇产出

阶段	时间	产值/年（亿元）	纳税/年
第一	3 年底	20	1000 万元
第二	5 年底	40	3000 万元
第三	10 年底	100	2 亿元

二、依据产业体现的以人为本

（1）3000 人脱贫。

（2）8000 人改变居住条件。

（3）10000 人就业。

（4）年旅游人数 30 万。

三、依据产业拓展的文旅、商业

（1）拟建设的文旅项目：少林围棋院、少林武术学校、少林禅修学院、孕妇禅修院、10 个儿童山堡、山野公园。

（2）拟建设的商业项目：商业街区、儿童公园、儿童商业广场、儿童餐厅、室内外启智健身广场。

四、以产业为核心策划的特色小镇框架

策划小镇项目建设内容简表如表 35-2 所示。

表 35-2　策划小镇项目建设内容简表

建设内容	建设规模		建设目标	备注
	占地	建筑		
智能文体设备产业园	50 平方米，800 亩	350000 平方米（容积率 0.7）	70 家企业	10 年建成时
旅游食品产业园	700000 平方米，1000 亩	500000 平方米	30 家企业	
文化、教育、旅游项目	333000 平方米，500 亩	100000 平方米（容积率 0.5）	10 个项目	公园等地不征，由政府提供
商业项目	200000 平方米，300 亩	200000 平方米（容积率 1）	30 个项目	
住宅项目	200000 平方米，300 亩，	300000 平方米（容积率 1.5）	3000 户，8000 人居住	
其他类	266400 平方米，400 亩	100000 平方米（容积率 0.37）	政府、行政、公共用房	
合计	2331000 平方米，3500 亩	1600000 平方米		

第三十六章　政府引导“以文化联产业”建特色小镇的启示

一、要点

(1) 政府引导创建特色小镇的前提是明确自己的优势、劣势。

(2) 特色小镇最容易创建的位置是大城市周边。

(3) 任何既有文化都需要专家拓展。

(4) 形成一定规模、一定影响力的文化就容易表现出联系产业的内在联系性。

二、思考题

(1) 女娲补天、妈祖等传说需要继承吗？

(2) 七仙女、嫦娥等故事是中国文化瑰宝吗？

(3)《封神榜》中的各位神仙能否祭拜？

(4) 神话传说与宗教有何区别？

(5) 为什么社会要特别褒扬伟大、杰出的女性？

(6) 生命生活产品与女仙、女神的联系是什么？

第一节　文化资源是特色小镇建设的噱头

一、培育建设特色小镇是发展的契机

2016 年 7 月至 2017 年 12 月，国家发改委牵头，国土资源部、环境保护部、住建部、农业发展银行等机关共发文 13 个，推动特色小镇培育建设。2016 年 7 月广东省发改委发出《关于建立省特色小镇建设工作联席会议制度的通知》，2018 年 5 月科技厅、住建厅发布《加快特色小（城）镇建设指导意见的通知》。与广州接壤，却不隶属于广州领导的某县主要领导迅速认识到特色小镇建设为该县带来发展契机。该县主要情况：

（1）位置优势（参见本书第十章）。距特大城市 150 千米，适宜建设特色小镇。建特色小镇的区位优势为Ⅱ级。

（2）后发优势（参见本书第十章）：人均 GDP 为 34000 元（2016 年），远远低于最近大城市 155000 元。建特色小镇的后发优势为 2.27，是十分理想的选址。

（3）环境适合：山区、水库、河流多适合建设特色小镇。

二、特有文旅资源是创建特色小镇的独有条件

（1）西莲山西莲寺。位于西莲山山腹，距今有近 400 年的历史。这里有海拔 1000 米以上的高山草原、达摩头像石、白玉蟾炼丹泉等独特景观，自然生态资源和民俗文化资源丰富。周围有 7 个各 500 多平方米的水塘，传说是 7 仙女每年洗澡的池塘。

（2）云髻山。云髻山是广东省级自然保护区，主峰海拔 1438 米，是广东省最大的水库新丰江水库的源头。云髻山的旅游资源主要是集山、石、水、林、泉和野生动物于一体的自然旅游资源。山下有温泉，常年水温保持在 45℃。山上具有开发价值的天湖有两处：一是介于云髻山与吊钟石之间的“仙湖”；二是西部的司茅坪水库，因其上下两水库相连，冠名“鸳鸯湖”，是垂钓和水上游乐的好场所。两处天湖，宛如两颗镶嵌在群山之中璀璨的明珠，山水相映，夺人心魄。云髻山上有野生动物资源 200 种以上，野生植物 1400 多种，是登山探险、穿林考察、观瀑赏石、品泉沐浴、休闲度假的好去处。广东省汽车客运站有班车到达；车程 3 小时自驾广州到达，约 4 小时车程。

第二节　拓展文旅内容形成规模效应

根据该县的文旅资源，聘请有关专家制定了文旅拓展方案。

一、翻扩建西莲寺

根据西王母娘娘、7 仙女的有关传说，将 300 平方米的庙寺扩建至 5000~6000 平方米（一期），并在配殿建设女娲、王母娘娘、斗姆娘娘、妈祖、碧霞元君、何仙姑、麻姑等庙群，形成中国最大的坤仙庙宇群。

二、建设《坤神宫》

将封神演义中的女神结合动漫、全息、投影、智能化、3D 打印等高新技术，穿越

人间与神界，增强体验、互动、理想、意境与现实的联系。为哪吒、后土娘娘、九天玄女、太阴元君、麻姑、云霄娘娘、碧霄娘娘、琼霄娘娘、金灵圣母、无当圣母、龟灵圣母、金光圣母、彩云仙子、菡芝仙等坤仙塑像。

三、建设 7 仙馆

在西莲山 7 塘处，各建一个展馆，收费展示，并建设附带禅修院、山庄等建筑，形成有该县鲜明特色，在国内旅游市场有震撼力的旅游设施。

（1）女革命先烈、女英雄纪念馆（县委宣传部支持免门票）。

部分女先烈如表 36–1 所示。

表 36–1　部分女先烈简表

姓名	事迹内容
秋瑾	民国第一女侠
赵一曼	中国共产党党员，东北抗联烈士
刘胡兰	就义于小日本屠刀下
杨开慧	中国共产党党员，毛泽东第一任夫人
江姐	
龙梅、玉荣	

女英雄：袁启明、温和、刘水生、陆兰秀、张应春、陈玉华、金顺姬、林贞玉、李槿淑（原名李根淑）、崔今淑、李淑、金今顺（即金锦女）、郭隆真、王兰英（又名王文灿）、里希（原名李亚芬）、解文卿、胡玉蓉，易维五，王德文。

（2）女科学家纪念馆（市、县支持免费门票）。展示居里、屠呦呦、林巧稚等生平事迹。

（3）瑶池坤诗馆（与北大文学院、中山大学文学院、中国诗词会联合作为教学基地）。分设四馆：古代馆、外国馆、现代馆、当代馆。

以李商隐的瑶池诗为代表，设赞美女子的诗赋馆，如著名女诗人李清照以及外国女诗人馆。以画像、书法、诗词为主要内容。

表 36–2　部分女诗人简表

女诗人	别称、雅号	简介
蔡文姬	名琰，字昭姬	汉族，东汉末
苏蕙	字若兰	东晋前秦
李清照		
上官婉儿		

（4）母亲纪念馆。以孟母、岳母、李春花（《感谢贫穷》作者母亲）等为代表，请历史学家提供，并在民间征询有影响力、感染力的母亲褒扬记事。

（5）女强人纪念馆。武则天、慈禧、穆桂英等人物纪念馆。

（6）百岁婆婆馆。征集100岁以上的女老人，对其生平、心态、生活习惯、家庭、子女、职业、文化、坎坷经历进行介绍。

（7）女子发髻馆。从科学、历史、文化、民俗、生活、民族等不同角度系统介绍女子发髻，并可组织美发展示、美发竞赛等活动。

（8）女士用品展博馆。展示、销售古今中外女士用品。

表36–3 坤道仙圣简表

称谓	别名称号	出处与记载	主要内容	香火	备注
女娲	娲皇、女阴	史记	补天、造人。华夏民族人文先始，是福佑社稷之正神	全国	
妈祖	圣母、天后、天后娘娘、天妃、天妃娘娘、湄洲娘妈	《天后志》《天妃显圣录》	宋代后28次册封。2009年10月，妈祖信仰入选联合国教科文组织人类非物质文化遗产代表作名录。生平16个故事： 莱屿长青、祷雨济民、挂席泛槎、化草救商、降伏二神、解除水患、救父寻兄、恳请治病、收服二怪、窥井得符、妈祖诞降、湄屿飞升、驱除怪风、收服晏公、收高里鬼、铁马渡江 18个传说： 甘泉济师、佑助收艇、澎湖助战、托梦建庙、圣泉救疫、神女搭救、神女救船、保护使节、天妃神助、庇佑漕运、官员脱险、庇佑制胜、使节脱险、旱情解难、神助修堤、神助擒寇、神助宋师、护助剿寇	东南沿海、琉球群岛、日本、东南亚	被神化真人
王母娘娘					
后土娘娘					
斗姆娘娘					
云霄娘娘					
琼霄娘娘					
碧霄娘娘					
太阴元君					
碧霞元君					
金光圣母					
金灵圣母				全国	
龟灵圣母				全国	
无当圣母				全国	
麻姑				华北	
何仙姑		《封神演义》	诸多章回		
采云仙子		《封神演义》	诸多章回		
菡（han）芝仙		《封神演义》	诸多章回		

续表

称谓	别名称号	出处与记载	主要内容	香火	备注
天玄女			诸多章回		
哪吒		《封神演义》			

第三节　循“文化联产业”策划特色小镇

完成文化拓展、内容确定后，便产生了如何确定产业联系、如何找到相关企业的问题。该县通过县内企业，很快找到了深圳市某某产业转移研究有限公司，代表该县正式签约，委托后者联系有关企业，准备招商引资。几个月后，一份特色小镇产业策划报告完成了。

一个方向（生命生活用品），三个产业系列：

（1）生命用品：

1）胎婴儿检测监测、启智用品。

2）儿童智能玩具、学习用具。

3）孕妇用品用具。

4）旅行伴侣机器人。记录、指导、陪伴人的旅行。

5）老人床上助动器械。包括移位、四肢运动、助理大小便。

6）老人家庭电子健身器械（子女监督和技术指导）。

7）老人计算机穿戴终端设备（智能鞋、智能拐杖、电子床垫、恢复吊环、自助式移位设施等）。

（2）生活用品：

1）厨房用品。

2）卫生间用品。

3）幼儿老人用品。

4）女士用品。

（3）定制食品保健品：

1）幼儿老人食品饮品。

2）孕妇食品饮品。

3）文旅食品。

4）军用食品等。

第四节 特色小镇策划雏形

建设内容和总投资基本列出，如表 36-4 所示。

表 36-4 策划小镇项目总投资估算表

项目类别	项序	项目名称	占地	建筑面积（平方米）	土地、厂房投资（元/平方米）	设备、技术、流动资金（元/平方米）	总投资（亿元）
产业类	1	生命产业	600 亩	400000	2500	3000	10
	2	生活产业	700 亩	450000	2500	3000	12
	3	食品产业	500 亩	350000	2500	3000	9
	4	其他产业	200 亩	100000	2500	3000	5
	合计	80~90 家企业		1300000			36
旅游类	5	西莲寺扩建	50000 平方米	12000	4000	200	0.5（一期）
	6	封神坤宫	50000 平方米	12000	4000	1000	0.8
	7	7 个展厅	5000×8=40000 平方米	5000×7=35000	3000	200	1.2
	8	儿童山堡 10 个	8000×10=80000 平方米	3000×10	600×10=6000	10000	1.6
	合计						4.1
商业类	9	文旅商业街区	30×500=15000 平方米	200×300=60000	15000	20000	3.5
	10	儿童公园	50000 平方米	15000	300	2000	0.23
	11	儿童商业广场	50000 平方米	50000	10000	15000	2.5

续表

项目类别	项序	项目名称	占地	建筑面积（平方米）	土地、厂房投资（元/平方米）	设备、技术、流动资金（元/平方米）	总投资（亿元）
商业类	12	儿童餐厅	5000 平方米	2000	400	600	0.1
	13	室内外启智健身广场	20000 平方米	10000	4000	6000	1
	合计	6~10 个大项目，约 30 个具体项目	150000 平方米（225 亩）	150000	30000	30000	6
住宅	13		200000 平方米（133 亩）	400000	180000		18
其他		基础设施、公共设施等	月 600 亩（广场、道路、绿地、水面等，占 16%）				14（企业帮助政府融资，政府投入）
合计		约 150 项	2331000 平方米（3500 亩）	2000000	41 亿元，其中小镇公司投资 31 亿元，占 65%	33 亿元产业公司出资	88（小镇公司出资 41，产业公司出资 33，政府出资 14）

第三十七章　产业、文化两因素整合推进特色小镇创建

一、要点

（1）正和博弈是指两主体间竞争合作都得利益，基本上任何一方不失利益的关系。

（2）几十年来，世界铝产量增长一直高于GDP增长。

（3）铝在工业发展、人民生活中占有重要地位。

（4）科幻人刘慈欣所在地应借势发展科普，并带动经济发展。

（5）科幻具有无限的想象力，人类已将许多科幻变成现实，所以要重视。

二、思考题

（1）煤、电、铝的产业关系是什么？

（2）我国3000多万吨原铝，5000万吨铝制品的倒挂合理吗？

（3）铝土、氧化铝、原铝、铝制品的产业链和价值链正相反，应该主要抓什么？

（4）科技、科普、科幻的联系与区别是什么？

（5）为什么说科技、科普、科幻也是文化？

（6）以科幻为主的文旅与以文旅为主的科幻有什么区别？

第一节　产业优势为创建特色小镇提供基础

一、产业背景介绍

（1）我国的铝土矿主要在山西，约占全国的41%。

（2）我国铝产能、产量世界第一，产能47%，产量51%（2014年）。

（3）2017年我国原铝产量3630万吨，铝材产量6259吨，铝消费3470万吨。

（4）铝的产量增长一直高于 GDP。

（5）铝制品用于建筑、电缆、铝箔、飞机、汽车（110 千克/辆）、轨道交通、包装、家庭装修。

（6）产业主要消耗铝土矿+电。

（7）该产业链：铝土矿→氧化铝→电解铝→铝型材→铝制（电）品。

（8）铝的价值链与产业链正相反：①最低；②较低；③低；④高；⑤最高。

二、产业的资源禀赋

该地铝土矿储量 7.1 亿吨，有大型和中型矿床各 9 处。该市铝土矿矿石质量优良，埋藏浅，易于露天开采，在全国占有重要地位。

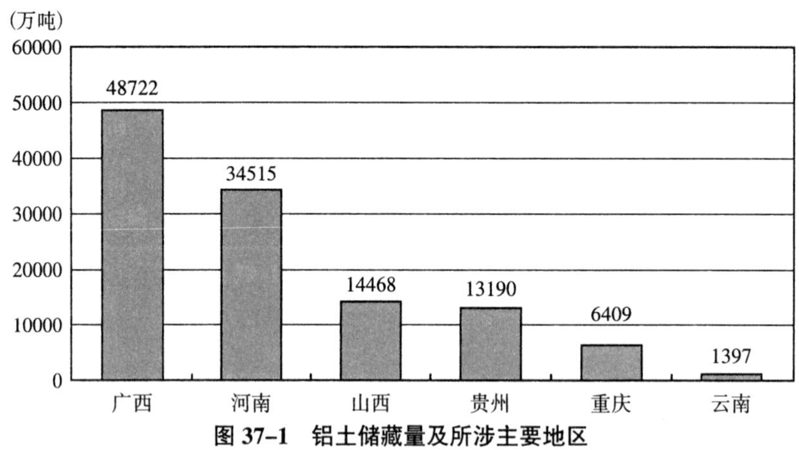

图 37-1 铝土储藏量及所涉主要地区

资料来源：百度。

三、产业的比较优势

（1）该市洗煤产量：2388 万吨。

（2）该市发电量：125.5 亿千瓦时。

（3）该市氧化铝的产量：80 万吨。

（4）该市原铝产量：20 万吨。

（5）原铝转化率：很低（该市铝制品产业水平很低）。

四、铝制品铝电子发展方向

国家的铝产业布局原则是："靠近铝土矿资源建设氧化铝，依托能源基地建设电解铝，在消费集中地发展铝加工。"该市发展铝制品铝电子产业的优势非常明显，将全力打造铝工业基地，到"十三五"末，形成 210 万吨氧化铝、50 万吨电解铝及配套深加工产品，铝工业销售收入达到170亿元。

(1)市场和用户情况：该市距离北京387千米，距离天津427千米，距离石家庄108千米，距离太原114.7千米，距离呼和浩特634千米，覆盖华北5个大城市（包括北京）。覆盖人口数1.68亿，占中国总人口的12%。

(2)2015年山西省某领导曾讲："铝产业是山西最有潜力的产业之一。要抓住全国铝工业布局调整的有利机遇，充分发挥山西铝土矿资源优势、能源优势、区位优势，按照国家政策和市场规则，加快电解铝'产能置换'和铝材精深加工产能向我省转移，下决心把山西铝工业做大做强。要整合铝业资源，打造铝土矿—煤炭—电力—电网—氧化铝—电解铝—铝材加工各环节合理匹配的一体化发展模式，形成更合理、更完整、更有竞争力的铝产业链条。"

(3)2016年7月，该市某领导在与阳煤集团专题对接会上讲，"我市有丰富的煤炭、铝矾土、电力资源，距离铝产品消费市场较近，物流成本低，拥有发展铝工业得天独厚的优势"。

第二节　文化特点为创建特色小镇提供条件

一、文化特点介绍

(1)科幻简介：科学幻想（Science Fiction）简称科幻（Sci-Fi）。根据有限的科学假设（某些东西的存在，某些事件的发生），在不与人类最大的可知信息量（如现有的科学理论，有据可考的事件记录）冲突的前提下，虚构可能发生的事件。科幻目前已发展成为一种文化和风格，而科幻文化也成为了一种由科幻作品衍变出来的新文化。

(2)《三体》是刘慈欣创作的系列长篇科幻小说，由《三体》《三体Ⅱ·黑暗森林》《三体Ⅲ·死神永生》组成，第一部于2006年5月起在《科幻世界》杂志上连载，第二部于2008年5月出版，第三部于2010年11月出版。

作品讲述了地球人类文明和三体文明的信息交流、生死搏杀及两个文明在宇宙中的兴衰历程。第一部获得了第73届雨果奖最佳长篇小说奖。

该作品集大量物理、太空科学基础，又表达了一定的社会人文道德，是中青年非常喜爱的作品。该奖项是该领域世界最高奖，堪称科幻艺术界的诺贝尔奖。

(3)刘慈欣，男，汉族，1963年6月出生，1985年10月参加工作，本科学历，高级工程师，科幻作家，中国作家协会会员、第九届全委会委员，中国科普作家协会会员，山西省作家协会副主席，中国科幻小说代表作家之一。获几十项国际国内奖，被誉为中国科幻第一人。

二、中国科幻文化基地建设情况

（1）2011年，四川省科协拟在成都高新区空港新城，占地1400亩，建设科幻影视拍摄研发基地、中国科博场馆研究设计中心、科普科幻传媒基地、中国科幻博物馆、科幻文创孵化园、科幻创意教育园区。2017年，成都天府国际空港新城管委会与四川省科学技术协会签署战略合作协议，投资120亿元建设该项目。

（2）位于贵州双龙航空港经济区的一个旅游项目，命名为“东方科幻谷”，由贵州双龙航空港经济区管委会和东方时代网络传媒股份有限公司水木动画有限公司携手打造。项目占地2000亩，总投资超过100亿元。

（3）拓展建设科幻→科普→科技的“三科基地”优势明显。

（4）以科普为主的文旅而不是以文旅为主的科普，意义、作用更大，并可以与贵州、成都的项目加以区别：①科学科技普及内容、功能的比例；②科普教育内容的有无；③与特定产业联系的有无，如与铝为对象的科普，从冶炼、食品药品包装、航天业的联系。

三、拓展的“三科基地”建议内容

1. 科幻学院

（1）一期精准占地50亩，投资2亿元，建设中国第一家科幻学院。

（2）性质为民办公助（也可国有），可挂山西大学某某科幻学院和某某科幻学院2个牌子。

（3）专业为科幻文学和科幻影片制作。

（4）学生发展方向：科幻文化、科幻教育、科幻产业等。

（5）合作办学单位：北京师范大学文学院、艺术传媒学院，北京大学戏剧与影视系，山西大学文化学院旅游管理系。

（6）投资用途与来源、课程设置、合作办学条件等见专门方案。

2. 科幻影片制作外景地与科幻体验区

（1）精准占地100亩，建筑面积100000平方米，投资约10亿元，按照太空、外空、地球、高山、海底、森林、微生物、医学、生命、思维等领域，建设20个科幻影片制作外景地与游客科幻体验区域。

（2）该区是科幻基地的重点区域，也是超越川黔科幻城的创新项目。

（3）该区的功能是形象提升科幻、科普知识与启迪科幻能力。

（4）该区的作用是科幻影片制作外景和旅游景点。

（5）充分考虑科幻未来发展，该区内容5年左右更新一次或扩建新馆区。

（6）各馆区均有室内室外两部分。

（7）各馆区相对独立，占地5亩，建筑面积4000平方米；总投资1300万~1500万元。

（8）各馆区争取独立投资人、赞助人、署名人，采用独立核算、独立运作方式。

（9）客体验须经五个阶段，可以深入体验、科学普及、培养科幻、尽情游玩：

第一，科普阶段，（领域内专业知识高中水平）看明听懂，约8分钟；

第二，变身阶段，通过图像选择确定自己在场景中的身份，3分钟；

第三，入境体验阶段，约20分钟；

第四，还原阶段；

第五，自选互动阶段，可选择参加未来科幻讲座、创业辅导等活动，提出改进意见建议，兑奖等活动。

3. 科幻名人蜡像馆

（1）精准占地10亩，建筑面积30000平方米，投资1.5亿元建设中外名人蜡像馆；

（2）选中外科幻名人100人，首期30人，制作蜡像展示；

（3）以科幻的思维，3D打印技术，智能化标准，给游客充分的想象空间，可与科幻名人合影、对话等。

（4）人物初选，如表37-1所示。

表37-1　蜡像馆科幻人物

姓名	国家	生卒时间	笔名、职业
H.G.韦尔斯	英国	1866~1946年	
儒勒·凡尔纳（Jules Verne）	法国	1828年2月8日至1905年3月24日	
Isaac Asimov（艾萨克·阿西莫夫）	美国	1920年1月2日至1992年4月6日	
阿瑟·C.克拉克	英国及斯里兰卡	1917~2008年	
弗兰克·赫伯特	美国	1920年10月8日至1984年2月7日	
雷·布莱德伯瑞	美国	1920年8月22日至2012年6月6日	
威廉·吉布森（William Ford Gibson）	美国，居加拿大	1948年3月17日	
罗伯特·海因莱因	美国	1907~1988年	
奥森·斯科特·卡特（Orson Scott Card）	美国	1951年8月24日	
道格拉斯·亚当斯	英国	1952年3月11日至2001年5月11日	
玛丽·雪莱	英国	1797年8月30日至1851年2月1日	

续表

姓名	国家	生卒时间	笔名：职业照片
梁启超	中国	1873年2月23日至1929年1月19日	
周树人		1881年9月25日至1936年10月19日	公务员、作家、教授
叶永烈		1940年8月	作家萧勇、久远等
童恩正		1935年8月27日至1997年4月20日	作家、教授
刘慈欣		1963年6月	工程师、作家
吴岩		1962年12月2日	北师大教授、科幻作家
王晋康		1948年~	
金涛		1940年~	编辑、作家
王晓达		1939年~	
魏雅华		1949年~	
韩松		1965年~	
星河		1967年~	
杨鹏		1972年~	笔名雪孩、征士
嵇伟			笔名缪士
张静		1938年~	
郑文光		1929年生于越南，逝世于2003年	
迟方			
尤异			
刘兴诗		1931年5月8日	

资料来源：笔者自制。

4. 科幻成果档案与展示馆

（1）精准占地6亩，建筑面积10000平方米，投资3000万元，建设世界第一科幻成果档案展示馆。

（2）接受、征集世界科幻文学、小说、绘画、制品、影视作品中的精华作品，该馆收藏打造成一种社会认可和水平标志。

（3）可争取为国家科幻成果档案馆，接受国家和联合国资助。

（4）充分考虑展示、欣赏、观看功能，建设智能化大数据阅读室，5D欣赏私密剧场等。

5. 科幻颁奖宫

（1）精准占地5亩，建筑面积8000平方米，投资2500万元，建设科幻颁奖宫。

（2）介绍世界科幻奖励、奖项。

（3）展示各种奖品、奖项、奖励。

（4）展示获奖作品和获奖人物。

6. 科幻历史发展馆

（1）精准占地5亩，建筑面积8000平方米，投资2500万元，建设科幻历史发展馆。

（2）作为最权威的科幻历史展示。

（3）采用先进的全息、数据、声光、智能技术。

7. 科幻儿童乐园

（1）精准占地20亩，建筑面积50000平方米，投资2亿元，建设科幻儿童乐园。

（2）该园以儿童玩乐为主，兼顾科幻想象力开发。

（3）可以考虑单独招商，作为公园独立运作。

8. 三科孵化中心

（1）精准占地10亩，建筑面积30000平方米，投资15000万元，建设科幻孵化中心。

（2）成为全国第一的科幻人才（以青少年为主）孵化中心。

（3）注重科幻与商业结合，培育科幻产业生力军。

9. 科幻绘画馆

（1）精准占地5亩，建筑面积8000平方米，投资2500万元，建设科幻绘画馆。

（2）收集展示优秀作品。

（3）组织绘画、竞赛，培训儿童。

10. 三科学生营地

（1）精准占地10亩，建筑面积30000平方米，投资15000万元，建设科幻学生营地。

（2）通过教育、文化旅游、作协、科协等部门，将学生营地作为主要产品，力推。

（3）每届营地要有名人讲课、客户培训，要出初级作品、人才苗子。

11. 三科大礼堂

（1）精准占地6亩，建筑面积10000平方米，投资3000万元，建设科幻大礼堂。

（2）用于会议等。

12. 三科国际交流中心

（1）精准占地6亩，建筑面积10000平方米，投资3000万元，建设科幻国际交流中心。

（2）能接待50位国际专业人士即可。

（3）会议功能，特别是科幻特殊要求功能齐备。

※也可结合需要建设大酒店。

13. 儿童商业广场

（1）精准占地100亩，建筑面积100000平方米，投资10亿元，建设儿童商业广场。

（2）作为科幻基地的辅助项目，单独构成独立项目。

（3）该项目从娱乐到自动商业全包括。

第三节 正和博弈乘特色小镇契机互促发展

（1）铝的比较优势、资源禀赋、产业基础、产业前景为铝制品铝电子提供了发展的绝好条件。

（2）《三体》作品、刘慈欣为建设“三科基地”提供了最佳条件。

（3）一定的社区建设和商业服务是低于产业、文旅的次要因素。

（4）创建特色小镇的体制机制建设十分重要，它将决定用地、招商两个关键问题。

（5）铝产业和文化产业两个事业在该市都被提及发展，但单独发展都迈不开大步，用正和博弈的思路，双方不找政府争资金、争用地，而是共同乘特色小镇建设的契机，互相策应发展，并以铝的地下储藏、冶炼、航天、汽车、轨道交通、食品药品包装等为产业与文化联系的主渠道，一定可以建设顶级特色小镇。

（6）在该市建设铝旅特色小镇的创意要点。

1）名称：××市铝旅小镇。

2）位置：(具体位置待选)。

3）产业方向：铝品铝电等。

4）城市建设：工业厂房、商业用房、科研用房、教育和医疗用房及居住用房。

5）人口：15000~20000 人就业；居住人口 10000 人，年旅游人数 30 万人（3 期 60 万人）。

6）文化：(刘慈欣）科幻基地：科幻学院、科幻科普、科幻展示、科幻影片制作、主体旅游等。

7）面积：4000 亩（工业 2500 亩；商业、医疗、教育、服务、旅游、文化等 800 亩；住宅 700 亩）。

8）投资强度：工业投资强度 250 万/亩；商业、医疗、教育、服务投资强度 130 万/亩；住宅投资强度 150 万/亩。

9）总投资：93 亿元。工业 62 亿元；商业、医疗、教育、服务、旅游、文化等 11 亿元；住宅 10 亿元；公共基础设施等 10 亿元。

10）投资来源：15%小镇投资运营公司+5%政府投入+50%招商引资+30%融资（包括项目融资，PPP 融资）。

第三十八章　境外建立特色小镇的分析研究

一、要点

（1）“一带一路”。借用古代“丝绸之路”的历史符号，合作发展的理念和倡议，涉及65个国家，创办特色小镇的研究和探讨具有重大意义。

（2）开发区经验复制问题。在经济增长较慢的国家和地区下创办开发区，不可能有快速的发展。

（3）阿拉伯联合酋长国建世界最大的哈利发（Kizad）工业园历时7年，进展缓慢。①工业经验几乎是零；②高科技的基础几乎是零；③无产业方向和重点；④无人才。

二、思考题

（1）借用中国的历史符号，在经济发展的今天，可否到“一带一路”沿线国家建立特色小镇？

（2）哪些海外销路的产品技术可以通过境外特色小镇的方式“走出去”？

（3）阿拉伯联合酋长国哈利发（Kizad）工业园7年进展缓慢的启示是什么？

（4）境外的法律、文化、语言都不同，建设小镇园区最缺的是什么？

（5）怎样才能避免朝鲜的开城工业园不第三次关闭？

（6）开城工业园相比国际产业园区有无优势？

第一节　到“一带一路”沿线国家建立特色小镇

一、“一带一路”的提出

习近平主席在2013年9月和10月分别提出建设“新丝绸之路经济带”和“21世

纪海上丝绸之路”的构想。“一带一路”不是一个实体和机制，而是合作发展的理念和倡议，是依靠中国与有关国家既有的双多边机制，借助既有的、行之有效的区域合作平台，旨在借用古代“丝绸之路”的历史符号，高举和平发展的旗帜，主动地发展与沿线国家的经济合作伙伴关系，共同打造政治互信、经济融合、文化包容的利益共同体、命运共同体和责任共同体。

二、“一带一路”涉及的国家

陆上和海上两个“一带一路”，共涉及65个国家和地区，如下：

（1）东亚的蒙古，东盟10国（新加坡、马来西亚、印度尼西亚、缅甸、泰国、老挝、柬埔寨、越南、文莱和菲律宾）。

（2）西亚18国（伊朗、伊拉克、土耳其、叙利亚、约旦、黎巴嫩、以色列、巴勒斯坦、沙特阿拉伯、也门、阿曼、阿联酋、卡塔尔、科威特、巴林、希腊、塞浦路斯和埃及的西奈半岛）。

（3）南亚8国（印度、巴基斯坦、孟加拉、阿富汗、斯里兰卡、马尔代夫、尼泊尔和不丹）。

（4）中亚5国（哈萨克斯坦、乌兹别克斯坦、土库曼斯坦、塔吉克斯坦和吉尔吉斯斯坦）。

（5）独联体7国（俄罗斯、乌克兰、白俄罗斯、格鲁吉亚、阿塞拜疆、亚美尼亚和摩尔多瓦）。

（6）中东欧16国（波兰、立陶宛、爱沙尼亚、拉脱维亚、捷克、斯洛伐克、匈牙利、斯洛文尼亚、克罗地亚、波黑、黑山、塞尔维亚、阿尔巴尼亚、罗马尼亚、保加利亚和马其顿）。

三、所涉国家的经济（GDP）发展情况

表38-1 部分“一带一路”国家2017年人均GDP排名

人均GDP排名	国家名称	人均GDP（美元）	人均GDP（元）
7	卡塔尔	60811	410474
11	新加坡	53880	363691
22	以色列	39974	269827
26	阿联酋	37346	252086
33	科威特	27237	183848
37	中国台湾	24227	163531
39	沙特阿拉伯	20957	141461

续表

人均 GDP 排名	国家名称	人均 GDP（美元）	人均 GDP（元）
41	捷克	19818	133774
42	爱沙尼亚	19618	132424
43	希腊	18945	127879
45	斯洛伐克	17491	118065
53	拉脱维亚	15403	103968
59	波兰	13429	90649
64	土耳其	10434	70430
66	俄罗斯	10248	69176
70	马来西亚	9660	65204
73	哈萨克斯坦	8585	57951
74	中国	8583	57935
75	瑙鲁	8575	57879
76	保加利亚	7924	53487
85	泰国	6336	42770
90	约旦	5678	38324
91	白俄罗斯	5585	37700
92	马斯顿	5500	37127
94	伊朗	5252	35454
97	伊拉克	4958	33467
101	阿尔巴尼亚	4520	30512
109	格鲁吉亚	4123	27832
110	阿塞拜疆	4098	27659
111	斯里兰卡	3906	26363
112	印度尼西亚	3859	26046
113	亚美尼亚	3690	24910
116	蒙古	3553	23982
123	菲律宾	3022	20402
126	不丹	2887	19486
129	老挝	2568	17331
130	乌克兰	2459	16595
131	越南	2306	15567
138	印度	1852	12502
145	孟加拉国	1532	10342
148	柬埔寨	1390	9380

续表

人均 GDP 排名	国家名称	人均 GDP（美元）	人均 GDP（元）
150	缅甸	1272	8586
153	吉尔吉斯斯坦	1140	7692
160	尼泊尔	824	5564
161	塔吉克斯坦	819	5526
173	阿富汗	572	3862
182	埃及		
185	巴基斯坦		

资料来源：笔者自制。

四、到所涉国家建立特色小镇大有可为

一是丝绸之路的历史符号是可以扩大的广义商誉；二是国内产能过剩的生产力合理布局；三是 65 个国家几十亿人口的巨大市场；四是习近平主席倡导的“一带一路”得到国际社会的巨大响应。资本、科技、发展都是人类共同的文明成果，本没有国家的界限，虽然受到法律、文化、语言的阻隔，但这种阻隔在人类历史的长河中仅仅是短暂的瞬间，最终一定会达到发展的目标。所以，综合国内外情况到“一带一路”国家创建特色小镇大有可为。

五、要更严谨认真研判设镇的各种资源条件

在国内创建特色小镇尚且十分艰难，到境外创立特色小镇会更加困难，对所在国的政治、法律、局势、外交、市场、文化习惯、资源禀赋、比较优势都要认真研究，而且一定找到国内过剩的产能，这样才有可能成功。

第二节　认真总结境外办开发区的经验

开发区、产业园区、新技术产业园区、特色小镇等是中国经济发展的重要推动力，也是中国经济发展在空间上的集中体现。中国经济的强大和崛起引起了世界的瞩目，发达国家从战略上的防范，发展中国家积极的学习效仿，无不涉及产业园区、开发区、特色小镇现象。1999 年，埃及政府和中国政府共同合作，由天津经济技术开发区协助埃及经济技术开发区建设。随着资源紧缺，一些产业园区提出到资源发达国家办产业

园区的计划。在世界经济大背景下，从国际经济技术合作的角度，研究分析产业园区经济现象有重要意义，总结相关经验对到境外建镇意义重大。

一、埃及开发区的基本情况和发展

中国帮助埃及建设开发区，自 1994 年就开始酝酿，并得到了国家领导人的关心。1994 年，应埃及政府的邀请，中国政府安排天津经济技术开发区参与埃及苏伊士湾西北经济特区第三号地块的开发建设，并提供咨询顾问服务。1998 年 4 月，天津经济技术开发区两公司共出资 3000 万元组建了苏伊士公司，当年 12 月，苏伊士公司使用中国出口信贷 700 万美元与埃及 4 家公司（埃及银行、埃及国民投资银行、埃及阿拉伯承包商公司、埃及苏伊士运河管理局）共同组建埃中合营投资公司。

埃中合营公司开发的三号地块总面积为 3.67 平方千米，2003 年底已基本完成，建成标准厂房 5000 平方米。2002 年 9 月，第一家企业天津白玫瑰针织有限公司入驻。截至 2012 年，有 7 个企业入驻，共占 18 万平方米，总投资 7000 万美元。

为了打造这一特区，天津市政府成立了以副市长挂帅和 18 位领导干部参加的领导小组，并制定了以下补贴政策：

（1）给予连续三年补贴。

（2）企业人员第一年 1 万元的补贴。

（3）保险补贴连续 3 年，最高保险额 100 万元。

（4）服务性企业水费、电费、煤费、气费连续免 3 年。

（5）每个项目市政府补贴 1000 万元。

结论：政府支持，市场不埋单。设立花了 4 年时间，受到了时任国家领导人的关注和重视。天津市政府给予极大的关注和大额补贴，产业园区的建设花了 9 年，投入了大量的基础建设资金，但效果并不明显，只建成 5000 平方米的标准厂房，吸引 7 个企业总投资 7000 万美元。这一发展速度和效果与所投入的资源不成比例。

类似的情况还有朝鲜的新义州经济特区。2002 年确定后，发展速度不快，而且还因为领导人的原因，2006 年被取消。

二、实践给予的启示

（1）开发区的高速发展是在国家和社会快速发展阶段出现的，在经济增长较慢的国家创办开发区，不可能有快速的发展，两者是正相关的关系。1995~2000 年，埃及的经济增长速度比中国低，所以埃及开发区的发展也不可能快。

（2）开发区发展是政府集中配置资源、公务员推动发展的结果。只有在政府高效、公务员有为的条件下，才可以科学有效地配置资源，推动开发区快速发展。

（3）开发区是一种经济模式，模式的作用并不比科学技术的作用低。科学技术只有产业化才能形成生产力，而开发区这种模式一旦融入经济社会条件中就会很快发挥作用。

（4）开发区至多是一种环境条件代表的经济现象，本身不是发展的根本原因或动力所在。只找到了环境条件，而没有找到动力或原因是没有发展的。

第三节　到国外建立产业园区的探讨

一、木制品、油料为代表的产业方向

某产业园区运作商在国内取得骄人业绩的同时，根据国内、国际情况，大胆提出并积极推进到国外建立木制品产业园区的方案，非常值得赞赏，方案的要点如下：

（1）资源背景。我国的森林覆盖率极低，只有20%左右，比世界平均水平低10.5%左右，因此我国是木材进口大国。到森林资源丰富的国家创办木制品产业园区，将制成的产品或深加工后的半成品运到中国，既满足了中国国内需求，也满足了所在国创造就业、拉长产业链、增加税收、促进经济发展的要求。花生代表的油料基本也是如此。这个方案引起了有关国家的关注，其中一个国家的元首对此表示出了浓厚的兴趣。

（2）国家鼓励到境外投资的背景。中国经济的崛起，国际经济地位的提高，外汇储备过多，贸易顺差过高，客观上都要求国内企业到境外去投资发展。因此，中国政府给予的补贴政策已经转向了对外投资的优惠和支持，比如对外投资贷款贴息等措施。

（3）产业园区组合。产业园区由产业上下链和紧密联系的企业组成，犹如一个舰队，功能齐全，分工合理，不仅有很强的盈利能力，而且还降低了成本，并增加了抗御风险的能力，主要表现在：①前期调研的成本节省，包括国家、客户、市场、社会、管理等调研；②商务成本的节省，包括法律、会计、外汇兑换、翻译、接待、交际等成本；③管理成本的节省，包括人员招聘、房屋租赁、管理人员、用餐、住宿、交通、保安、卫生等方面的成本；④生产经营成本的降低，这是最大方面也是最主要方面的优势，如上一企业的产品是下一企业的原料，不仅保证了原料供给稳定，而且节省了运费开支，也节省了资金占压；⑤融资发展成本的降低，相互参股，共同发展，在融资时可以相互担保，在发展时可以相互支撑。

（4）产品和项目。木材项目主要包括：①树木采伐公司；②恢复种植公司；③木材

加工公司；④胶合板公司；⑤木制品公司；⑥纸浆公司；⑦造纸公司；⑧纸制品公司；⑨物流运输、商检报关服务公司；⑩产业园区运作及物业、用餐、住宿等服务公司。花生油料项目主要包括：①合作种植公司；②初加工公司；③废料处理利用公司等。

（5）市场分析。70%产品回销中国，30%产品在本地或向欧美国家出售。

（6）技术分析。上述产品和工作所需技术不难掌握，每个项目只需3~5名技术人员即可解决。

（7）设备分析。上述产品所用设备并不紧缺，国内均有生产，根据资金情况，可以在国内或国际选择购买。

（8）管理分析。提出该方案的产业园区运作商本身具有较高的管理水平，根据专业需要再公开招聘一些管理人员即可。

（9）政策和法律分析。拟设产业园区的两个国家都与中国建有友好的外交关系，并签订了双边投资保护协定。

（10）员工分析。10个项目合计用工1000人，100人从中国聘请，其余900人从当地聘请。

（11）占地和建筑分析。包括道路和宿舍等整个产业园区占地1平方千米。土地使用方式尚在论证中，可能购买所有权，也可能采用租赁方式，建筑物的取得性质与土地联系一并考虑，可以自建，也可以承租，还可以承诺租赁的方式让其他投资者定向建设。

二、信息产业、智能制造为代表的制造业方向

我国在“一带一路”沿线国家中尚有一定的技术优势，加上所在国的资源、市场等优势，比如俄罗斯轻工方面，以色列、捷克、斯洛伐克的产业基础、产业转移、产品技术市场方面。因此，到“一带一路”国家建设特色小镇，可以充分发挥我国高铁、动车、汽车、电动汽车、新能源甚至电动自行车等成熟技术优势。

三、积极筹备创办境外特色小镇

（1）高回报的好项目。高回报率的项目，主要决定于科学技术水平、管理水平、新市场发现和资源的有效利用。拟建的特色小镇之所以能够取得高回报，主要是能有效地利用资源：①到原料生产地进行加工，节省了运输仓储费；②产业链上的紧密衔接。

（2）有可持续发展的好项目。

（3）资本运作和产品经营结合的好事例。将资本市场的优势和产品市场的优势结合起来是创造更高回报率的一种方法。到国外去建特色小镇从理论上和逻辑上都是非常

好的，只要在实践中有效把握，特别是把握好两个市场的结合，即投资的有效和生产经营管理的有效，即可收到预计效益。

（4）国内、国际两个市场的联动典范。这一方案把国内、国际两个市场紧密地联系到一起，充分体现了国际经济一体化的趋势，代表了经济发展的内在要求，应该有较强的生命力和代表性。比如在几内亚、越南建铝加工项目，在沙特或附近建炼油项目。

（5）对两个国家和民族的发展都有促进作用。从根本上说，这个方案符合两个国家和民族发展的共同利益，一定能够也应该能够做好。

以产业为先导，以国内过剩产能为基础，以我国需要的战略资源为条件，以所在国市场需要为关键，整合旅游、文化等资源研究境外创建特色小镇，大有可为。在国外建特色小镇仅仅是个创意，在国外办开发区已有多年历史，应该认真总结好境外办开发区的经验。

第四节　世界最大的工业园区计划分析

2011 年 5 月阿拉伯联合酋长国已经开始实施哈利发（Kizad）工业园计划。该工业园位于阿布扎比和迪拜港之间，总规划面积达 417 平方千米，建成后将成为世界上最大的工业园区。哈利发（Kizad）工业园分为 A 区和 B 区，分别列于连接酋长国的 Ell 高速公路延长线两侧。A 区围成数个特定的区域来支持众多的工业，包括制铝业、医疗保健器材制造、物流、贸易等；B 区用于工业和商务活动。不同的是，B 区经过进一步开发，提供住宅、零售店等对工业提供支持的服务和设施。

阿拉伯联合酋长国计划将哈利发（Kizad）工业园建成世界最大的工业园，主要考虑如下因素：①基于该国现有的发展条件，如石油带来的国力和优越的位置。②有发展的巨大压力，一旦石油被更经济的能源替代，或者该国石油用尽时，该国发展将变得十分困难，所以必须早做计划。

阿拉伯联合酋长国计划将哈利发（Kizad）工业园建成世界最大的工业园有以下巨大优势：

（1）强大的资金实力：2010 年人均 GDP 4.7 万美元。

（2）大位置：欧洲与亚洲之间，得天独厚。

（3）小位置：迪拜港和迪拜、阿布扎比两个机场。

（4）土地和地质：辽阔的空地。因为是沙漠，使用成本远远低于其他任何土地。

（5）石油：石油是工业的重要原料来源，也是发电的主要燃料。

（6）政治体制：酋长国家，仍然是君主政治，可以简单的程序、最高的效率集中最大资源达到酋长即国家的目标。这一作用在30年建成国际现代化城市迪拜过程中已经证明。

（7）发展经验和惯性：建设迪拜的经验，特别是成功惯性十分重要。

对阿拉伯联合酋长国来说，建成世界最大的工业园哈利发（Kizad）工业园，困难和问题也不少，显见的有：

（1）无工业经验。工业经验几乎是零，要多费时间。

（2）无科技基础。高科技的基础也几乎是零，建设成本高。

（3）无产业重点。据已有资料，哈利发（Kizad）工业园规模世界最大，但无明确产业，有"是工业就可"的趋势。除了地大、油多（电和化工）以及沙子多外，其他无比较优势。

（4）无各层次人才。各种层次人才是最关键的。虽说可以高薪聘请，但请人的人也必须是人才，而且请来的人才还需要熟悉的过程，能适应的最多占50%。

进展缓慢，7年来仅有两个铝制品公司进住。

第五节　朝鲜开城工业园区的分析

一、基本情况

开城工业园区（朝鲜语：개성공업지구），位于朝鲜平壤南约170千米，在开城以南8千米，距离南北军事分界线仅1千米，开城工业园区是一个主权属于朝鲜，由朝韩双方共同管理，实行不同经济政策的经济特区。韩国和朝鲜2003年开始合作建设开城工业园，2005年开始正式运营。其主旨是吸引韩国企业投资，开城工业园区的业主为朝鲜亚太和平委员会，由韩国土地公社和现代峨山公司担当主开发商，按朝鲜制定的有关特殊政策，对开城工业地区实施开发。面积为65.7平方千米，投资总额为2.2亿美元，远景规划容纳2000多家企业，计划分三期开发。

一期工程开发面积约为330万平方米，期限为2002~2007年，主要吸引韩国的中小企业，以生产服装、鞋类、化妆品等为主。

二期工程开发面积为830万平方米，期限为2006~2009年，其中工业园区为490万平方米。二期工业园区为技术集约型，主要生产机械、电器和电子产品。

三期工程开发面积为1815万平方米，期限为2008~2012年。工业园区将发展成为以信息通信等尖端产业为主的高科技园区。将配套建设商业区、生活区、旅游区、物流中心，还要建设3个高尔夫球场和4个主题公园，最终使整个开城地区成为一个地区经济中心。届时，进驻的企业将达到2000多家，朝方工人将达到17万名，年产值将达到200亿美元，从而为北南共同发展和民族统一奠定坚实基础。

图38-1 开城工业园区信元制衣厂一角

资料来源：百度。

图38-2 开城工业园区朝鲜女工

资料来源：百度。

2003年6月30日，开城工业园区破土动工后，2006年3月首期开发已完成工程量的69.5%。在首期开发区内，设有一个面积为9.2万平方米的“示范园区”。示范园区内已有15家韩国企业入驻，其中11家投产，全部是劳动密集型的中小企业，聘用朝鲜职工4300人。示范园区内已开设了1家韩国银行、1家韩国医院和1家食品店。

二、发展势头良好

2006年，信元制衣厂共有5条生产线，主要生产女式服装。生产线上有326名朝鲜女工和7名韩国人。月产量为2万套服装，产品主要销往韩国国内。

泰成产业公司是一家生产化妆品容器的企业，投资150亿韩元（1美元约合970韩元），引进日本自动化生产线。2006年该厂聘用了454名朝鲜工人。

三德通商公司是韩国一家著名制鞋企业，专门生产各种运动鞋。该企业2004年11月在开城工业园区设厂，投资额为1000万美元。2006年有1055名朝鲜职工，在21条生产线上工作。鞋帮年产量为360万只，鞋底为260万只。2006年该厂因美国阻挠只能生产运动鞋的半成品，成品生产要在韩国釜山最终完成。

2012年7月，开城工业园区有123家韩企进行生产活动，截至2012年4月底朝方员工达51518人。开城工业园区年生产额2005年达1491万美元，2011年实现4亿美元。

三、条件优惠

2006年，示范园区企业所需电力由韩国汶山发电厂供给。园区招商引资条件优惠，土地使用年限为50年，土地价格为每坪（3.3平方米）14.9万韩元（每平方米275元，每亩183359元）。另外，还有一系列免税优惠等。朝鲜职工的基本月工资为57.5美元，其中包括7.5美元的社会保险费。每年增加一次工资，增幅不超过5%。朝鲜工人的劳动时间为每周6天（48小时）。截至2007年底有300家企业到园区内建厂，可见人工费极低。企业所得税为14%，从发生利润的年份开始的5年里全额免除，此后3年减免50%。

实行的三大原则：既有协议必须得到遵守、经济事务不应受政治军事形势影响、开城工业园区应具有国际竞争力。

四、存在的问题

（1）政治严重影响经济。两次关闭，不仅损失上百亿元，而且严重影响投资发展。

（2）只对一国，既不是国际化，也难以克服双方由来已久的纠纷。

（3）尽快建设生活区，但政治问题不解决，建好生活区会带来更多问题。

资本国际化，按照国际惯例建设开城特色小镇，去资本单一化，应引入竞争，尤其是引入中国资本，既可加快发展，又可改变各方关系。

第三十九章　特色小镇非制造业项目的招商引资

一、要点

(1) 特色小镇不可能不涉及产业外的招商引资。

(2) 产业外招商引资分为：①业内服务；②专业服务；③社会服务；④事业与服务。

(3) 事业与服务，主要在教育、卫生领域。

(4) 特色小镇离不开地产。

二、思考题

(1) 产业不可以徒行，是什么意思？

(2) 为什么特色小镇建设中，一定要让房地产企业有功可建，有钱可赚？

(3) “去地产化”和“不要害怕”是什么关系？

(4) 特色小镇内政府教育、卫生事业和招商引资发展教育、卫生产业是怎样的关系？

(5) 什么是特色小镇的主题文化？

(6) 对特色小镇来讲，商业服务业项目有哪两个作用？

(7) 为什么创建特色小镇初期要培育、支持商业、服务业项目？

(8) 如何理解特定情况下，商业服务业项目的重要性不低于产业项目？

(9) 广东省把旅游作为特色小镇的必要条件表明什么？

第一节　特色小镇非制造业招商引资概述

一、特色小镇非制造业招商引资含义

本书研究和讨论的领域范围是制造业产业招商，但一个特色小镇的建设不可能不

涉及非制造业的招商引资问题，出于工作实践需要和理论系统的考虑，本书将非制造业以外的招商引资主要问题，如金融、科技、地产、商业、教育、旅游、文化、体育、农业田园综合体等的招商引资问题集中进行较浅却十分必要的探讨，并作为最后一章。

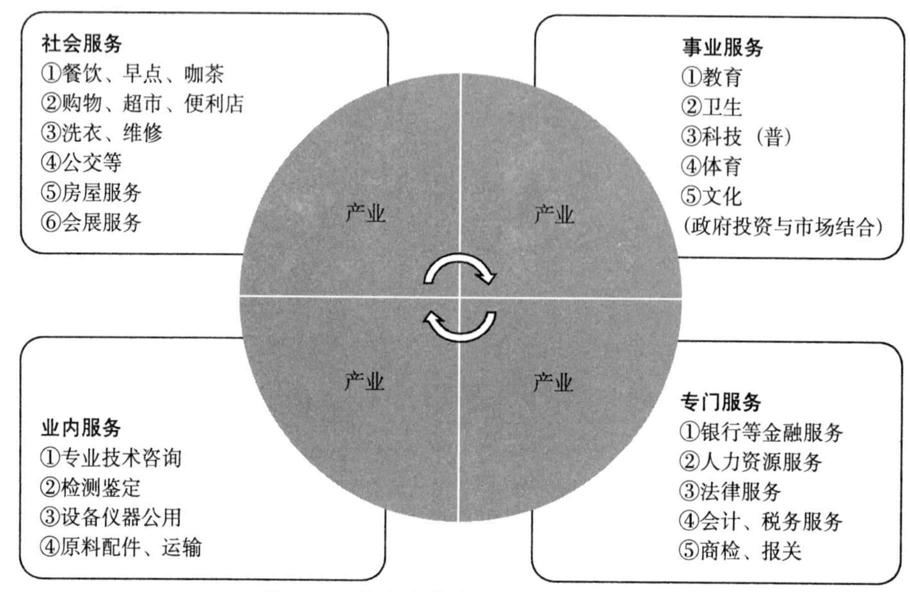

图 39–1 特色小镇产业与相关服务关系

资料来源：笔者自制。

专门建设的基金小镇、科技小镇、体育小镇、旅游小镇、影视小镇、农业生态等特色小镇不是本书主旨，不多叙述。

二、非制造业项目在制造业特色小镇中的作用

在制造业为主的特色小镇中，非制造业的其他行业招商引资具有以下两种作用：

（1）必不可少，作用重要。比如金融、地产、科技、教育、商业服务业、旅游，简称为辅助类招商引资。

（2）有则更好，锦上添花。比如文化、体育、农业田园综合体，简称为其他类招商引资。

三、辅助类招商引资在制造业特色小镇中的地位

辅助类招商引资的地位低于产业招商引资，但不排除在特定的时间段某类项目可能具有比产业项目更重要的作用。但其他类招商引资的地位只是从属性，具有繁荣特色小镇的作用。

四、做好非制造业招商引资的对策建议

(1) 要专人负责，可在管委会或运营公司的招商公司内设立专门部门，责任到人。

(2) 做好规划，明确对象、数量、资本额、品牌、水平要求、时间进度、支持和优惠条件。

(3) 做好产业招商与非制造业招商的互动、衔接。

第二节　特色小镇的房地产业招商

一、牢记去化，不要害怕

2017 年底，国家发改委、国土部、环保部、住建部四部委联合发布《关于规范推进特色小镇和特色小城镇建设的若干意见》第十条规定，严控房地产化倾向。要综合考虑就业和常住人口规模，从严控制房地产开发，合理确定住宅用地比例，防范“假小镇真地产”项目。严控和防范，绝不是制止、禁止，只是合理确定住宅用地比例。

二、作用重要，不可或缺

规划用地面积控制在 3 平方千米左右，建设用地面积控制在 1 平方千米左右的特色小镇，土地熟化（三通一平）、公共设施建设（道路、桥梁、水电气、通信）、商业服务业用房、标准厂房建设、居民小区建设等，约 20 亿元的基础设施和公共设施投资，100 多万平方米的建筑，近 30 亿元的投资，可以说外在和形象进度全靠房地产出力。

三、有功可建，有钱可赚

特色小镇开发建设方要旗帜鲜明、“理直气壮”地招进房地产业，并与之利益与共，发展相依，或给利润，或给土地，否则根本不可能创建特色小镇。要让房地业在特色小镇创建中出钱、出力、出名，让其有功可建，有钱可赚。

四、好中选优，责任明确

传统地产业是最接近特色小镇建设业务的行业，也是最积极进入的行业，碧桂园、恒大、万科、绿地、绿城（小镇集团）、蓝城、中粮（生态谷）、华侨城、万代、保利、华夏幸福、联动 U 谷等，几乎一线房地产公司都进军特色小镇领域。碧桂园 2017 年就

布局了 20 个特色小镇。如果有明确的产业发展规划，完全可以在一线品牌的地产公司选大选强，并提出明确的发展责任。

五、明确不足，匹配优势

房地产公司的优势劣势十分明显，要用其所长，补其所短。优势是资金、融资、效率、作风；缺点是产业、耐性、柔性。最好的方法是与产业合作，用地产收益补前期的地产不足。

第三节　特色小镇金融项目的招商引资

参见本书第二十四章、第二十五章。(本节略)

第四节　特色小镇科技项目的招商引资

参见本书第四章。(本节略)

第五节　特色小镇商业服务业项目的招商引资

一、生活所需，必不可少

特色小镇是 30000~50000 人的一个社区，每天的柴米油盐酱醋茶，是通过市场化的商业服务业解决的，品种、质量、价格等必须靠商业服务业解决。

二、方便为好，繁荣所在

商业服务业在特色小镇中有两个关键性作用：一是服务居民；二是繁荣小镇。第二作用要服从第一作用。一切商业、服务业设施都要确定服务居民的前提，并以此为标准。

三、规模合理，保障利润

特色小镇内的商业、服务业项目，一定要种类齐全、规模合理，在方便居民生活的同时，努力避免商业、服务业投资者或经营者亏损。

四、市场原则，行政责任

一个特色小镇的社会发展，包括居民生活，是特色小镇管委会不可推卸的责任。要提高市场原则，招商引资，支持运营，但初期人少，市场没有形成，特色小镇管委会要用“看得见的手”支持、扶植，特别是市场扶植和资金补助，否则很难满足发展需要。

第六节　特色小镇教育、卫生项目的招商引资

特色小镇的教育、卫生服务必不可少。我国在改革过程中，这两个领域是政府投资，国家责任与市场投资、产业运作并存。

义务教育是公民和国家的共同责任，公民可以选择具体方式，比如送到国外接受教育，选择收费学校等。特色小镇要将国家责任作为底线，尽量通过招商引资引入品牌的幼儿园、小学、中学。有条件的特色小镇还要引进职业教育和成人、老人教育。

卫生服务也是如此，国家对公共卫生、疾病防御、传染病控制等负责，比如儿童免疫注射等。特色小镇要完成国家规定的工作，担负起法律、法规和行政规章要求的责任。居民对治病、保健、康复可以根据自身情况有所选择，特色小镇要努力创造这方面的条件。

第七节　特色小镇农业、体育、文化、旅游项目的招商引资

农业、体育、文化、旅游项目对特色小镇来讲，不是必需的项目，但不绝对，在一个30000多人的社区，不能没有体育、文化设施，像球场、球馆、游泳池（馆）、图书馆等应由政府协调体育、文化主管部门建设和建后管理。作为这类投资项目，将来

为盈利而运营的，要主动客观对待，既不要过于热情积极，也不要置之不理。要帮助投资者研究分析客户和市场。

广东对特色小镇明确提出了旅游的要求，这在全国还是首例，因此在广东建设特色小镇的投资者一定认真研究这一要求。

这里讲的文化项目，不是特色小镇的主题文化，主题文化可参见本书第三十五章、第三十六章、第三十七章。

参考文献

一、著作和教科书类

［1］闫雨:《禅与现代管理》，知识产权出版社 2011 年版。

［2］闫雨:《中国管理 C 模式》，新华出版社 2010 年版。

［3］芮明杰:《产业经济学》，上海财经大学出版社 2012 年版。

［4］魏后凯:《现代区域经济学》，经济管理出版社 2011 年版。

［5］顾强:《大国经济与工业强国之路》，电子工业出版社 2015 年版

［6］张鸿儒:《招商选资的经营管理》，经济管理出版社 2010 年版。

［7］张鸿儒:《产业园区的经营管理》，经济管理出版社 2011 年版。

［8］陈根:《特色小镇创建指南》，中国工信出版集团 2017 年版。

［9］杨文海、刘明海:《教你打造成功的特色小镇》，江苏凤凰科学技术出版社 2018 年版。

［10］陈青松、任兵、王政:《特色小镇与 PPP》，中国市场出版社 2017 年版。

［11］陈炎兵、姚永玲:《特色小镇——中国城镇化创新之路》，中国致公出版社 2017 年版。

［12］文丹枫、朱建良、眭文娟:《特色小镇理论与案例》，经济管理出版社 2017 年版。

［13］鲍将军:《别把小镇造坏了》，广东旅游出版社 2017 年版。

［14］林峰:《特色小镇孵化器》，中国旅游出版社 2017 年版。

［15］林峰:《特色小镇开发运营指南》，中国旅游出版社 2018 年版。

［16］赵晖:《说清小城镇：全国 121 个小城镇详细调查》，中国建筑工业出版社 2017 年版。

［17］谈月明:《浙江特色小城镇发展道路探索》，浙江大学出版社 2013 年版。

［18］陈劲:《特色小镇蓝皮书：特色小镇智慧运营报告（2018)》，社会科学文献出版社 2018 年版。

［19］刘淼:《招商政策与区域经济》，中国财政经济出版社 2010 年版。

[20] 陈勇:《FDI路径下的国际产业转移与中国的产业承接》，东北财经大学出版社2007年版。

[21] 杨世伟:《国际产业转移与中国新型工业化道路》，经济管理出版社2012年版。

[22] 陈建军:《要素流动、产业转移和区域经济一体化》，浙江大学出版社2009年版。

[23] 赵德海:《招商引资与产业生成》，经济管理出版社2013年版。

[24] 周德文:《招商引资政府指导手册》，宁波出版社2013年版。

[25] 罗伯特·M.格罗夫斯（Robert M. Groves）等:《调查方法》，重庆大学出版社2017年版。

[26] 工业和信息化部产业政策司:《中国产业转移年度报告（2014~2015)》，电子工业出版社2015年版。

[27] 工业和信息化部产业政策司:《中国产业转移年度报告（2015~2016)》，电子工业出版社2016年版。

[28] Louse T. Wells, Jr. & Alvin G. Wint, Marketing a Country-Promotion as a Tool for Attracting Foreign Investment Revised Edition, FIAS, Cccasiional Paper, 2000.

二、论文类

[1] 曹洪:《地方政府在招商引资中的竞争策略演变探析》,《当代财经》2005年第10期。

[2] 郭宝平:《招商引资，政府该做什么?》,《中国行政管理》2002年第2期。

[3] 何芳:《政府招商引资活动存在的问题及对策》,《河北理工学院学报》2007年第1期。

[4] 何龙斌:《我国招商引资创新途径研究》,《经济纵横》2005年第11期。

[5] 何可造:《区域经济发展与招商引资》,《探索与争鸣》2004年第2期。

[6] 梁田丰:《对招商引资问题的新思考》,《长白学刊》2007年第4期。

[7] 刘静:《美国招商引资经验及借鉴》,《理论学刊》2005年第7期。

[8] 刘庆斌:《地方政府招商引资的路径选择与制度安排》,《科学与管理》2008年第1期。

[9] 刘桂文:《谨防政府主导型招商引资“黑洞”》,《地方财政研究》2007年第5期。

[10] 李伟等:《转变和完善我国政府招商引资职能》,《安徽理工大学学报》2006年第1期。

[11] 黎民等:《政府招商引资合理性评价》,《江淮论坛》2004年第6期。

[12] 罗云辉:《苏州、昆山等地开发区招商引资中土地出让的过度竞争》,《改革》

2003 年第 6 期。

[13] 马庆国:《中国招商引资服务效能评价与功能转型研究》,《重庆大学学报》2007 年第 1 期。

[14] 马泽:《对经营城市与招商引资的思考》,《发展论坛》2002 年第 11 期。

[15] 马海涛:《当前地方政府招商引资存在的问题及根源》,《中国发展观察》2010 年第 5 期。

[16] 覃琴:《关于推进地方招商引资的几点看法》,《特区经济》2007 年第 12 期。

[17] 乔太平:《"运动式" 招商引资该降温了》,《瞭望》2007 年第 5 期。

[18] 商如斌:《国际投资理论与政府招商引资政策》,《内蒙古农业大学学报》2005 年第 4 期。

[19] 孙健:《关于地方政府在招商引资中角色定位的思考》,《常熟理工学院学报》2006 年第 5 期。

[20] 王洛忠等:《招商引资过程中地方政府行为失范及其治理》,《中国行政管理》2007 年第 2 期。

[21] 王介明:《欠发达地区招商引资与政府行为》,《改革与战略》2006 年第 4 期。

[22] 王丽娅:《地方政府招商引资竞争的经济学分析及对策建议》,《辽宁大学学报》2005 年第 6 期。

[23] 吴国骅:《招商引资上海经验》,《东南学术》2003 年第 2 期。

[24] 徐贤春:《招商引资与地方政府职能》,《经济投资改革》2004 年第 1 期。

[25] 谢来位:《政府间招商引资政策合作机制的构建》,《开放导报》2010 年第 1 期。

[26] 郁建兴:《招商引资活动的有限性和有效性》,《东南学术》2003 年第 2 期。

[27] 杨海水:《招商引资竞争的有效性分析》,《中央财经大学学报》2007 年第 2 期。

[28] 姚靖:《苏州市招商引资实践的启示》,《江苏工业学院学报》2005 年第 3 期。

[29] 钟培武:《产业转移与中部地区招商引资模式转换分析》,《河南社会科学》2008 年第 6 期。

[30] 祝年贵:《印度与中国招商引资比较分析》,《南亚研究季刊》2003 年第 3 期。

[31] 张伟群:《政府招商引资的路径选择与策略分析》,《中国外资》2011 年第 2 期。

[32] 朱悦龙:《地方政府招商引资结果分析模型的应用与政策探析》,《世界经济与政治论坛》2007 年第 1 期。

[33] 周淑梅:《地方政府在招商引资中的合理性与局限性的分析》,《东北财经大学学报》2010 年第 3 期。

[34] 仲鹭勍:《政府主导型招商引资模式的兴起、弊端及改革》,《中国浙江省委党校学报》2006 年第 1 期。

［35］张鸿儒：《产业园应努力走在转方式前列》，《人民日版》（理论版）2011 年 11 月 5 日。

［36］张鸿儒：《开发区转变经济发展方式的实践》，《中国改革报》2011 年 12 月 13 日。

［37］陈离高、张鸿儒、杨川：《中国保税区发展与改革》，《国际经济合作》1999 年第 2 期。

［38］张鸿儒：《外资对天津社会劳动生产率的作用》，《天津社会科学》1997 年第 8 期。

［39］张鸿儒、武俊辉、张娜：《云南砚山县承接产业转移的情况》，《当代县域经济》2018 年第 2 期。

［40］张娜、张鸿儒：《县域园区产业的科技定位》，《科技经济导刊》2018 年第 4 期。

［41］张鸿儒：《精准化招商会的组织与效果》，《现代营销》2018 年第 5 期。

［42］张鸿儒：《招商项目推介书的精准化作用》，《现代商业》2018 年第 8 期。

［43］林俊华、张鸿儒：《特色小镇展厅的精准化》，《现代营销》2018 年第 9 期。

后 记

一定的社会实践，一定产生相关的理论。当今中国的特色小镇建设举世瞩目，是人类发展史上的一大创举，在丰富的实践中提出了众多需要解决的理论问题，对这些问题的深入研究极为重要。每当笔者以专家身份被咨询、问及特色小镇的产业招商引资问题时，一种责无旁贷的使命感油然而生，便陷入苦苦的思辨之中。经过一段时间的思考研究后，有的问题自认可以勉强作答，便梳理答复。许多答复集题成册，加上几年来的讲稿和发表的文章，编撰成了本书。至于本书的针对性、理论性、指导性、实用性、准确性、科学性，恳请读者朋友指正。特色小镇招商引资中更多的实践和理论问题，本书没能涉及，当然更多的问题还会随着时间和实践陆续产生。本书权当抛砖引玉，旨在推进发展产业招商理论。笔者坚信，特色小镇建设实践一定会催发产业招商理论大发展。本书作为该理论汪洋的沧海一粟，百花园中的普通小草，会自娱所得。

本书终于付梓出版，我又完成了一个自定的任务。高兴之时，想法颇多，最主要的是感谢之情。

(1) 谢我的祖父。他长我 63 岁，在我 16 岁时去世。他读过私塾，在上海、景德镇、沈阳、营口做过生意，是个见过世面、有起有伏、拿得起放得下的人，他是我真正的启蒙老师。识字、算数、算盘、讲小说、下各种棋，包括浮桥、卫星等科普，让我小学成绩优异。每当我取得好成绩时，他高兴的样子我至今难忘。他爱喝酒、喝茶、吸烟、吃肉，遗憾的是没花过我一分钱。我为他建了个衣冠冢，年年祭拜都不忘多带吃喝。

(2) 谢我的父母。父亲是天津三条石的工人，后来成为一名会计师。他诚实、认真、严谨的态度深深地影响了我。不好意思的是我 9 岁到 18 岁，因为调皮、淘气，9 年几乎没理过我，我也躲着他。直到我上山下乡，当了民办教师，入了团，我们才说话。后来我选调回城，又考上了北京政法学院（现为中国政法大学），还入了党，他从内心高兴。以后我每每进步，他都甜美微笑。他的微笑，是我不竭的动力。

母亲是个工人。13 岁从天津郊县随叔父去了牡丹江，上过私塾和小学，16 岁嫁给父亲，20 岁返回天津，上过工人夜校。她对我的影响最大，最应感谢她。母亲 2018 年去世，88 年的生活很艰辛，但越来越幸福。我不会忘记：

她从没说过我。小时打架，别人到家来告状，学校请家长，把人打伤进入医院，甚至派出所传唤，她最多说句下次别打架了。

她从没拒绝过我。她多年的月工资是 38 元，给我买过最好的乒乓球拍，转学要买月票，后来买录音机，凡是我提出的，她没驳过。

她永远支持我。1979 年高考时，当时我每月可以给她工资加补贴近 60 元。考上学后，她每月给我 30 元。以后搞对象、成家、交生活费、安排用房等大事小事她都支持我。

她身教、言传时刻启迪我。她伺候爷爷 3 年，无微不至。我父亲脑栓塞 26 年卧床，她没说过我父亲一次，反倒是我父亲常责怪她。她相夫教子侍奉长辈，以身作则。一生多贫穷、困难，但我从未见她着过急。她虽有三女一子，但把全部希望都寄托在我的身上。她经常跟我拉家常，给我讲故事，不止一次给我讲过的故事有：

金酒杯、银酒杯的故事（华北地区流传的民间故事，母亲用换酒杯、不换酒、味道一样教育大儿子，不要贪恋弟妹）。

王宝钏与薛平贵的故事。

铡美案的故事。

岳飞报国的故事。

乾隆斩和珅的故事。

她经常告诉我的是：

喝凉酒、用“脏钱”迟早是祸。

糟糠之妻不下堂。

知足者常乐。

谦虚谨慎，少说为佳。

忍让有厚报。

吃亏便是福。

不得罪人，多个朋友多条路，多个小人多堵墙。

事业上，要努力：求则得，舍则失。

我虽然做得不是很好，但基本做到了。她晚年很满意国家、社会和我们这个小家，当然也很满意我。今天这本书出版，我想起了她。真的感谢她——我的母亲。

（3）谢老师。第一个班主任尹秀兰，初中的语文老师高林、班主任张宗楠，大学的江平、高铭宣，研究生的熊性美、冼国明、刘俊民、外语孟一凡等等未列名字的老师、先生、外教，让我读书、识字，有专业和总结、科研的能力。本书也是对他们教书的一种回馈吧。

(4) 谢领导。天津市散襄军、任学峰、叶迪生、孙文魁、冯志江和山东建邦集团的董事长陈箭都是我的领导，他们的支持、帮助让我从事园区、特色小镇产业招商引资工作，给了我学习的机会。

(5) 谢同仁。张娜提供了大量数据、资料。李玥做了许多制图和技术工作。林俊华研究分析了一些问题，比如“展厅”等。杨栋核对了一些英文资料，邵长坤提供了必要的参考书籍、文献资料。

(6) 谢经济管理出版社。近十年来我的四本有关招商引资的书都由该社出版。

(7) 谢爱人和女儿。爱人何小枫教授生活上的全面照料和专业外的启迪，几乎一人挑起了家务，全力支持我的工作，常说“你高兴就行”。远在休斯敦工作的女儿张梦子查阅、核对了极少的有关资料、情况（主要是通过微信），给我精神上极大的鼓舞。

正是他们，才有本书。